现代卷

下册

胡治洪 著

郭齐勇 主编

中国哲学通史

A
HISTORY
OF
CHINESE
PHILOSOPHY

江苏人民出版社

目　录

第七章　返本与开新：现代哲学的建树

　　20世纪三四十年代，正当中华民族忧患深重之时，中国涌现出数位建构本体论体系的哲学大家，洵为一时之盛！这些哲学大家都对西方文化与哲学具有精当的把握、中肯的评价和平允的态度，但他们在中西比较的前提下毕竟都归宗于东方的、中国的、根本上是儒家的文化传统。他们都以东方的、中国的、根本上是儒家的古老范畴架构全新的天人大系统，将宇宙、社会、人生乃至超越的蕲向囊括无馀；且在存有的论证中贯穿价值的神髓，以真显善，以善导真，体现出儒家道德形上学的特色。他们的本体论体系代表了现代中国哲学的最高成就，不仅无愧于现代世界任何一家哲学，甚至乃有驾乎其上者！他们的伟大建树，在中华民族最为艰难的时代，从精神层面预示了这个具有伟大哲学思想的民族必将复兴的前景！这些哲学大家就是如同梁漱溟、张君劢一样也被今人归于现代新儒家的熊十力、冯友兰以及方东美、贺麟。

第一节　熊十力的"新唯识论"

一、生平著述

　　熊十力（1885—1968），湖北黄冈人，初名继智、升恒，字子真，一作子贞，晚号逸翁、漆园老人、空不空老人，一度自称病翁，早年因参加反清革命活动遭通缉,曾化名周定中。出生于一个贫寒的耕读之家,少时为乡邻牧牛,十岁方入父亲掌教的乡校读书,但不到两年便因父亲病逝而失学,遂跟从长兄耕读于田畔。十五岁时由长兄送至父亲友人何柽处受教,因不堪约束,仅半年便弃学而归,其毕生学历遂尽于此。尔后在无所羁绊的生活环境中泛观博览,奠定了厚实的学术功底,锻炼了穷玄极奥的思维能力,并养成了孤傲狂放甚至叛逆的性格。

1901 年前后,熊十力"阅当时维新派论文与章奏,知世变日剧",复"稍读船山、亭林诸老先生书,已有革命之志"。[①] 此时他结识了同县何自新以及邻县蕲水王汉等反清革命志士,日聚高谈,以志气相砥砺,乃尽弃旧学,不事科举。越明年,熊十力赴武昌,入新军当兵,不久考入陆军特别学堂,"潜通诸悍卒",以图"默运行伍,不数年可行大事",[②]并与何自新一道力辟革命阵营内部流传的武昌不易发动起义之说,此间结识宋教仁、吕大森、刘敬庵、张难先、胡瑛、梁耀汉等革命者。1905 年,王汉于河南彰德刺杀清朝大臣铁良不果而自尽,噩耗传回武昌,刘敬庵即愤而发起成立革命团体日知会,熊十力与焉。不久,同盟会成立,日知会员多加入同盟会,熊十力亦在其中。1906 年,熊十力与诸同志创设黄冈军学界讲习社,名为黄冈旅省人士联谊组织,实际上广泛联络各军营兵士及各学堂学生,以积蓄革命力量。他的行动被湖北提督兼第八镇统制张彪侦知,幸得同志通风报信而逃脱缉捕,遂与因受萍浏醴起义牵连而遭通缉的何自新一道亡命江西,何自新忧愤以死,熊十力则潜归黄冈,以周定中之名在乡间教书度日。

辛亥革命爆发后,熊十力参与黄冈光复,不久重返武昌,任湖北都督府参谋。1912 年,他受中华民国副总统兼湖北都督黎元洪指派,任都督府特设武昌日知会调查记录所编辑,参与编纂《日知会志》,大力表彰为反清革命而献身的密友王汉、刘敬庵、余仲勉、何自新、朱元成等,但亦于此时对民国政界及社会因道德堕落而导致的乱象产生强烈反感。1913 年,熊十力

---

① 《熊十力全集》第 4 卷,第 424—425 页。
② 《熊十力全集》第 4 卷,第 155、159 页。

在《庸言》杂志发表《证人学会启》《健庵随笔》《翊经录绪言》等文章,痛斥时弊,倡导修身立本,大力阐扬传统学术特别是儒家经典,表现出对旧学的回归。这一年,熊十力辞去所任职务,携黎元洪发给的遣散费近三千元,回到兄弟迁居的江西德安,将遣散费悉数交予长兄购置田产,与兄弟一道躬耕垄亩,农作之暇则读书为文。次年,熊十力与傅既光成婚。熊十力此次辞职归田却并未绝意政事,1917 年护法运动爆发后,他由武昌赴荆襄,旋入湖南,参加抗击北洋军阀的民军;1918 年春至广州,入孙中山幕为僚佐,居半年,"赖天之诱,忽而发觉","于是始决志学术一途"。① 此后五十年间,熊十力再未参与任何政事,而以学术终其一生。②

1918 年,熊十力将两三年来的笔札汇编为《心书》,自印行世。前一年,蔡元培在北京大学创立进德会,熊十力曾致信响应,由此结缘,故《心书》付梓前,蔡元培亦为之作序,盛赞该书"富哉言乎!遵斯道也以行,本淡泊明志之操,收宁静致远之效,庶几横流可挽,而大道亦无事乎他求矣"。③ 1919 年,熊十力赴天津南开学校任教,这年暑期结识梁漱溟,经梁漱溟介绍,他于 1920 年下半年转赴南京支那内学院,从欧阳竟无研习佛教唯识学,直至 1922 年冬才离开内学院,应蔡元培之聘,任北京大学特约讲师,主讲唯识学,其时与林宰平结交。1923 年,熊十力授课的讲义以《唯识学概论》为名,由北京大学印行,这部讲义遵循唯识学本义,基本上是对唯识学义理的转述和阐发。但讲义印出不久,熊十力"忽盛疑旧学,于所宗信极不自安",④由此成为他创构"新唯识论"哲学体系的契机。

1924 年夏至 1925 年秋,熊十力曾暂离北大,随梁漱溟到山东创办曹州高中;又应武昌大学校长石瑛之邀,前往该校执教。返回北大后,他据窥基《因明入正理论》撰成《因明大疏删注》,作为讲授因明学的教材,于1926 年由北大印出;同年,他的第二种《唯识学概论》也由北大印出,其中

---

① 《熊十力全集》第 4 卷,第 425 页。另见第 2 卷,第 410 页。
② 熊十力于 1956 年被增选为全国政协委员,多次参加全国政协会议,但实际上只是备员而已,并未参与政事。
③ 《熊十力全集》第 1 卷,第 3 页。
④ 《熊十力全集》第 2 卷,第 9 页。

批评了无著、世亲的理论,成为熊十力改造唯识旧学而自创新论的一个里程碑。1927年春至1932年冬,熊十力因患严重的神经衰弱症,移居南方养病,主要住在杭州,与张难先、石瑛、严重、梁漱溟、陈铭枢等游处,并与马一浮结交;此间曾应汤用彤之邀去南京中央大学讲学,唐君毅于其时成为弟子,又到武昌亲戚家小住,并于"一·二八事变"后赴上海慰问十九路军将士。也在这一期间,熊十力语录及笔札由弟子高赞非整理成《尊闻录》,于1930年自印行世;他的唯识学讲义第三稿以《唯识论》为名,也于这一年由公孚印刷所印行,此书与1923年的印本有了根本改变,与1926年的印本亦易十之三四,预示着"新唯识论"哲学体系即将形成。

1932年10月,《新唯识论》文言文本在杭州印出,标志着熊十力苦心经营上十年的哲学体系正式形成,这一融摄佛教大乘空有学理而归本儒家《大易》,以体用、翕辟、心物、本心、习心、工夫、性智、量智诸范畴为间架,从本体宇宙论入手而结穴于人生德性论的哲学体系,不仅是现代新儒家的第一个哲学体系,而且是整个中国现代哲学史上的第一个哲学体系,也是人类哲学思维的杰作,熊十力因此无可争辩地成为中国现代哲学大家。由于《新唯识论》对唯识旧学进行了深刻批判,引发刘定权、太虚、燃犀、周叔迦、欧阳竟无、吕澂、王恩洋、印顺等僧人或居士与熊十力师弟绵延十六七年的辩难,熊十力(或以其弟子名义)在这一辩难中的重要著述有《破破新唯识论》(1933年)、《申述新论旨要平章儒佛摧惑显宗记》(1948年,署名黄艮庸)。1932年底,熊十力重回北大授课,牟宗三于此时成为其弟子,平常交游的则有钱穆、蒙文通、张尔田、张东荪、张申府、张岱年、冯友兰、贺麟、金岳霖、沈有鼎、冯文炳等。1935年出版《十力论学语辑略》。1937年出版《佛家名相通释》。

"七七事变"爆发后,熊十力在弟子陪伴下逃离北平,先回湖北,后入四川,居川东璧山县中学,于忧患中为诸生讲授中华民族源流和中国通史,意在以历史文化传统提振民族精神,鼓舞抗日意志,讲授记录被整理成《中国历史讲话》一书,于1938年由中央陆军军官学校印行。这一年,熊十力指导弟子着手将《新唯识论》文言文本译成语体文本,弟子陆续离去后,熊氏又自任译事,翻译过程中亦对原著多有增补删改,历时五六年才全部译改完毕,于1944年由中国哲学会交重庆商务印书馆出版。《新唯识论》语体文本的出版,宣告熊十力哲学体系最终完成。[①] 在此阶段,熊十力曾于1939年应马一浮之邀,前往位于乐山的复性书院主持特设讲座。在乐山期间遭遇日机轰炸,寓所夷为平地,许多文稿毁于炸弹引发的大火,熊十力幸免于难,但左膝受伤。1940年移居梁漱溟设立于重庆北碚的勉仁书院,与居正、陶希圣、郭沫若、钱穆、贺麟、方东美、蒙文通等人交往。1943年收徐复观为弟子。

1945年,熊十力又一部重要著作《读经示要》由重庆南方印书馆印行,此书首先申言中国六经为常道,其次提出治经态度,最后略讲六经大义,意在反拨民初以来毁弃传统经典的风气,徐复观赞之曰"挥鲁阳之戈,以反慧日,负太行之石,用截横流,岂曰小补之哉"![②] 1946年春,熊十力由重庆抵武汉小住,初夏再次入川至乐山,应黄海化学工业研究社社长孙学悟之邀,主持该社附设的哲学研究部,作《中国哲学与西洋科学》长篇讲词,对中西文化进行分析比较,提出中西互补的主张。因不耐乐山潮湿,次年春遂离去,经重庆、武汉抵北平,重回北大授课,旋于秋季至上海再返武汉。是年冬,《十力语要》全四卷(包括作为卷一的1935年出版的《十力论学语辑略》、1941年出版的卷二、1946年编定的卷三以及作为卷四的1930年出版的《尊闻录》)由湖北省及武汉市政府出资,作为"十力丛书"之一出版。这一年,熊十力作《读智论钞》,连载于《世间解》杂志,此著是对《大智度论》的摘抄,并加按语评论儒佛高下。

1948年春,熊十力应张其昀、谢幼伟之邀,赴浙江大学讲学,在杭州

[①] 熊十力在《新唯识论》语体文本"全部印行记"中回答"此书非佛家本旨也,而以《新唯识论》名之,何耶"的质疑说:"夫新之云者,明异于旧义也。异旧义者,冥探真极,而参验之此土儒宗及诸巨子,抉择得失,辨异观同,所谓观会通而握玄珠者也。破门户之私执,契玄同而无碍,此所以异旧义而立新名也。识者,心之异名。唯者,显其殊特。即万化之原而名以本心,是最殊特。言其胜用,则宰物而不为物役,亦足征殊特。《新论》究万殊而归一本,要在反之此心,是故以唯识彰名。"见《熊十力全集》第3卷,第3—4页。
[②]《熊十力全集》第3卷,第553页。

期间,与马一浮等相聚于由乐山迁来的复性书院。当年秋末,熊十力离开杭州前往广东番禺,入住弟子黄艮庸家,此间编定《十力语要初续》,改定后学胡哲敷根据熊十力讲授内容所撰《正韩》为《韩非子评论》,这两种著述均于 1949 年底在香港出版。其时中共夺取政权已成定局,熊十力在留粤、赴川、回鄂、转台甚至远走美国或印度诸种打算之间反复计议,最终因接到郭沫若、董必武于 1949 年 10 月 25 日发来欢迎北上的电文,方决定留在大陆,并于 1950 年初回武汉,3 月到北京,仍回北大哲学系任教。这一年撰成《与友人论张江陵》,自印行世,对张居正的人品学问政绩予以高度评价。此后至 1954 年均居北京,期间撰成《论六经》(1951 年),高扬以六经为核心的中国传统文化,建议政府设立中国哲学研究所,培养研究并传承中国传统文化的人才,并呼吁学术自由和独立创造。

因难耐北京冬季干冷气候,1954 年秋,熊十力移居上海,从此以迄 1968 年去世便定居于上海。这十四五年间,熊十力笔耕不辍。1955 年出版《原儒》上卷;1956 年出版《原儒》下卷,并将《原儒》上下卷合编出版,此书阐发了儒家内圣外王的知行观。1958 年出版《体用论》,以浓缩方式表达"新唯识论"的基本思想。1959 年出版《明心篇》,讨论心性论与认识论问题。1961 年出版《乾坤衍》,自许为衰年定论。1963 年完成《存斋随笔》,疏释佛家十二缘生说而基于儒家立场加以评论,但格于形势未能出版,仅以手抄本留存。1965 年作《先世述要》,以未完成稿成为熊十力的绝笔。居沪期间,熊十力与周予同、周谷城、李平心、任鸿隽、刘佛年、陈子展、刘静窗、王元化等学人交往,与刘静窗过从尤密。1966 年"文化大革命"爆发,熊十力受到冲击,被抄家、批斗,心境悲凉。1968 年 5 月 23 日因患肺炎去世,终年八十四岁。

熊十力学问堂庑宽广,于哲学、经学、佛学、子学、史学乃至西学均有造诣,[1]其著述之单行本大都有多种版本行世,而将其所有著述以及已刊或未刊文札汇集整理者,乃萧萐父主编、郭齐勇副主编的《熊十力全集》

---

[1] 限于本书内容范围,本章只涉及熊十力的哲学思想。

九卷十册,由湖北教育出版社于 2001 年出版。

二、体用不二的本体—宇宙论

熊十力的哲学思想,散见于他的诸多著述和文札之中,但最为集中全面地表达其"新唯识论"哲学体系的,则是《新唯识论》语体文本,故熊十力说"平生心事,寄之此书"。① 该书开篇即指出:"今造此论,为欲悟诸究玄学者,令知一切物的本体,非是离自心外在境界,及非知识所行境界,唯是反求实证相应故。"②此语虽在说明把握本体的途径或方式,却也指出了"新唯识论"首先是关于本体论的哲学。③

在熊十力看来,历来哲学家多未能证见本体。他说:"哲学家谈本体者,大抵把本体当做是离我的心而外在的物事,因凭理智作用,向外界去寻求。由此之故,哲学家各用思考去构画一种境界,而建立为本体,纷纷不一其说。不论是唯心唯物、非心非物,种种之论要皆以向外找东西的态度来猜度,各自虚妄安立一种本体。这个固然错误。更有否认本体,而专讲知识论者。这种主张,可谓脱离了哲学的立场。因为哲学所以站脚得住者,只以本体论是科学所夺不去的。我们正以未得证体,才研究知识论。今乃立意不承有本体,而只在知识论上钻来钻去,终无结果,如何不是脱离哲学的立场? 凡此种种妄见,如前哲所谓'道在迩而求诸远,事在易而求诸难'。此其谬误,实由不务反识本心。易言之,即不了万物本原与吾人真性,本非有二。遂至妄臆宇宙本体为离自心而外在,故乃

---

① 《熊十力全集》第 3 卷,第 3 页。熊十力在 1949 年以后又对《新唯识论》进行删改,成《新唯识论》删定本》(1953)、《体用论》(1958)、《明心篇》(1959)诸书,其《体用论·赘语》有谓"此书既成,《新论》两本俱毁弃,无保存之必要"(见《熊十力全集》第 7 卷,第 7 页。《新论》两本指《新唯识论》文言文本和语体文本)。熊氏此语多多少少与时势有关,而非纯粹的学术判断。实际上,删改诸书在系统性和深刻性等方面难以比肩于《新唯识论》语体文本,故刘述先论之曰"衰年之作,质素已不如前"(见氏著《儒家思想的转型与展望》,石家庄:河北人民出版社2010 年版,第 87 页)。且删改诸书均已属于当代中国哲学范畴,本卷限于体例可不涉论,故此仍以《新唯识论》语体文本作为熊十力在中国现代哲学史上的代表作。

② 《熊十力全集》第 3 卷,第 13 页。

③ 熊十力说:"今在此论,唯欲略显体故。"自注"本体亦省言体"。见《熊十力全集》第 3 卷,第17 页。

凭量智以向外求索,及其求索不可得,犹复不已于求索,则且以意想而有所安立。学者各凭意想,聚讼不休,则又相戒勿谈本体,于是盘旋知识窠臼,而正智之途塞,人顾自迷其所以生之理。古德有骑驴觅驴之喻,盖言其不悟自所本有,而妄向外求也。慨斯人之颠倒,可奈何哉?"①这主要是批评西方思辨哲学传统以及作为其反动的由现代西方逻辑实证主义引发的"拒斥形而上学"思潮,观熊十力所谓"印度外道以及西洋的哲学家,大都是把本体当做外在的物事来猜度。这样一来,诚无法见真理""西洋谈形而上学者,要皆凭量智或知识去构画""西洋哲学家谈实体及现象,为不可融一之二界"及其对于"厌闻本体"的哲学家的意思的撰述与反驳,可以证明。②熊十力也直接或间接地批评了神本论,他说:"许多哲学家谈本体,常常把本体和现象对立起来,即是一方面,把现象看做实有的;一方面,把本体看做是立于现象的背后,或超越于现象界之上而为现象的根源的。这种错误,似是由宗教的观念沿袭得来,因为宗教是承认有世界或一切物的,同时,又承认有超越世界或一切物的上帝。哲学家谈本体者,很多未离宗教观念的圈套","实则本体不可视同宗教家所拟为具有人格的神","或以为本体是超越于宇宙之上,而能宰制万有的一个造物主,遂名主宰,这等见解,便是大错而特错了","若离群动而求有所谓体,便与宗教家臆想有个超越万有的上帝,同其迷妄了",③此所谓"宗教"显然是指目亚伯拉罕三大一神教、特别是基督教而言。熊十力还批评了叔本华以盲目意志为宇宙本体、柏格森以绵延或持续的生力之流为宇宙生化之源以及哲学上的二元论、多元论乃至"建立一法为万物所由始"的一元论。④

对于佛教大乘空有二宗的本体论,熊十力也作出了分析和批评。他指出,有宗将本来遮拨法相的缘生说改变为一种构造论,乃是肯定现象

---

① 《熊十力全集》第 3 卷,第 17—18 页。
② 参见《熊十力全集》第 3 卷,第 177、200、274、91—93 页。
③ 《熊十力全集》第 3 卷,第 74、95、105、240 页。
④ 参见《熊十力全集》第 3 卷,第 192—193、305 页。熊十力说:"一元论者,若只建立一法为万物所由始,则所谓一元者与本论的意思要自判以霄壤。"自注:"本论亦不妨说为一元。然一即含多,多即是一。此义渊微,应如理思。"见同卷第 305 页。

为实有;建立无量种子为心物诸行之因缘,乃是多元论;以诸识所涵相、见二分以及有漏、无漏二性为各有其种子,颇有二元论的意义;将种子与现行截为二片,则为两重世界观;既建立种子为诸行之因,又要遵守佛家一贯相承的真如本体论而以真如为万法实体,以至种子自为种子、真如自为真如,实乃二重本体论;又谓人人各具阿赖耶识,含藏一切种子,生起心物诸行,则与外道神我论同其根底,且为极端的多我论;职是之故,"可见有宗实不曾证体,即不悟体必成用,遂堕入戏论",因此熊十力说"我于旧师的种子论,根本要斥破的"。① 至于空宗本体论,熊十力一方面高度肯定道:"空宗密意唯在显示一切法的本性。所以,空宗要遮拨一切法相,或宇宙万象,方乃豁然彻悟,即于一一法相,而见其莫非真如。空宗这种破相显性的说法,我是甚为赞同的。古今谈本体者,只有空宗能极力远离戏论。空宗把外道,乃至一切哲学家,各各凭臆想或情见所组成的宇宙论,直用快刀斩乱丝的手段,断尽纠纷,而令人当下悟入一真法界。这是何等神睿、何等稀奇的大业!"②另一方面他也表明"于空宗还有不能赞同的地方",他说:"空宗诠说性体,大概以真实、不可变易及清净诸德而显示之。极真极实,无虚妄故,说之为真。恒如其性,毋变易故,说之为如。一极湛然,寂静圆明,说为清净。如上诸德,尤以寂静提揭独重。……本来,性体不能不说是寂静的。然至寂即是神化,化而不造,故说为寂,岂舍神化而别有寂耶? 至静即是谲变,变而非动,故说为静,岂离谲变而别有静耶? 夫至静而变,至寂而化者,唯其寂非枯寂而健德与之俱也,静非枯静而仁德与之俱也。……谈至此,空宗是否领会性德之全,总觉不能无疑问。空宗于寂静的方面,领会得很深切,这是无疑义的。但如稍有滞寂溺静的意思,便把生生不息真机遏绝了。其结果,必至陷于恶取空,至少亦有此倾向。……吾尝言,空宗见到性体是寂静的,

---

① 参见《熊十力全集》第 3 卷,第 73—75、80—83、147—150、217—234、283 页,引文见第 232、54 页。熊十力对有宗学说的理解是否正确,一直是有争议的问题,兹不涉论,有关情况可参见《熊十力全集》附卷(上)第一部分"儒佛之争或唯识华严之争"。
②《熊十力全集》第 3 卷,第 170 页,另参见同卷第 147—150、163—165、217—234 页。

不可谓之不知性。性体上不容起一毫执着,空宗种种破斥,无非此个意思。我于此,亦何尝乖异?然而,寂静之中即是生机流行,生机流行毕竟寂静。此乃真宗微妙,迥绝言诠。若见此者,方乃识性德之大全。空宗只见性体是寂静的,却不知性体亦是流行的。吾疑其不识性德之全者,以此。"①由此指出了空宗本体论的偏失。

相比于佛教大乘空宗,熊十力认为,儒家本体观更为如实应理,其曰:"佛家证到本体是空寂的,他似乎是特别着重在这种空寂的意义上。易言之,不免有耽空滞寂之病。……夫滞寂则不悟生生之盛,耽空则不识化化之妙。此佛家者流,所以谈体而遗用也。儒者便不如是。夫空者无碍义。无碍故神,神者言乎化之不测也。寂者无滞义,无滞故仁,仁者言乎生之不竭也。故善观空者,于空而知化,以其不耽空故。妙悟寂者,于寂而识仁,以其不滞寂故。我们于儒家所宗主的《大易》一书,便知他们儒家特别在生生化化不息真几处发挥。他们确实见到空寂,如曰'神无方,易无体',曰'寂然不动'。寂义,既有明文,无方、无体,正彰空相。我们须知,不空则有碍,而何化之有?不寂则成滞,而何生之有?惟空寂始具生化,而生化仍自空寂。《大易》只从生化处显空寂,此其妙也。佛家不免耽空滞寂,故乃违逆生化,而不自知。"②又曰:"孔子尝曰:'仁者静','仁者寿'。又曰:'仁者乐山。'孔子所谓仁,即斥指心体而目之也。(自注:心体,即性体之别名。)仁者,即谓证得仁体的人。静者,远离昏沉、嚣动等相。寿者,恒久义。山者,澄然定止貌。是则性体寂静,孔子非不同证。然而,孔子不止说个寂静,亦尝曰:'天何言哉?四时行焉,百物生焉,天何言哉?'夫孔氏所言天者,乃性体之别名。无言者,形容其寂也。至寂而时行物生,时行物生而复至寂,是天之所以为天也。谈无为空者,何其异是耶?"③由此基本肯定儒家识得性德之全。不过熊十力又认为,儒家本体论也有不足之处,"其谈本体,毕竟于仁或生化的方面提

---

① 《熊十力全集》第 3 卷,第 171—175 页。
② 《熊十力全集》第 3 卷,第 187—188 页。
③ 《熊十力全集》第 3 卷,第 176 页。

揭独重。《大易》《论语》，可以参证。……偏言仁，却恐末流之弊只见到
生机，而不知生生无息的真体本自冲寂也"。① 所以，熊十力强调"儒佛二
家，通之则两全，离之则各病"，②需要"会通佛之寂与孔之仁，而后本体之
全德可见"，③他自承"因以会通空宗与《大易》之旨。吾知生焉，吾见元德
焉，此本论所由作也"，④又说"本论会佛之寂与孔之仁，以言本体"，⑤这
就点明了"新唯识论"本体论的思想资源和理论内容。

　　需要特别说明的是，熊十力坚决否认他的本体论只是"援儒入佛"或
"糅杂儒佛"的结果，他说："一般人说我是援儒入佛者，这等论调是全不
知道学问的意义和甘苦。须知，此理不是可以随便援这家入那家来说
的。"⑥"时人识得学问的意义者已甚少，其于《新论》妄以糅杂儒佛相攻
讦，固无足怪。"⑦他声明他的哲学体系是在出入百家、观其会通的基础
上，反己自求、自家体认所得，是"自观，自喻，而后参证各家之旨，得其会
通"。⑧ 他断然宣称："吾始治佛家唯识论，尝有撰述矣。后来忽不以旧师
持义为然也，自毁前稿。久之，始造《新论》。吾惟以真理为归，本不拘家
派，但《新论》实从佛家演变出来，如谓吾为新的佛家，亦无所不可耳。然
吾毕竟游乎佛与儒之间，亦佛亦儒，非佛非儒，吾亦只是吾而已。"⑨

　　在《新唯识论》以及其他一些著述中，熊十力给予本体以诸多不同称
谓，诸如本、本原、本源、本真、本明、本性、本心、本来的心、本来面目、道、
道体、独、独体、大本、大全、大总相法门、法身、法性、法界、功能、恒转、究
极义、绝对的真实、空理、空寂海、理、理体、良知、命、明德、能变、涅槃、
乾、乾元、清净本然、清净法界、仁、仁体、如、如来藏、神、生命、实体、实

① 《熊十力全集》第 3 卷，第 405 页。
② 《熊十力全集》第 3 卷，第 202 页。
③ 《熊十力全集》第 3 卷，第 406 页。
④ 《熊十力全集》第 3 卷，第 173 页。
⑤ 《熊十力全集》第 3 卷，第 412 页。
⑥ 《熊十力全集》第 3 卷，第 136 页。
⑦ 《熊十力全集》第 3 卷，第 200 页。
⑧ 《熊十力全集》第 3 卷，第 173 页。另参见同卷第 135—137 页。
⑨ 《熊十力全集》第 3 卷，第 203 页。

相、实性、实理、实际、实际理地、胜义、体、天、天性、天命、天理之心、太
极、太易、无穷、无为、万化之源、万善之宗、心、心源、心体、性、性体、性
海、性真、性智、一真、一极、圆成、圆成实性、知、智、真、真体、真源、真极、
真际、真相、真宰、真宗、真如、真实、真性、真理、真己、真的自己、至诚、至
道、主宰、自性等等。① 这当然不是随意玩弄概念，而是力图从多层面揭

---

① 上列本体诸异名，本见《熊十力全集》第 3 卷第 135 页；本原见同卷第 164、247、628 页；本源见
同卷第 735 页；本真见同卷第 215、405 页；本明见第 4 卷第 14 页、第 8 卷第 341 页；本性见第
3 卷第 168、344、375、376、382、427 页；本心见同卷第 189、263、346、374、396、397、528、632
页；本来的心见同卷第 51 页；本来面目见同卷第 795 页；道见同卷第 278、298、393、521、528、
543、555、569、570、575、581、624、636、729 页；道体见同卷第 329 页；独见同卷第 405、649、780
页；独体见同卷第 380、384 页；大本见同卷第 404 页；大全见同卷第 13 页；大总相法门见第 4
卷第 326 页；法身见第 3 卷第 370 页；法性见同卷第 152、233、235、374、468、482 页；法界见同
卷第 74、170、196、211、301、393、410、469、492 页；功能见同卷第 151、240、247、260、261、270 页；
恒转见同卷第 7、95、98、99、113、150、151、240、285、370、372、377 页；究极义见同卷第 735 页；
绝对的真实见同卷第 82 页；空理见同卷第 148、156、159 页；空寂海见同卷第 332 页；理见同
卷第 77、333、365、367、487、636 页；理体见同卷第 362 页；良知见同卷第 658 页；命见同卷第
369、636 页；明德见同卷第 636 页；能变见同卷第 95、98、240 页；涅槃见同卷第 174 页；乾见
同卷第 19 页；乾元见同卷第 657 页；清净本然见同卷第 159 页；清净法界见同卷第 211 页；仁
见同卷第 178、397、398、399、401、404、407、581、636 页；仁体见同卷第 399、402、1031 页；如见
同卷第 301 页；如来藏见同卷第 385 页；神见同卷第 418 页；生命见同卷第 346、358 页；实体
见同卷第 510、635 页；实相见同卷第 160、161、179、218、243、244 页；实性见同卷第 163、510、
511 页；实理见同卷第 280 页；实际见同卷第 135、156 页；实际理地见第 4 卷第 376 页；胜义
见第 3 卷第 174 页；体见同卷第 17 页；天见同卷第 146、172、176、259、279、299、358、406、
412、418、488、543、561、572、636 页；天性见同卷第 488 页；天命见同卷第 400、419、488 页；天
理之心见同卷第 416 页；太极见同卷第 520 页；太易见同卷第 135 页；无穷见同卷第 751 页；
无为见同卷第 174 页；万化之源见同卷第 734 页；万善之宗见同卷第 734 页；心见同卷第
306、343、377、388、390、393、636、729 页；心源见同卷第 405 页；心体见同卷第 407 页；性见同
卷第 385、392、429、487、488、492、510、636、673、729 页；性体见同卷第 173、189 页；性海见同
卷第 396、486 页；性真见同卷第 199、586 页；性智见同卷第 56、146、189、528 页；一真见同卷
第 135 页；一极见同卷第 135、333、348 页；圆成见第 5 卷第 536 页；圆成实性见第 3 卷第 218
页；知见同卷第 636 页；智见同卷第 398 页；真见同卷第 395、418、492 页；真体见同卷第 666
页；真源见同卷第 378 页；真极见同卷第 21、729 页；真际见同卷第 285 页；真相见同卷第 735
页；真宰见同卷第 175、729 页；真宗见同卷第 175 页；真如见同卷第 82、148、156、185、209、
211、233、278、285、338、361、370、469、491、530、543 页；真实见同卷第 74、75、80、82、107、
150、346、367、371 页；真性见同卷第 184、506、561 页；真理见同卷第 90、148、236、280、394、
440、628 页；真己见同卷第 15、546 页；真的自己见同卷第 15 页；至诚见同卷第 135 页；至道
见同卷第 584 页；主宰见同卷第 105 页；自性见同卷第 362、417、419 页。各名称后面所标页
码不一定包举该名称在《熊十力全集》中作为本体之异名出现的情况。

示本体的性质、功能及其存在方式,凸显本体无在而无不在、无能而无不能、无为而无不为、无形无相而举体显现为无量无边的功用,要之,即体用不二。熊十力说:"体用二词,只是约义分言之,实则不可析为二片的物事。……余尝默然息虑,游心无始,而知体用毕竟不可分为二片。使其可分,则用既别于体而独存,即是用有自体,不应于用之外更觅一物说为本体。又体若离于用而独存,则体为无用之体,不独是死物,亦是闲物。往复推征,体用毕竟不可分,是事无疑。今当以二义明不可分:一曰,即体而言用在体。夫体至寂而善动也,至无而妙有也。寂无者,是其德恒常而不可易也。动有者,是其化至神而不守故也。非恒德,将焉有神化? 无神化,何以显恒德? 唯具神化与恒德,故称为体。体者,绝对的真实义。其德恒,其化神,所以为真实之极也。然而,寂无则说为体之本然,动有亦名为体之妙用,本然不可致诘,妙用有可形容,是故显体必于其用。诚知动有,元无留迹,则于动有而知其本自寂无矣。故夫即用而显体者,正以即用即体故也。(自注:两即字吃紧,正显体用不二。)所以说用在体者,在字须活看,意云此用即是体之显现,非有别异于体而独在的用故。二曰,即用而言体在用。此与前义本一贯,特反复以尽其蕴耳。前就体言,本唯一真而含万化,故用不异体。今就用言,于兹万化皆是一真,故体不异用。由体不异用故,故能变与恒转及功能等词,是大用之殊称,亦得为本体或真如之异名。以体不异用故,遂从用立名。综上二义,可知体用虽若不一而实不二。摄动有归寂无,泊然无对;会寂无归动有,宛尔万殊。故若不一。然寂无未尝不动有,全体成大用故;动有未尝不寂无,大用即全体故。故知体用毕竟不二。"[1]又说"是故用外无体,体外无用,体用只是随义异名,二之则不是","故曰即体即用,即用即体,不可析而二之也","本论意思,只是体用不二"。[2]

在实存状态中,体用本来是一而不二的;但在理论上,为了呈现体用

---

[1]《熊十力全集》第3卷,第238—240页。
[2]《熊十力全集》第3卷,第274、378、406页。

之性相，却又不得不析体用而言之。熊十力说："本体是必现为大用，是即体即用，而不可分体用为二的。但是，我们为讲说的方便计，姑且把体别离开用来说"；"吾平生谈本体，原主体用不二。但既立体用二词，即其义不能无辨"；"体用本不可分。但既说体用二词，则体用毕竟有辨"。①那么从体用相分的角度来看，本体的性相如何呢？熊十力对此作了大量论述，撮其要者，有谓："若乃玄学上所谓一切物的本体，是至大无外的（自注：此大不和小对），是虚无的（自注：所谓虚无，不是空洞的意义，不是没有的意义，只是恒久的存在，而无迹象可见的意义），是周遍一切处，无欠缺的，是具有至极微妙、无穷无尽的功用的。"②"体以其至无（自注：无形相、无方所、无造作，故说为无，实非空无）而显现万有，以其至寂（自注：寂者，寂静无扰乱相故）而流行无有滞碍。"③"真理是无有定在的而亦是无所不在的（自注：此中真理，即本体之别名）。真理虽复本无形相，而是赅备万德、具足众理的，是其举体显现为无量无边的功用，即所谓一切有的（自注：举体之举字吃紧，谓真理悉举其全体而显现为功用，即用外无体）。"④"本体所以成其为本体者，略说具有如下诸义：一、本体是备万理、含万德、肇万化、法尔清净本然。法尔一词，其含义有无所待而成的意思。清净者，没有染污，即没有所谓恶之谓。本然者，本谓本来，然谓如此。当知，本体不是本无今有的，更不是由意想安立的，故说本来。他是永远不会有改变的，故以如此一词形容之。二、本体是绝对的，若有所待，便不名为一切行的本体了。三、本体是幽隐的，无形相的，即是没有空间性的。四、本体是恒久的，无始无终的，即是没有时间性的。五、本体是全的，圆满无缺的，不可剖割的。六、若说本体是不变易的，便已涵着变易了，若说本体是变易的，便已涵着不变易了，他是很难说的。本体是显现为无量无边的功用，即所谓一切行的，所以说是变易的；然而本体

---

① 《熊十力全集》第 3 卷，第 359、416、491 页。
② 《熊十力全集》第 3 卷，第 41 页。
③ 《熊十力全集》第 3 卷，第 83 页。
④ 《熊十力全集》第 3 卷，第 90 页。

虽显现为万殊的功用或一切行,毕竟不曾改移他的自性。他的自性,恒是清净的、刚健的、无滞碍的,所以说是不变易的。"①"本体只是无能而无所不能。他显现为万殊的功用或一切行,所以说是无所不能。他不是超脱于万殊的功用或一切行之上而为创造者,所以说无能。故假说为能变。上来把本体说为能变。我们从能变这方面看,他是非常非断的。因此,遂为本体安立一个名字,叫做恒转。恒字是非断的意思,转字是非常的意思。非常非断,故名恒转。我们从本体显现为大用的方面来说,则以他是变动不居的缘故,才说非常,若是恒常,便无变动了,便不成为用了。又以他是变动不居的缘故,才说非断,如或断灭,也没有变动了,也不成为用了。不常亦不断,才是能变,才成为大用流行,所以把他叫做恒转。"②"至真至实,无为而无不为者,是谓体。无为者,此体非有形故,非有相故,非有意想造作故。无不为者,此体非空无故,法尔生生化化、流行不息故。……无形者,空寂也。(自注:空者,以无形无染名空,非以空无名空)无相者,亦空寂也。无想者,亦空寂也。空寂复空寂,离诸滞碍,含藏万有,具备万德或万理,无可称美而赞之以至神。"③"本体是实有,不可视同假法。……既是实体,所以不须别找材质。理体渊然空寂,空故神,寂故化。神化者,翕辟相互而呈材。生灭流行不已,而造化之情可见。是故材质者,理之流行所必有之势也,其情之至盛而不匮故也。材呈,故谓之相。故曰理之现相,不待别立材质而与之合。以其为至实而非无故也。"④"是故会寂与仁,而后见天德之全。(自注:天者,本体之代词,非谓神帝也)……夫寂者,真实之极也,清净之极也,幽深之极也,微妙之极也。无形无相,无杂染,无滞碍,非戏论安足处所。默然无可形容,而强命之曰寂也。仁者,生生不容已也,神化不可测也,太和而无所

---

①《熊十力全集》第 3 卷,第 94 页。

②《熊十力全集》第 3 卷,第 95—96 页。

③《熊十力全集》第 3 卷,第 274 页。

④《熊十力全集》第 3 卷,第 365—368 页。熊十力说:"本论乃直指本体而名之以理。"见同卷第365 页。

违逆也,至柔而无不包通也。本体具备万德,难以称举。唯仁与寂,可赅万德。……夫真实、清净,生生所以不容已也;幽深、微妙,神化所以不可测也。无方相乃至无滞碍,而实不空无者,唯其仁也。故寂与仁,皆以言乎本体之德。寂故仁,仁亦无不寂。则本体不可执一德以言之也明矣。"①概括而言,本体是本来自在、绝对无待、圆满无缺、无始无终、无形无相、无所不在、至寂至仁、清净刚健、赅备万德、具足众理、极虚而实、极静而动、含藏万有、肇生万化、无所不能、举体成用而永葆自性的。

不过,即使对本体作再多的描述,也很难用名言来确切说明本体的性相,"因为一切名言的缘起,是吾人在实际生活方面,要应用——的实物。因此,对于一切物,不能不有名言,以资诠召。……我们用表物的名言来表超物的理,这是多么困难的事",②所以,"我们要谈本体,实在没有法子可以一直说出。……我以为所谓体,固然是不可直揭的,但不妨即用显体。(自注:用者,具云功用)因为体是要显现为无量无边的功用的(自注:桌子哪、椅子哪、人哪、鸟哪,思想等等精神现象哪,乃至一切的物事,都不是——固定的相状,都只是功用),用是有相状诈现的(自注:相状不实,故云诈现),是千差万别的。所以,体不可说(自注:言说所表示,是有封畛的。体无封畛,故非言说所可及),而用却可说(自注:上来已云,用是有相状的,是千差万别的,故可说)。用,就是体的显现。(译者按:如大海水,显现为众沤,……大海水,可以喻体。众沤,可以喻用)体,就是用的体。(译者按:仍举前喻,如——的沤,各各以大海水为体。大海水,即遍与众沤为体,非超脱于众沤之外而独在)无体即无用,离用元无体。所以,从用上解析明白,即可以显示用的本体。简单言之,我们剋就大用流行,诈现千差万别的法相上,来作精密的解析,便见得大用流行不住,都无实物,即于此知道他只是真实的显现。(自注:此中真实一词即谓本体,后准知)易言之,我们即于无量的分殊的功用上,直见为——

---

① 《熊十力全集》第 3 卷,第 405—406 页。
② 《熊十力全集》第 3 卷,第 78 页。熊十力解释说:"此中超物的理,即谓至一的理。"(见同页)又说:"这至一的理,是遍为万有的实体。"(见第 77 页)可知此所谓"理"即本体之异名。

都是真实的显发而不容已"。① 这就又回到体用不二的前提,指明了在这一前提下通过大用流行把握本体的门径,所谓"离流行,不可觅至寂的,故必于流行而识至寂。离显现万有,不可觅至无的,故必于万有而识至无"。②

吊诡的是,要通过大用流行把握本体,却又必须首先了解本体是如何显现为大用流行的,亦即只有明瞭大用流行的生成及其性相,才能够即用显体。那么本体是如何显现为大用流行的呢?熊十力对此作了系统的阐述,由此构成其宇宙论。他说:"我以为物质宇宙是本来无有,而不妨随俗建立。我要说明这个意思,又非从宇宙真际说起不可。(自注:中译佛籍以真际为真如异名。真如又即本体之异名)真际者,恒转也。(自注:恒转即本体之异名)恒转是至无而健动的。无者,无形,非是空无。无形故绝待,绝待故至真至实,真实故健。无形而健,故生化无穷,亦名为动。"③这个至无健动、生化无穷的本体,既是浑一的整体功能,又含有无量的互相融摄的分殊功能,熊十力说:"恒转亦名功能。又复说言,功能是浑一的全体,但不是一合相,而是有分殊的。(自注:即全中有分)虽是分殊的,而亦不是如各别的粒子然,却是互相融摄,成为一体的。(自注:即分中见全)……功能既有分殊,即不妨于全体中假析言之,而说为一个一个的,或许许多多的功能。换句话说,即是一为无量。亦复应知,无量功能互相即,互相涉,而为浑一的全体,非一一功能各各成独立而不相涉不相即之小粒子。应复说言,无量为一。"④这无量的互相融摄的分殊功能,就是物质宇宙的基本单位,熊十力在同一意义上名之为形

---

① 《熊十力全集》第3卷,第79—80页。此段中作按语的译者乃为熊十力弟子钱学熙,1938年冬,钱在熊的指导下,将《新唯识论》文言文本的《明宗》章、《唯识》上下章以及《转变》章的首节译成语体文,参见同卷第5页。

② 《熊十力全集》第3卷,第83页。熊十力自注:"至寂是体,流行是体成为用","至无是体,显现是体成为用",见同页。

③ 《熊十力全集》第3卷,第285页。

④ 《熊十力全集》第3卷,第236—287页。另参见本卷第137—138、249—250、252—254、301页。

向、积、动圈、小、凝势、小一、势速、微势、刹那等等；①其小至极，无复更有小于此者，故不可再加剖析，相比现代科学所发现的所谓基本粒子来说，"科学家所谓元子、电子等等，不过图摹多数小一所比合而成的系群之迹象，实无从测定小一也"，②即是说，原子、电子之类的所谓基本粒子，根本不是物质宇宙的基本单位，而已经是粗显的物质了。

在无量的分殊功能中，各各包含着翕辟两种动势，翕的动势是收摄凝聚，辟的动势是刚健开发，两种动势都处于刹那生灭、无常无断的变化之中。③ 当翕之刹那，物质宇宙之基本单位亦即所谓动圈于是形成，"这种动圈的形成，就因为翕的势用，是尽量收凝。我们可以把每个收凝的动势，均当做一单位。……实则功能所以有分殊，而可说为一个一个的者，只以翕之故，才有分殊耳"。④ 由于翕是刹那生灭的，所以由翕凝成的基本单位并无瞬间暂住，"一切小一，都是顿现。（自注：一刹那顷，才起即灭，不暂住故。故云顿现）前不至后，后不承前。此不至彼，彼不因此。所以一切小一，各各均是刹那顿现"，⑤"如实而谈，凡诸小一，都是刹那诈现。一刹那顷，才起即灭，本来无有丝微的物事可容暂住，故云诈现。本无自性。（自注：犹云没有独立存在的自体）原其所自，盖乃寂然真体，确尔显现。（自注：小一非有质也，只是一种凝敛的势用而已。此即真体之显现也）"⑥但是，翕虽刹那生灭，以至其所凝成的基本单位并无瞬间暂住，却不可因此沦于空见，"剋约一刹言，恍惚不可把捉。通多刹言，前刹才灭，若有迹象，似未全消（自注：迹象者，譬如音乐才止，尚有余音绕梁。若有之言，显不可执为实物故。似未之言，显非不消灭，但幻迹耳），后刹

---

① 参见《熊十力全集》第 3 卷，第 98、111、290、296、307 页。熊十力说："每一动圈，即一单位。这些单位，就是物质宇宙的基本。"见同卷第 289—290 页。
②《熊十力全集》第 3 卷，第 307 页；另参见第 290、302—303 页。
③ 参见《熊十力全集》第 3 卷，第 98—135、250—252 页。
④《熊十力全集》第 3 卷，第 287—288 页。熊十力又说："就功能之收凝的方面而言，便谓之翕。翕故成为动圈。动圈一词即表示每个收凝的动势，可当做一单位。"见同卷第 288 页。
⑤《熊十力全集》第 3 卷，第 294—295 页。
⑥《熊十力全集》第 3 卷，第 292 页。

新生,与前俱有。(自注:后刹正生时,值前迹象未即灭时,是俱有也)准此而谈,前后刹间,未可沦空。虽前后都不住,却也不是空洞无物。譬如电光的一闪一闪,本经多刹,曾无一刹得住。但其前后之间,俨然是前刹之一闪,与后刹之一闪,分明俱有的,何可说空? 以此类况,前刹后刹小一,其相邻者,可言俱有。又复无量小一,同时现者,不妨假说彼此。(自注:注意假说二字。若计有实时间,及计小一为个别的实物可分彼此者,便大谬)由诸小一,可假说前后及彼此各各别有故"。① 因此,"今所谓小一,虽复各别顿现,无一小一得有自类生灭相续,犹如幻化。然诸小一,亦非如空华无体。每一小一,其体即是真如妙性故。故知小一,非无体法"。② 亦因此,由翕之凝,至无之本体始将显现为有,"夫翕者,于至无而动之中,始凝而兆乎有者也。至无者,言乎体也。至无而动,则体之显现而为万殊的妙用也。妙用之行,必有其收凝的一方面。此收凝即有之几兆,所谓翕是也。动势之始凝,本无形也,而已凝焉,则有之几也。形物著见,名之为有。收凝之势,虽未成乎形,而已为形物所自始,故曰始凝而兆有也"。③

由翕势之凝成物质宇宙的基本单位,以至于包括人身在内的宇宙万物的生成,其间机理为:"无量小一,相摩荡故,有迹象散著,命曰万物。(自注:摩者,两相近也,即是相比合的意思。荡者,交相激也,即是相乖违的意思)所以者何? 小一虽未成乎形,然每一小一,是一刹那顿起而极凝的势用。此等势用,既多至无量,则彼此之间,有以时与位之相值适当而互相亲比者,乃成为一系。(自注:此中时与位,原是假设。因为说到小一并起而相值,便不能不假说时位以形容之。若究其原,便无时位)亦自有不当其值而相乖违者。此所以不唯混成一系,而各得以其相亲比者互别而成众系。……无量小一,有相摩以比合而成一系。有相荡以离异,因别有所合,得成多系。此玄化之秘也,凡系与系之间,亦有相摩相

---

① 《熊十力全集》第 3 卷,第 308 页。
② 《熊十力全集》第 3 卷,第 297 页。
③ 《熊十力全集》第 3 卷,第 288 页。

荡。如各小一间之有相摩荡者然。系与系合,说名系群。二个系以上相比合之系群,渐有迹象,而或不显著。及大多数的系群相比合,则象乃粗显。如吾当前书案,即由许许多多的系群,互相摩而成象,乃名以书案也。日星大地。靡不如是。及吾形躯,亦复如是。故知万物,非离小一有别自体。"①至此,熊十力解释了通常所谓物质宇宙的生成及其性相。这个以刹那不住的翕势所凝聚的物质宇宙,从根本上说是幻有的,"实则所谓物者,并非实在的东西,只是依着大用流行中之一种收凝的势用所诈现之迹象,而假说名物。若离开收凝的势用,又有什么叫做物呢? ……物者,只是我所谓收凝的势用所诈现之迹象而已。收凝的势用,名为翕,翕即成物。(自注:翕便诈现一种迹象,即名为物)所以,物之名依翕而立",②"夫大用流行中,不得不有所凝敛以为健进之具。然依凝敛,乃有万物可言,不凝敛,即无物矣。但所云物者,幻迹耳,非有实物也",③在这一观点上,熊十力申明他"与空宗密意有相通处"。④ 但是另一方面,物质宇宙却又是无可呵毁的,"因为我们纯从宇宙论的观点来看,便见得一切行,都无自体。实际上这一切行,只是在那极生动的、极活泼的、不断的变化的过程中。这种不断的变化,我们说为大用流行,这是无可呵毁的。我们依据这种宇宙观,来决定我们的人生态度,只有精进和向上。其于诸行,无所厌舍,亦无所谓染着了",所以,熊十力又说"本书的意义,毕竟有和旧学天壤悬隔的地方,就是旧师于一切行而说无常,隐存呵毁,本书却绝无这种意思"。⑤ 在真谛与俗谛二分的前提下,熊十力认为"我们还可以假施设一外在世界或经验界,不属玄学领域,在这里对于情见或知识,不妨承认其有相当的价值","如此便有宇宙论可讲,

---

① 《熊十力全集》第 3 卷,第 306—307 页。
② 《熊十力全集》第 3 卷,第 111—112 页。
③ 《熊十力全集》第 3 卷,第 294 页。
④ 《熊十力全集》第 3 卷,第 150 页。熊十力又说:"本书谈转变,即于一切行,都不看做为实有的东西。就这点意思说,便和旧说诸行无常的旨趣是很相通的了。"见同卷第 86 页。
⑤ 《熊十力全集》第 3 卷,第 86—87 页。另参见第 170—178 页。

亦可予科学知识以安足处","俗情于此,庶几无怖也欤"。①

　　但若仅仅到此为止,还只是表现了大用流行的一个方面,由这一方面并不能即用显体,因为,翕虽亦属用,且为即用显体所必需的资具,但根本上却是近于物化而背反本体自性的。熊十力说:"翕自是用,此何待言? 但是本体之现为功用时,必起一种反的作用,即所谓翕者。以有此翕,乃得为辟的势用所依据以显发焉,于是而翕乃物化,疑于不成为用矣。我们只好于辟上识得大用。易言之,即唯辟可正名为用,而翕虽亦是用,但从其物化之一点而言,几可不名为用矣。……必有辟故方见大用流行,亦即于流行而识得主宰。"②这就在遮拨翕的同时,点明了即用显体唯有通过大用流行之另一方面亦即辟的势用才可达成。熊十力阐释体、翕、辟的关系说:"依恒转故,而有所谓翕,才有翕,便有辟。唯其有对,所以成变,否则无变化可说了。恒转是一,恒转之现为翕,而几至不守自性,此翕便是二,所谓一生二是也。然恒转毕竟常如其性,决不会物化的。所以,当其翕时,即有辟的势用俱起,这一辟,就名为三,所谓二生三是也。……一只是表示体之将现为用的符号,二和三都是表示用的符号,则以翕和辟,均是剋就用上而目之故也。就一言之,于此尚不足以识全体大用,因为说个一,只是虚拟体之将现为用。就二言之,于此亦不足以识全体大用,因为说个二,只是表示大用之流行,不能没有内在的矛盾,决不是单纯的。因此,有个近于物化的翕。这个翕,似是大用的流行,须自现为似物的式样,来作自己运转的工具,才有这一翕,所以就翕上看,便近于物化,难得于此而识全体大用了。只有三(自注:即是辟的势用),既是依据一而有的,却又与二相反,而即以反乎二之故,乃能显发

────────────

①《熊十力全集》第 3 卷,第 163、242、367—368 页。熊十力说:"实则,物界本依俗谛施设。(自注:世俗共许为实有者,曰俗谛。亦云世谛。随情安立故)于真谛中,本无有物。(自注:超越世间情计,契应真理者,曰真谛)……我们谈说小一,却是依据真谛以假设俗谛。故乃权宜方便,显示真体成用,其健进也,必有所凝敛,而始资之以显健德,不凝敛则大用之行亦浮游无据,无以成其健进矣。唯凝敛,乃成为无量的小一,而群有遂兆于兹。此俗谛所以不妨施设。"见同卷第 295—296 页。

②《熊十力全集》第 3 卷,第 104 页。

三的力用,得以转二使之从己。据此说来,三是包含一和二的。只于此,才识大用流行,也只于此,可以即用而识体。申言之,就是于三而识全体大用。我们即于三而说之为体,也是可以的。假若离了三,便无可见体。我们即于三之不可物化处,便识得这种势用虽是变动的,而其本体元是不变的。三之不可物化,就因为他底本体是如此的。换句话说,恒转之常如其性,即可于此而知了。"①这就清楚表达了体辟一如、即辟显体的意思。

那么即辟显体是如何实现的呢?此中蕴奥在于,依据本体而起的、为本体自性之显现的辟因与翕共同包含于每一个分殊的功能之中,且自为主宰而转翕从己,②所以,由这种功能所凝成的宇宙万物以及人本身便无不具有辟的势用,从而无不表现出合乎本体的倾向,由物与人之辟发方面所显之大用流行也就无非本体的朗现了。熊十力说:"自然或一切物并非真个是拘碍的东西。他们(自注:一切物)内部确有一种向上而不物化的势用即所谓辟潜存着",③"所谓物者,只是收凝的势用即翕之所诈现,并非有实在的物质,但因其现似质碍的东西,却又不妨名之为物。然复须知,所谓物,也就如其所现的样子。至于包涵此物与渗透和运行此物之中者,别有所谓刚健的、开发的、不物化的一种势用,即所谓辟,这个,决定不是从物的自身中产生出来的,而是与现似物相的收凝的势用即所谓翕,同时俱显而不可剖分的。……须知,刚健的不物化的势用即辟,是遍涵一切物而无所不包,是遍在一切物而无所不入。这种势用,虽与翕而成形的物同为恒转的显现,而辟确是不失恒转的自性。所以,于此而识得本体,亦即于此而可说为本原的",④"即于生生不息,而见为至诚(自注:至诚,亦实体之别名。此非超越生生不息的万象而独在,故于

---

① 《熊十力全集》第 3 卷,第 99—100 页。
② 关于辟依据本体而起、为本体自性之显现,参见《熊十力全集》第 3 卷,第 99、100、104、114 页;关于辟自为主宰而转翕从己,参见同卷第 99、101、104、112—113 页。
③ 《熊十力全集》第 3 卷,第 109 页。
④ 《熊十力全集》第 3 卷,第 113—114 页。

生生不息的万象,直作至诚观,便于相对中见绝对),于流行而识得主宰。……灭故所以生新,大化无有穷尽,森然万象,皆一真的显现也。(自注:一真即谓本体)"①

需要说明的是,辟与翕虽然共同包含于每一个分殊的功能之中,但由于辟乃如本体自性之呈显,因而辟在实际上乃是浑全的、无对的、无封畛的、无差别的。熊十力说:"每一个翕既似形成一极小圈子,若有粒子性者然。(自注:注意似字,及若有等字,非实成粒子故)因此,则运于翕中之辟的势用,也就和此翕同一小圈子,而这个圈子其实也只是一个动圈。如此一翕一辟之和合而成一圈者,假说为一个功能,亦得谓之一单位。无量的功能,每个都是如上所说。我们应知,功能所以非一合相者,其妙就存乎翕。有翕便有分化,才不是一合相。假使没有所谓翕就无从显出对待,无有万殊可言。据此,则翕是分化的,每一个翕,是自成一极小圈子。今试剋就辟言,此辟是否真个随翕而分成各个的圈呢? 应知,辟的势用虽运于一切翕之中,恒随各个的翕而分成各圈,但辟的本身确是浑一的。可分与不可分,于此都不妨说。(自注:辟的势用,既不同实物,不妨说不可分。他是随一切翕,而皆运乎其间的,亦不妨说可分)……统一的辟即是随各个翕而成为各圈的辟;各圈的辟,也即是统一的辟。岂其有二?"②之所以如此,乃是"因为小一,即是大一之凝以成多。而大一本来力用,周流遍运于其所内含的无量小一中者,虽随小一成多,即于全中有分。然大一自身毕竟无有封畛,无有限量。故全不碍分,而分即是全。一不碍多,而多即是一"。③ 因此,辟既殊异于分化的相对的翕,又有别于整全的绝对的体,而为翕与体之中介,以其刚健的力用转翕从己以至复归于体。

---

① 《熊十力全集》第 3 卷,第 135 页。熊十力释"大化"曰"犹言大用"。见同卷第 300 页。
② 《熊十力全集》第 3 卷,第 255—256 页。另参见同卷第 373 页。
③ 《熊十力全集》第 3 卷,第 305 页。小一即物质宇宙基本单位的别名之一,已见上文;大一即辟,观熊十力在相同意义上使用"至健至神的力用""健进""辟""大用""浑全""大一"等词语可证,参见同卷第 304 页。

熊十力又将辟称为心,他说:"恒转现为动的势用,是一翕一辟的,并不是单纯的。翕的势用是凝聚的,是有成为形质的趋势的,即依翕故,假说为物,亦云物行。辟的势用是刚健的,是运行于翕之中,而能转翕从己的,即依辟故,假说为心,亦云心行。"①"实则所谓心者,确是依着向上的、开发的、不肯物化的、刚健的一种势用即所谓辟,而说名为心。若离开这种势用,还有什么叫做心呢? ……我以为流行无碍而不可剖析的和刚健的与向上的势用,即所谓辟,这才可说名心。"②包括人身在内的一切物都具有辟的势用,因而也都具有心,所以辟可谓"宇宙的心"。③ 熊十力说:"辟或心是到有机物发展的阶段才日益显著,却不能因此便怀疑有机物未出现以前,就没有辟或心这种势用的潜存。一颗电子的振动,并不是循一定的规律的。电子总是在许多轨道中跳来跳去,他一忽儿在此一轨道上消失,一忽儿在另一轨道又产生,也不是有外力使之然的,这就是由他内部具有辟或心这种势用为之主宰。不过,这种势用潜存乎一切物之中,而不易察见耳。……应知,辟或心的势用,当其潜存的时候,如于有机物未出现,我们无从甄明他辟或心的时候,他确实普遍周浃于翕而将形的一切物,而无所不在。只是他的表现之资具如有机体尚未构成,所以不曾显发出来,因此,说名宇宙的心。……一一物各具之心,即是宇宙的心;宇宙的心,即是一一物各具之心。"④"无机物非无心灵。……无机物资于翕故,凝为形体。亦资于辟故,含有精英。(自注:此中精英一词,即谓心灵。然不直曰心灵者,盖在无机物中,心数未得光显发皇,只是可说为一种微妙的力用,故名以精英而已)故谓其无心灵者,甚不应理。"⑤

---

① 《熊十力全集》第 3 卷,第 101 页。
② 《熊十力全集》第 3 卷,第 110 页。
③ 参见《熊十力全集》第 3 卷,第 109、110、112 页。
④ 《熊十力全集》第 3 卷,第 109—110 页。按前句"一一物各具之心"之"各"误作"名",径改。顺便指出,由熊十力所举的电子运动的例子,可知他对测不准定律是有所了解的。《新唯识论》以及熊十力的其他著述中还涉及不少现代科学问题,表明他对现代科学的关注。当然,他对现代科学的解释则是基于他的哲学观而作出的。
⑤ 《熊十力全集》第 3 卷,第 346—347 页。

无机物如此,有机物更不待言,"不要说动物,就是在植物中已可甄明这种势用,如倾向日光及吸收养料等等,都可据以测验植物具有暧昧的心理状态。植物的心,实隐然主宰其形干,而营适当的生活,这是无可否认的",[①]概括地说,"如生物的发展,由低等生物而至高尚的人类,我们可以见到辟的势用逐渐伸张,而能宰制乎翕的一切物了。"[②]

当然,如上可见,辟的势用或曰宇宙的心在宇宙万物以及人那里的表现又是有差等的,"这种势用,要显发他自己,是要经过相当的困难。当有机物如动物和人类尚未出现以前,这种势用,好似潜伏在万仞的深渊里,是隐而未现的,好像没有他了。及到有机物发展的阶段,这种势用便盛显起来,才见他是主宰乎物的";[③]"无机物之结构,未免钝浊。极简单而无精微灵巧之组织,曰钝。粗笨而不足为心灵发抒之具,曰浊。故虽本具心灵,终亦不得显发,而疑于无";[④]"夫自无机物而至有机物与人类,始显心灵,乃不容已之真所必至者";[⑤]"唯人类心灵特著,充其智,扩其量,毕竟足以官天地,府万物。……故人类之在天地万物中也,殆犹大脑之在人体内,独为神明之司,感应无穷之总会焉。自然之发展,至人类而益精粹,心灵于是乎昭现"。[⑥] 即是说,辟的势用或宇宙的心在无机物和有机物中的植物以及除人以外的动物那里,或是潜存的、不曾显发的、不易察见的,或是隐然、暧昧的,总之都是不能完全主宰物的方面因而不免陷于物化的;唯有人类心灵能够完全彰显辟的势用亦即宇宙的心,从而能够主宰包括自身形躯在内的由翕势凝成的一切物,而免于物化之虞。正因为人类心灵能够完全彰显辟的势用,而辟乃如本体自性之呈显,故作为即用显体之集中体现的即辟显体,又可进一步归结为即人心而呈显本体,熊十力说:"夫心者,以宰物为功,此固是用。而即于用识

---

①《熊十力全集》第 3 卷,第 109 页。

②《熊十力全集》第 3 卷,第 104 页。

③《熊十力全集》第 3 卷,第 109 页。

④《熊十力全集》第 3 卷,第 347 页。

⑤《熊十力全集》第 3 卷,第 344 页。

⑥《熊十力全集》第 3 卷,第 345—346 页。

体,以离用不可得体故。是故剋就吾人而显示其浑然与宇宙万有同具之本体,则确然直指本心。人人可以反求自识,而无事乎向外追索矣。"[1]亦因此,所谓体用不二,极而言之也就是本体与人心无二无别,[2]正是在这一意义上,熊十力《新唯识论》才开宗明义即曰:"今造此论,为欲悟诸究玄学者,令知一切物的本体,非是离自心外在境界,及非知识所行境界,唯是反求实证相应故。"[3]由此,熊十力便将把握难以言表的本体的门径最终落实于人心之中,"新唯识论"的本体—宇宙论也就由此转入了心性论。

三、尽人合天的心性工夫论

虽然本体与人心无二无别,即用显体或即辟显体可以归结为即人心而呈显本体,但是,呈显本体的人心却并不是常人惯习之心。常人惯习之心非但不能呈显本体,反而恰恰障蔽本体。呈显本体之心乃是人的真心或曰本心,而障蔽本体之心则为人之妄心或曰习心。熊十力说:"提到一心字,应知有本心习心之分。唯吾人的本心,才是吾身与天地万物所同具的本体,不可认习心作真宰也。(自注:真宰者,本心之异名)"[4]

关于习心的性质,熊十力指出:"故习心,物化者也,与凡物皆相待相需,非能超物而为御物之主也,此后起之妄也。""一切坏的惯习的势力现起,名为习心。""有取之心,谓习心也。习心常有所追求,常有所执着,故云。"[5]习心又与习气相关联,"习心,则习气之现起者也。其潜伏而不现起时,但名习气";"习心,即染污习气之现起者是"。[6] 此染污习气亦即染

---

① 《熊十力全集》第 3 卷,第 378 页。

② 熊十力说:"吾心与万物本体,无二无别,其又奚疑?"见《熊十力全集》第 3 卷,第 20 页。在《新唯识论》中,熊十力多处强调人心与本体的同一性,略见同卷第 18、21、181、344、377、410、416、417、418、427、429 页。

③ 《熊十力全集》第 3 卷,第 13 页。熊十力又说:"设有问言:'既体非外在,当于何求?'应答彼言:求诸己而已矣。求诸己者,反之于心而即是。岂远乎哉?"见同卷第 18 页。

④ 《熊十力全集》第 3 卷,第 18 页。

⑤ 《熊十力全集》第 3 卷,第 20、72、195 页;另见第 382、428 页。

⑥ 《熊十力全集》第 3 卷,第 374、426 页;另见第 376 页。

习"恒有使吾人生活日究乎污下的倾向"，[①]其主要表现为贪、嗔、痴，"贪者，染着相，谓于自身及一切所追求境，皆深染着，不能荡然无系故。嗔者，憎恚相，谓于他有情不能容受故，每怀憎恶故。痴者，迷闇相，谓于真理无证解故，即于宇宙本原或人生真性曾不自识故，于一切事不明析故，于诸所作任倒见故。此三本惑（自注：三者又通名为惑，是一切惑之根本，故云本惑），一切染业，依之得起。……要之，此三都非本来清净性海中所固有，只因拘于形骸而始有的。易言之，即吾人的生命，缠锢于物质中，而吾人只是顽然一物，所以无端而起种种惑相。物交物，故染着生；（自注：吾人拘于形，故自成为一物，以此物与他物交，则有染着，如颜料之于丝然，欲免于染不得也）物相排拒，故憎恚生；物本拘碍，故迷闇生。总之，吾人受拘形骸，或沦溺物质生活中（自注：物质生活无可归咎，只沦溺便成大咎），才有一切惑业，成为惑习（自注：即染习）。惑习潜存，复乘机现起而为新的业，则惑益增盛。此人生所以陷于物化之惨，无由复其性也"。[②]当然，习气也有净习，"如儒者所谓操存涵养，或居敬思诚种种工夫，皆是净习。生命之显发，必由乎是"；"如操存涵养等工夫，此类作业所成习气（自注：操存涵养等工夫，好是吾人自己努力向上的一种作业，其萌于意与发于身语者，无非清净。这种作业的余势潜存者，是为净习），无障染性故，其潜力恒使吾人生活日益向上故，吾人本来的生命，恒赖有此净习而后得显发"。[③]但是，即使净习也依然不是本心，而对本心的呈显仍有所障碍，熊十力说："然凡习（自注：凡者，通染净言之）要皆于生命为资具，染习只是不良的资具而已。但人生的通患，常是把资具当做了本来的生命，不独染习乘权，是取生命而代之的，即净习用事，亦是以人力来妨碍天机（自注：人力，谓净习。天机，谓生命），以后起的东西（自注：谓净习）误认为本来面目（自注：谓生命），人生之丧其真也久矣。

---

① 《熊十力全集》第3卷，第263页。
② 《熊十力全集》第3卷，第266—267页；另参见第445—452页，该处更列出无明（即痴）、贪、嗔、慢、恶见五者为染习的主要表现。
③ 《熊十力全集》第3卷，第259、262页。

所以前哲用功,染习固克治务净,即净习亦终归浑化。程子说:'明得尽时,渣滓便浑化。'此间极深微。净习者,所仗以达于本体呈露之地也。本体呈露方是明,必使本体毫无蔽障方是明得尽。至此,则净习亦浑融无迹,即习乃转化而成性也。程子所谓渣滓,即指习言。习虽净,若未浑化,犹是渣滓也。"①更何况人们连这种净习也很难获得,"不幸人生恒与坏习为缘,当陷入可悲之境","众生只任有漏习气作主,故习气便成为生命,而本来的生命反被侵蚀了","一般人大抵都为无量无边的习气所缠缚固结,而习气直成为吾人的生命。易言之,即纯任习心趣境,而不自识何者为其自家宝藏或本来的心",②可见实际生活中的常人惯习之心,无非由习气现起之习心而已。

那么人的本心为什么会转变为习气或习心呢?熊十力解释其机理说:"习心亦云量智,此心虽依本心的力用故有(自注:习心非本心,而依本心之作用故有,譬如浮云非太空,要依太空故有),而不即是本心,毕竟自成为一种东西。原夫此心虽以固有的灵明为自动因(自注:固有的灵明,犹言本心的力用),但因依根取境,而易乖其本。根者,即佛家所谓眼等五根是也。此根乃心所凭以发现之具,而不即是心,亦不即是顽钝的物质。今推演其旨,盖即有机物所持有之最微妙的生活机能。其发现于眼处,谓之眼根;发现于耳处,谓之耳根;乃至发现于身处,谓之身根。身处,略当今云神经系。故根者,非即是眼等官体或神经系,但为运于眼等官体或神经系中最微妙的机能而已。此种机能,科学家无可质测。然以理推之,应说为有。此心必凭借乎

---

① 《熊十力全集》第 3 卷,第 263 页。熊十力另有数处谈及净习,或曰"一旦功行纯熟,则业或习乃浑化而与性为一矣"(同卷第 268 页);或曰"习气毕竟与功能不似也,功能则决不可计为断故",而"习气者,非定不断,亦非定断"(同卷第 273 页);或曰"净习毕竟不可断。不断故,恒与根同行,与心相应。故未有心得孤起而无习与俱者也"(同卷第 392 页);或曰"盖人生本来之性,必资后起净法,始得显现"(同卷第 462 页);或曰"人能自创习习,以显发天性"(同卷第 465 页),云云,似乎在净习浑化或断灭从而本心方能完全呈露与本心呈露必待净习之资方能实现这两种观点之间游移。

② 《熊十力全集》第 3 卷,第 259、272、379 页。

根而始发现,故云依根。取者,追求与构画等义。境者,具云境界。凡为心之所追求与所思构,通名为境。原夫本心之发现,既不能不依借乎根,则根便自有其权能,即假心之力用,而自逞以迷逐于物。故本心之流行乎根门,每失其本然之明。是心借根为资具,乃反为资具所用也。而吾人亦因此不易反识自心,或且以心灵为物理的作用而已。心理学家每从生理的基础如神经系等来说明心,或径以心理作物理观,亦自有故。夫根既假本心力用为己有,而迷以逐物。即此逐物之心,习久日深,已成为根之用,确与其固有灵明不相似。而人顾皆认此为心,实则此非本心,乃已物化者也。此心既成为一物,而其所交接之一切境,又莫非物也。故孟子有物交物之言,是其反观深彻至极,非大乘菩萨不堪了此。然是物也,势用特殊。虽才起即灭,而有余势流转,如瀑流然,不常亦不断。不常不断者,谓其为物,是个生灭灭生相续不绝的。如前刹那方灭,后刹那即紧相接续而生。刹那刹那,前前灭尽故不常,后后相续生故不断。此不常不断的物事,实为潜在于吾人生活的内部之千条万绪互相结合之丛聚体,是故喻如瀑流。此纷纭复杂,各不相乱,而又交相涉入,以形成浩大势用的瀑流。当其潜伏于吾人内在的深渊里,如千波万涛鼓涌冥壑者,则谓之习气。即此无量习气有乘机现起者,乃名习心。……习心既异本心,因此其在生活方面,常有追逐外物而不得餍足之苦。"[1]于是人的本心乃物化,人因而成为私意、私欲、惑障、染污的存在,[2]"只狥形骸之私,便成乎恶,王阳明先生所谓'随顺躯壳起念'是也",[3]人类社会也就充斥着非道德、反道德或无道德现象,心之本体当然也被完全障蔽了。

---

[1]《熊十力全集》第3卷,第375—376页。另参见同卷第20、25、56、385—389、392、426—428页,其中385—387页对佛家关于根或根身之说作了比较详细的解说,第426—427页表明熊十力对根的理解不同于佛家本义。

[2] 参见《熊十力全集》第3卷,第383页。

[3]《熊十力全集》第3卷,第266页。

不过，虽然人类从无始时来，个体则自形生神发开始，便往往为无量无边的习气所缠缚固结，①但是，"从人生的本性来说，毕竟是不堕于形气的，是复然超脱的。因为本性上毫无障染（自注：譬如太阳，虽有云雾起为障染，而其赫然光明之体，恒自若也。云雾何曾障碍得他，染污得他。本性无障染，义亦犹是），毫无滞碍，毫无亏欠，所以可形容之，而说为吾人固有的活力。这种活力是精刚勇悍能主宰形气，而不拘于形气的。吾人具大有的无尽藏，而无待求足于外者，就是这种活力"；②"妄缘虽障碍心性，而心性恒自如故，不可变易，即是不随妄缘迁改，所谓无染是也。譬如客尘，障于明镜，而明镜自体，恒自如故，不受客尘污玷。故拂拭客尘，还复朗鉴。心性亦尔，但舍离妄缘，即还复本来明觉"。③ 只是人的本来心性或固有活力尽管恒常自在，却并不能于习气习心之中轻易显发，"人生梏于形气，缚于习染，欲其涤除情见，此极难能，矧欲涤除尽净，谈何容易哉？（自注：情见，即缘形气与习染而始有）"④所以，人若要于习气习心之中显发本来心性或固有活力，"一视其有无涤除情见工夫，及其用功纯一与否以为断"，⑤由此，熊十力将心性论导入工夫论。

熊十力说："夫神明冲寂（自注：神明，谓本心），而惑染每为之障（自注：惑染无本根，而足以障碍本心。如浮云无根，而能障日）。真宰无为（自注：真宰，谓本心），而显发恒资保任。严矣哉保任也！真宰不为惑染所障而得以显发者，则以吾人自有保任一段工夫故耳。保者保持，任者任持。保任约有三义：一、保任此本心，而不使惑染

---

① 熊十力解释"由生化而有的附赘物"说："附赘物，谓众生从无始来所有迷执的习气。"见《熊十力全集》第 3 卷，第 189 页；又说"习气无论为好为坏，都是自形生神发而始起的"，见同卷第261 页；又说"吾人生活内容，莫非习气。吾人日常宇宙，亦莫非习气，则谓习气即生命可也"，见同卷第 272 页。
② 《熊十力全集》第 3 卷，第 260—261 页。另参见同卷第 453 页。
③ 《熊十力全集》第 3 卷，第 383 页，熊十力自注曰："习气者，妄缘也。"另参见同卷第 273、389 页。
④ 《熊十力全集》第 3 卷，第 197 页。
⑤ 《熊十力全集》第 3 卷，第 197 页。

得障之也。二、保任的工夫,只是随顺本心而存养之。即日常生活,一切任本心作主,却非别用一心来保任此本心也。三、保任的工夫,既是随顺本心,即任此心自然之运,不可更起意来把捉此心。程子所谓未尝致纤毫之力是也。若起意,则是妄念或习心窃发,而本心已放失矣。善夫阳明学派之言曰:'即工夫即本体。'一言而抉天人之蕴。东土诸哲(自注:如儒与佛及老聃派),传心之要皆不外此旨也。工夫则万行之都称。行者,修行,亦云进修。吾人日常生活中,不论闲静时,或动作万端时,总期念念之间,恒由本心为主,毋任惑染起而间之。然欲致此者,要当有不断的努力,非废然放纵而可至也。此云不断的努力者,即修行或进修之谓。行而曰万者,修行非一端而已。人各因其所偏失而期以自克焉。故修行不泥于一轨也。如佛家有六度,乃至十地等无量行。儒者于人伦日用之地,或以居敬为要,或以主忠信为先,乃至种种,亦非孤尚一行以为法程也。工夫诚至,即本体呈露。若日用间工夫全不得力,则染习炽,邪妄作,斯以障碍本体而丧其真矣(自注:真谓本体)。故曰'即工夫即本体',此尽人合天之极则也。工夫只是保任(自注:无量的工夫,无非保任此本心而已),原非于本体有所增益。但勿为染习所缚,勿顺躯壳起念(自注:人只为染习所缚,即顺躯壳起念,而本心乃梏亡矣。王阳明教学者,每于此处提醒),而使本心恒为主于中(自注:恒字吃紧。有不恒时,即本心放失,便无主人公也),则大明朗乎无极,性海渊兮绝待(自注:本心即是吾人与万物同具的本体,故说为性海)。斯以静涵万理(自注:静谓泯绝外感时),动应万变(自注:动谓事物纷然交感时)。动应则神不可测,静涵则虚而不屈,是为动静一原。(自注:吾人日用间,不论静时动时,通是本体浑然流行。故静涵万理者,静时是本体实现故。动应万变者,动时是本体实现故。此缘一向工夫没有松懈,所以本体呈露,有动静一原之妙。若工夫不得力,即染习乘机而起,静时便昏沉,无从发现涵万理的本体;动时便浮乱,无从发现应万变的本体。

王学末流，或高谈本体，而忽略工夫，却成巨谬。)"①这就将工夫对于转习(习气习心)归本(本心本体)的作用、工夫的方法、工夫与本体的关系、废弃工夫的危害以及工夫诚至所达到的境界等等一概揭示出来了。

熊十力反对以轻率的态度对待心性工夫，他引述明儒史玉池之言曰："今时讲学者，率以当下指点学人，此是最亲切语。及叩其所以，却说饥来吃饭困来眠，都是很自然的，全不费工夫。见学者用工夫，便说本体原不如此，却一味任其自然，纵情纵欲去了。是当下反是陷人的深坑。不知本体、工夫是分不开的。有本体自有工夫，无工夫即无本体。试看樊迟问仁，是未识自家仁体而兴问。夫子却教他做工夫，曰：'居处恭，执事敬，与人忠。'凡是人，于日用间总不外居处、执事、与人这些生活情况。居处时便恭，执事时便敬，与人时便忠。此本体即工夫。学者求仁，居处而恭，仁就在居处。执事而敬，仁就在执事。与人而忠，仁就在与人。此工夫即本体。仁体与恭、敬、忠，分析不开。此方是真当下，方是真自然。若饥食、困眠，禽兽都是这等的，以此为当下，便同于禽兽，岂不是陷人的深坑。且当下全要在关头上得力。今人当居常处顺时，也能恭敬自持，也能推诚相与。及到利害的关头，荣辱的关头，毁誉的关头，生死的关头，便都差了。则平常恭、敬、忠，都不是真工夫。不用真工夫，却没有真本体。故夫子指点不处不去的仁体，却从富贵贫贱关头。孟子指点不受不屑的本心，却从得生失死关头。故富贵不淫，贫贱不移，威武不屈，造次颠沛必于是，舍生取义，杀身成仁，都是关头时的当下。此时能不走

---

① 《熊十力全集》第3卷，第395—396页。此段主要标举保任方法；熊氏言及保任方法者还见于同卷第9、195、264、303、380、389、392、397、404、415、417、460页。另外熊氏还言及存养(例如同卷第56页)，破除见网(例如同卷第189页)，克治情见(例如同卷第199页)，克己、断惑、破执(例如同卷第259页)，收心(例如同卷第380页)，存持(例如同卷第385页)，守护根门、不走作(例如同卷第389页)，深造自得、居安资深、左右逢原(例如同卷第393页)，反身而诚(例如同卷第413页)，强恕而行(例如同卷第414页)等工夫方法，这些工夫方法归根到底也都是保任本心。保任也就是孟子所谓"勿忘勿助长"，"孟子云勿忘勿助长者，谓吾人涵养的工夫，必于本心念念保任之，勿令放失，故云勿忘。又保任之功，须随顺本心昭灵自在之用，不可着意把持，而欲助其长盛。如欲助长，则是自家习气用事，斯时本心已被障碍，而不得显发矣"，见同卷第263—264页。

作,才是真工夫,才是真本体,才是真自然,才是真当下。"①熊十力赞道:"玉池这段话,确极真切,……皆不失孔孟精神也。玉池谓有本体自有工夫,无工夫即无本体,此是的然见道语。"②

在熊十力看来,心性工夫必须精进以求,"精进数者,对治诸惑故,令心勇悍故,故名精进。由如理作意力故,有勇悍势用俱起,而叶合于心同所行转。凡人不精进者,即役于形,锢于惑,而无所堪任。是放其心以亡其生理者也。精进者,自强不息。体至刚而涵万有(自注:人性本来刚大,而役于形,锢于惑者,则失其性。故必发起精进,以体合乎本来刚大之性。夫性惟刚大,故为万化之原),立至诚以宰百为(自注:诚者,真实无妄,亦言乎性也。立诚即尽性也。百为一主乎诚,即所为无不顺性,一切真实而无虚伪。故是精进)。日新而不用其故(自注:唯其刚健诚实,故恒创新而不守故),进进而无所于止。故在心为勇悍之相焉。……孔子曰:'我学不厌,而诲不倦也。'又曰:'发愤忘食,乐以忘忧,不知老之将至'云尔。又曰:'忘身之老也,不知年数之不足也。俛焉日有孳孳,毙而后已。'此皆自道其精进之概。总之,人生唯于精进见生命,一息不精进,即成乎死物。故精进终无足也"。③ 所谓"精进终无足",乃是针对"学者或以悟入冥寂自性(自注:即本体),便安于寂,而为止境"的陷身惰性、故步自封、停滞不前状况而言,熊十力痛斥这种状况说:"孰谓一旦悟入自性,便可安享现成,无所事事哉! 明季王学末流之弊,甚可戒也。(自注:一旦有悟,便安享现成,流入猖狂一路。晚明王学,全失阳明本旨,为世诟病。夫阳明自龙场悟后,厓功日益严密,擒宸濠时,兵事危急,绝不动心。此是何等本领,然及其临殁,犹曰:'吾学问才做得几分。'后学空谈本体,非阳明之罪人哉!)"④与这种状况相反,熊十力认为心性工夫应是

---

①《熊十力全集》第3卷,第402—404页。按:熊十力所引与《明儒学案·东林学案·太常史玉池先生孟鳞》原文颇有差异,但大意无违。
②《熊十力全集》第3卷,第404页。
③《熊十力全集》第3卷,第459—160页。
④《熊十力全集》第3卷,第419—420页。

人生终生不辍的事业，其曰："至神无相者，虽主乎吾之一身，而吾不能曰反求而得其至足者，更无所事事也。识得本体已，不可便安于寂。要须恒不违真（自注：恒字吃紧。真谓本心或本体），勇悍精进，如箭射空，箭箭相承，上达穹霄，终无殒退，如是精进不已，是谓创新不已。如是创新不已，实即本体呈露，其德用流出，无有穷极。故修为进进（自注：进而不已，曰进进，即精进义），即是本体显发无穷。妙用自然，不涉为作，又乌有不寂者乎？是故返本之学，初则以人顺天而自强（自注：人，谓修为的工夫。天者，本体之代词。工夫实即本体德用之显发。自强，谓吾人精进不息也。吾人不息的工夫，实即本体德用显发无穷。人能皆本天性故），久则即人而天，纯亦不已（自注：初时工夫犹未纯，久则纯熟，天理全显，斯是即人即天。纯亦不已者，天德至纯、无杂染故。不已者，天之德用，无穷尽故，无止境故）。不已者，彰其刚健。纯者，显其寂寂。然则吾人以知本而创新，创新而返本。到得返本，亦刚健，亦寂寂。何至有陷身惰性之事乎！其陷于惰，必未真证本体者也。"[1]只有通过终生不辍的精进工夫，人生才可能转习归本、尽人合天，以虚寂明觉的本心呈显至无妙有、至寂神化、赅备万德、具足众理的本体；[2]同时也才可能主宰翕聚的形躯，控驭逐物的官能，止息利害的计较，超脱外物的拘牵，突破生命的险陷，"染污不得为碍，戏论于兹永熄，是盛德之至也"，成为熊十力所称的"无寄真人"或"大自在者"。[3] 实际上，将人生导向这种盛德之至的境界，正是熊十力"新唯识论"哲学体系的旨归，其《新论》九章，由《明宗》、《唯识》上下、《转变》、《功能》上下、《成物》而结穴于《明心》二章，可以为证；其自谓"三十左右，因奔走西南，念党人竞权夺利，革命终无善果，又目击万里朱殷，时或独自登高，苍茫望天，泪盈盈雨下，以为祸乱起于众昏无

---

① 《熊十力全集》第 3 卷，第 418—419 页。"至神无相者"谓本体，熊十力说"夫本体至神而无相"，见同页。熊十力《复吕澂》（一九四三年四月十八日）一函中有大致相同的文字，见《熊十力全集》第 8 卷，第 442—443 页。《尊闻录》有一段记述熊十力关于自创人能的工夫论，极好言语，可与此处相参发明，见《熊十力全集》第 1 卷，第 605—608 页。
② 关于本心义相，参见《熊十力全集》第 3 卷，第 18 页。关于本体性德，参见本节第二小节。
③ 参见《熊十力全集》第 3 卷，第 370 页。

知,欲专力于学术,导人群以正见",①更是明证。

四、尊崇性智而不遗量智的认识论

熊十力说:"本心亦云性智(自注:从人生论与心理学的观点而言,则名以本心。从量论的观点而言,则名为性智),是吾人与天地万物所同具之本性。……习心亦云量智",②即是说,从心性工夫论方面而言的本心习心,从量论(亦即认识论③)方面来说则为性智量智,这两个论域的共同旨归都是要将人生导致冥应本体,④但前者主要论述人生冥应本体的修为工夫,后者则主要论述人生冥应本体的认识途径;前者重在行,后者重在知,知行合一,庶几乎得之。

至迟从1923年起,熊十力就有心写作《量论》,在当年出版的《唯识学概论》书首弁言中,他说:"此书区为二部:部甲,《境论》。法相法性目之为境,是所知故。部乙,《量论》。量者量度,知之异名,虽谈所知,知义未详,故《量论》次焉。"⑤但实际上该书内容唯有"部甲境论"之"识相篇",并无"部乙量论",熊十力在此只是为作为《唯识学概论》之组成部分的《量论》预留位置而已。在1926年出版的第二种《唯识学概论》绪言中,熊十力又说:"此书凡为二论:曰境论、量论。境论有二:一、法相篇,二、法性篇。量论有二:一、分别篇,二、正智篇。(自注:俗言理智,略当分别。正智者,证体之智)观境成妄,率视其量。故此二论,绮互作焉。"⑥但

---

① 《熊十力全集》第1卷,第659页。关于熊十力"新唯识论"哲学体系的旨归,参见胡治洪《辛亥革命与熊十力的哲学创构》,《深圳大学学报》(人文社会科学版)2012年第3期。

② 《熊十力全集》第3卷,第374—375页;另参见同卷第12、16、454、490、528页,第8卷第415页。

③ 熊十力说:"量论,相当俗云知识论或认识论。量者,知之异名。佛家有证量及比量等,即关于知识之辨析也。"见《熊十力全集》第3卷,第6页;另参见第4卷第397页,第5卷第512、661页。

④ 关于心性工夫论旨在将人生导致冥应本体,具见本节第三小节。关于量论旨归,熊十力说:"我们正以未得证体,才研究知识论。"(见《熊十力全集》第3卷,第17页)可见量论亦是冥应本体的手段。

⑤ 《熊十力全集》第1卷,第45页。

⑥ 《熊十力全集》第1卷,第413页。

此书内容也只有"境论一"之"法相篇",既无"法性篇",更无"量论"。1930 年出版的《唯识论》导言,基本上重复第二种《唯识学概论》绪言的说法,①而该书内容同样只有"境论一"之"法相篇",而无"法性篇"和"量论"。至 1932 年熊十力完成彻底超脱唯识旧学的《新唯识论》(文言文本),其结构却仍然承续以往各著,"拟为二部,部甲曰《境论》。……部乙曰《量论》",只不过"本书才成《境论》,而《量论》尚付阙如"。② 但此后熊十力对《量论》的安排有了新的考虑,在 1934—1935 年间的一篇书札中,他说:"病躯如得渐添生意,将来起草《新论》部乙之《量论》,即当试用新文体。惟文体既变更,则其书成,当离《新论》而别为单行本,即书之题名,亦俟届时拟定。此意经多番审虑而后决。"③1942 年《新唯识论》(语体文本)之《初印上中卷序言》进一步表达了《量论》独立成书的意思,其曰:"原本拟为二部:曰《境论》,曰《量论》。只成《境论》一部分,《量论》犹未及作。今本则不欲承原本之规画,如将来得成《量论》时,即别为单行本,故今本亦不存《境论》之目。以《境》《量》二论相待立名,今《量论》既不属本书组织之内,则《境论》之名亦不容孤立故。"④在熊十力关于唯识旧学和新论的一系列著作中,至此不再以"境论""量论"两个部分来设置全书结构,而专属"境论"的《新唯识论》(语体文本)已自成一部完整的著作。由此体现的熊十力的隐衷似乎是,《量论》能够完成当然更好,即或不然,亦不致影响《新唯识论》的完整性,其中透露出熊十力对于写作《量论》的诸多无奈,观其慨叹"不卜将有作者起而弥吾缺憾否耶""来者悠悠,将有成吾愿者乎"云云可知。⑤ 在《新唯识论》(语体文本,1944)以及后来的《读经示要》(1945)、《十力语要》(1947)、《读智论钞》(1947—1948)、《十力语要初续》(1949)、《摧惑显宗记》(1950)、《论六经》(1951)

---

① 参见《熊十力全集》第 1 卷,第 497 页。
②《熊十力全集》第 2 卷,第 8—9 页。
③《熊十力全集》第 2 卷,第 273 页。此札收入《十力论学语辑略》之"甲乙录(甲戌、乙亥合编)",甲戌、乙亥当 1934—1935 年。
④《熊十力全集》第 3 卷,第 6 页。
⑤《熊十力全集》第 3 卷,第 528、798 页。

等著作以及一些函札中,熊十力反反复复表达了写作《量论》的志愿,不胜枚举,但这一绵延了近三十年的志愿却并未实现,熊十力最终也没有写出《量论》。

　　熊十力为什么未能写出《量论》? 他自己反反复复道出了诸多原因,如谓"世变日亟,疾病交摧。(自注:十年来,患脑病、胃坠,常漏髓,背脊苦虚,近方有转机)《量论》欲赓续成之,亦大不易",①"吾欲《量论》中详谈理。老当昏世,恐未能也",②"颇欲于《量论》中详认理智,老来精力乏,未知能否执笔耳",③"吾三十年来含蓄许多意思,欲俟《量论》畅发。而以神经衰弱,为漏髓病所苦,一旦凝思构文,此病辄发,便不可支,此苦非旁人可喻。……《量论》之所以难以写出者,自度精气只如此,欲本不苟之心作去,乃大不易耳",④"然以暮境而际明夷,《量论》且未知能作否",⑤"余拟于《新论》外,更作《量论》,与《新论》相辅而行。老当衰乱,竟未得执笔",⑥"《新论》刊行之一部分只是谈体,但此书孤行,读者总多隔阂,诚如来函,须完成《量论》为佳。然衰世百艰,又且忽焉老至,精力实不堪用,此诚无可如何",⑦"诚欲别写一部《量论》,恐环境益厄,精力日差,终是难写出也",⑧"超知与反知截然不相似,余本欲于为《量论》时畅发之,惜遭时昏乱,不暇及也",⑨"世乱方殷,老怀愁惨,《量论》未能作,又何堪及此乎",⑩"余尝欲通究华梵洋三方思想,别异同,衡得失,以衷诸至当而造《量论》一书。抗战入川,不遑从事,今衰矣,恐难果此愿也",⑪"因二十年

---

① 《熊十力全集》第 2 卷,第 9 页。
② 《熊十力全集》第 3 卷,第 280 页。
③ 《熊十力全集》第 3 卷,第 429 页。
④ 《熊十力全集》第 3 卷,第 526—528 页。
⑤ 《熊十力全集》第 3 卷,第 760 页。
⑥ 《熊十力全集》第 4 卷,第 12 页。
⑦ 《熊十力全集》第 4 卷,第 195 页。
⑧ 《熊十力全集》第 4 卷,第 295 页。
⑨ 《熊十力全集》第 4 卷,第 377 页。
⑩ 《熊十力全集》第 5 卷,第 57 页。
⑪ 《熊十力全集》第 5 卷,第 545 页。

来,每思为《量论》,将取西洋知识论与佛氏《大般若》、儒家《大易》参研并究,而会归通衢。此业极艰巨,未可粗疏着手。从前大病十余年,继以国难十年,民劳国瘁之感,碍吾昭旷深密之思,《量论》竟不获作,何能别有所事",[1]"吾欲出入华梵西洋而为《量论》,胸中已有一规模,然非精神饱满、兴会时发,断不能提笔。人或劝余急写一纲要,其实纲要二字谈何容易。真正著述确是不堪苟且,老而愈不敢苟也。纲要如能作,亦决不同于西洋知识论之内容与体式,自别是一种作意,然暮年意兴消沮,恐终不能作也",[2]凡此均将不能写作《量论》的原因归诸世道乱离、疾病折磨以及年老神衰,这些当然都是不能写作《量论》的原因,但似乎并非主要原因,因为在完成《新唯识论》之后,同样是在世道乱离、疾病折磨以及年老神衰的条件下,熊十力却也写出了《佛家名相通释》《中国历史讲话》《读经示要》《中国哲学与西洋科学》《读智论钞》等著作,其中不乏鸿篇巨制;且 1949 年以后,在社会环境相对安定但疾病更甚、年事愈高的情况下,他还完成了《论六经》《原儒》《体用论》《明心篇》《乾坤衍》等著作,因此,不能写作《量论》的主要原因就不应在于世道、疾病和年岁方面。

熊十力还有一段话涉及不能写作《量论》的原因,他说:"弟常欲别为一书,以相辅翼,总苦精力不给。大抵此等处最感困难者,为科学知识之缺乏。吾侪不幸少年无治科学机缘,今已老大,夫复何言?每有思维所及,自惊神解,却未能搜检各种科学上之材料以为推证之助。即令笔述所怀,反惧单词奥义,无以取信于人,故提笔而又辍者屡然也。"[3]此所谓"科学知识"或"科学",大致就是西方学术文化之代称,观其所谓"西洋之

———————

[1]《熊十力全集》第 5 卷,第 660 页。

[2]《熊十力全集》第 5 卷,第 662 页。刘虎生等撰《印行十力丛书记》曰:"先生原拟为《量论》(自注:即知识论),以西洋尚理智思辨,印度佛家虽任思辨,而要归禅定止观,中国则于实践中体现真理,三方各有其特到之精神,当析其异,而会其通,毋拘一隅之见。此书若成,则于未来新哲学之发生,所关极巨。先生辄叹老当衰乱,未遑执笔。吾侪犹望杖履余暇,略提纲领。"(见《熊十力全集》第 4 卷,第 24 页)此或即熊十力所谓"人或劝余急写一纲要"的原由。

[3]《熊十力全集》第 4 卷,第 182 页。此段话为熊十力与满莘畲讨论《新唯识论》所发,熊氏所谓"常欲别为一书,以相辅翼",虽未点明书名,但当指《量论》无疑。

学科学为主",①及其自陈"我相信,我如生在西洋,或少时喝了洋水,我有科学上的许多材料,哲学上有许多问题和理论,我敢断言,我出入百家,一定要本诸优厚的凭借,而发出万丈的光芒",②"我所以常恨少年时未得出洋,我所差的是科学。若得出洋,我自信要开一道光明",③都是将"西洋"与"科学"相挂搭,可以为证。熊十力对中国传统知行论及印度佛家量论都有极高造诣,这两方面的学思准备,对于写作《量论》是不成问题的。对于西方认识论,他借助于译著,也确实达到了相当精深的解悟。④不过,如果要撰写一部"通究华梵洋三方思想,别异同,衡得失,以衷诸至当"的体系性的《量论》,仅靠对于西方认识论的这种解悟,而没有对于西方认识论的直接、全面、系统、深入的研究,无疑还是难以完成的。熊十力所缺乏的正是对于西方认识论的直接、全面、系统、深入的研究,这应该是他不能写作《量论》的主要原因。

体系性的《量论》诚然没有写出,但熊十力关于量论的论说却大量散见于他的多种著作之中,如其所说:"《量论》虽未及作,而吾之意思于《新论》及《语要》中时有散见,若细心人自可看出。"⑤其实不止《新唯识论》和《十力语要》,在《佛家名相通释》《读经示要》《中国哲学与西洋科学》《十力语要初续》《摧惑显宗记》《论六经》等著作中也都有关于量论的论说,这些论说主要包括量智论和性智论。

量智亦即理智、思量、思辨、思议、知识、知见、情见、情识、推度等等,熊十力说:"量智,是思量和推度,或明辨事物之理则,及于所行所历,简择得失等等的作用故,故说名量智,亦名理智。……宗门所谓情见或情识与知见等者,皆属量智","思议是发自量智","此中量智,谓理智作用,

---

① 《熊十力全集》第 8 卷,第 753 页。
② 《熊十力全集》第 8 卷,第 759 页。
③ 《熊十力全集》第 8 卷,第 765 页。
④ 熊十力说:"西洋知识论,吾未能直阅外籍,然佛氏有言'于一毫端见三千大千世界',吾就译本而穷其所据,察其所持,推其论之所必至,亦可以控其要而知其所抵之域矣。"见《熊十力全集》第 5 卷,第 662 页。
⑤ 《熊十力全集》第 5 卷,第 205 页。

或知识,亦即是情见","凡吾所云理智者,即克就思辨或推度的作用而目之。《新论》亦谓之量智,他只是作用,而不是体"。① 由于量智亦即习心,故其来源也就如同习心源自本心一样,乃是等同于本心的性智之发用,熊十力说:"吾人承认有本来固具的性智,则说理智亦是性智的发用,但他是流行于官体中而易为官能假之以自逞,又有习染之杂。他毕竟不即是性智,这是不可混淆的。……须知,妄识亦依性智故有,譬如浮云虽无根底,亦依太空故有,所谓依真起妄者是也。""此智,元是性智的发用,而卒别于性智者,因为性智作用,依官能而发现,即官能得假之以自用。易言之,官能可假性智作用以成为官能之作用,迷以逐物,而妄见有外,由此成习。而习之既成,则且潜伏不测之渊,常乘机现起,益以障碍性用,而使其成为官能作用。则习与官能作用,恒叶合为一,以追逐境物,极虚妄分别之能事,外驰而不反,是则谓之量智。故量智者,虽原本性智,而终自成为一种势用,迥异其本。"②量智之根源虽然在于性智的发用,但其发展以至盛大,却是由于物质世界的经验所得,熊十力说:"元来吾人底理智,虽一方面是依着固有的东西而起之作用(自注:此中固有的东西,即谓心体,亦即《新论》所谓智),但其发展,确是从实际生活里面滋长出来的。他虽有迹先的根据,而毕竟是迹后的东西(自注:迹先迹后,犹云先天后天),所以可与知识一例看,而不能说他即是《新论》所谓智。"③又说:"所谓量智者,本是从向外看物而发展的。因为吾人在日常生活的宇宙里,把官能所感摄的都看做自心以外的实在境物,从而辨识他、处理他。量智就是如此而发展来。所以量智,只是一种向外求理的工具。"④

熊十力对量智的作用做了充分的肯定,他说:"然玄学要不可遮拨量智者,见体以后大有事在。若谓直透本原便已千了百当,以此为学,终是沦空滞寂,隳废大用,毕竟与本体不相应。譬之游断航绝港而蕲至于海,

①《熊十力全集》第 3 卷,第 16、144、188、548 页。
②《熊十力全集》第 3 卷,第 12、16 页。
③《熊十力全集》第 2 卷,第 337 页。
④《熊十力全集》第 3 卷,第 22 页;另参见同卷第 144、163、164、294 页。

何其谬耶？大人之学,由修养以几于见道(自注:见道,即见体之谓),唯保任固有性智,而无以染习障之,无以私意乱之,使真宰恒时昭然于中,不昏不昧,只此是万化根原,通物我为一,阳明咏良知诗:'无声无臭独知时,此是乾坤万有基。'实了义语也。此种境地,岂可由量智入手得来？然到此境地却又不可废量智。须知:量智云者,一切行乎日用,辨物析理,极思察推征之能事,而不容废绝者也。……然若谓见体便游乎绝待,可以废绝量智;抑或看轻量智,以格物致知之学为俗学,无与于大道,此则前贤所常蹈其弊,而吾侪不可复以之自误而误人也。"①又说:"极万有之散殊,而尽异可以观同;察众理之通贯,而执简可以御繁;研天下之几微,而测其将巨;穷天下之幽深,而推其将著。思议的能事,是不可胜言的。并且思议之术日益求精。稽证验以观设臆之然否,求轨范以定抉择之顺违,其错误亦将逐渐减少,我们如何可废思议？"②对于量智所成就的科学知识,熊十力评价甚高,其曰:"自科学发明以来,其方法与结论,使人类智识日益增进,即人类对于生命之价值,亦大有新意义。略言之:如古代人类对于自然势力之控制与危害吾人者,唯有仰其崇伟,而莫敢谁何。科学精,而后人有勘天之胜能,可以控制自然,解其危害,而利用之以厚吾生者,犹日进未已。人类知识之权能日高,遂得昂首于大自然之表,取精多,用物宏,其生命力得以发舒,无复窘束之患。此科学之厚惠一也。古代社会,有治人者·治于人者,及贫富与男女间,种种之大不平。几视为定分而不可易。自科学兴,而注重分观宇宙(自注:即于宇宙万象,而分析研究之),与实事求是之精神。于是对于社会上种种大不平,能析观,以周知各方之利害·综核,以确定改造之方针。向之大不平者,渐有以除其偏敝,而纳之均平。人道变动光明,已远过古昔。此科学之厚惠二也。古代人类常屈伏于神权之下,如蚕作茧自缚。科学进步,已不限于实用,而常为纯理之探求。见理明,而迷信自熄。人生得解脱神

___

①《熊十力全集》第 3 卷,第 529—530 页。
②《熊十力全集》第 3 卷,第 146 页。

权之束缚,而自任其优越之理性。此科学之厚惠三也。略说此三,而科学之重要已可知。"①基于对量智的这种认识,故当有人怀疑熊十力轻视量智时,他断然反驳道"若疑吾有轻量智之嫌,则或于吾书有未子细看也"。②

熊十力诚然充分肯定量智的作用和成就,但这种肯定却是有限度的。量智的限度就在于不可能把握本体,"本体唯是实证相应,不是用量智可以推求得到的。因为量智起时,总是要当做外在的物事去推度,如此,便已离异了本体而无可冥然自证矣","所以我们主张量智的效用是有限的。量智只能行于物质的宇宙,而不可以实证本体","量智只是推度。推度作用起时,便与所推度为二,而已离自本体矣。量智之效能,自有限度。未可以此证得本体也"。③ 若以量智构画本体,必然导致将本体视为寻常物事,从而"着物",因为量智"是从历练于事物方面而发展的。因此,本量智以穷究道理时,总不免依据物理界的经验去推索。而于理之极至,本不可当做一物事以推之者,彼亦以物推观。此之谓着物",④如此构画的所谓"本体"无一不是荒谬的,熊十力斥之为"戏论",嘲之以"如蛛结网""盲人摸象""贫子说金",其曰:"因为吾人的理智作用,是从日常实际生活里面,习于向外找东西的缘故,而渐渐的发展得来。因此,理智便成了一种病态的发展,常有向外取物的执着相。于是对于真理的探求,也使用他的惯技,把真理当做外在的物事而猜度之。结果便生出种种戏论。(自注:古今哲学家,一人一义,十人十义,百人百义,其不为戏论者有几?)"⑤"哲学家谈本体者,皆任理智去构画。易言之,即皆以思维,造作如彼如彼义相,说为本体。其实,此等皆是戏论。本体离一切

① 《熊十力全集》第 3 卷,第 724—725 页;另参见第 1 卷第 600 页,第 2 卷第 313 页。
② 《熊十力全集》第 3 卷,第 526 页。熊十力肯定量智的言论所在多有,参见第 1 卷第 596—600、604—605,第 2 卷第 314 页,第 3 卷第 200、242、526、580、673 页,第 4 卷第 12、150、200—201、336—337、377、439 页,第 5 卷第 10 页,第 8 卷第 164 页。
③ 《熊十力全集》第 3 卷,第 21、22—23、752 页。另参见同卷第 200 页。
④ 《熊十力全集》第 3 卷,第 294 页。此所谓"理之极至"即本体之异名。
⑤ 《熊十力全集》第 3 卷,第 78—79 页。此所谓"真理"即本体之异名。

相,意想所构相,决不与实体相应。故非破相,无以显体。"①"世之言哲学者,不求自明,不知反己,唯任理智思构,或知见卜度,只是向外寻求,寻求愈深,去真理愈远。构画愈精,迷谬愈甚。(自注:哲学家各有一套理论,如蛛结网,自缚其中而不悟)"②"若夫恃理智或知识,而期有以见体者,此如盲人摸象,只是误情。贫子说金,不可得饱。古今堕此陷阱者不少,而终不一悟何耶?"③正因为量智不可能把握本体,所以量智虽然能够得到现象界的真实,却不可能获具本体之真善全德,熊十力说:"(由量智成就的)科学所求者,即日常经验的宇宙或现象界之真。易言之,即一切事物相互间之法则。凡物皆下坠,凡人皆有生必有死,地球绕日而转,此等法则,即事物之真,即现象界的实在。但此所谓真,只对吾人分辨事物底知识的错误而言。发见事物间必然的或概然的法则,即得事物底真相,没有以己意造作,变乱事物底真相,即没有错误,故谓之真。是所谓真底意义,本无所谓善不善。此真既不含有善的意义,故可与善分别而说。"然而"哲学所求之真,乃即日常经验的宇宙所以形成的原理,或实相之真(自注:实相犹言实体)。此所谓真,是绝待的,是无垢的,是从本已来自性清净,故即真即善。……绝对的真实故,无有不善;绝对的纯善故,无有不真。真善如何分得开? 真正见到宇宙人生底实相的哲学家,必不同科学家一般见地把真和善分作两片说去"。④ 总之,量智终究只能缠缚于物质世界而不得超脱,如此,"若性智障蔽不显,则所有量智唯是迷妄逐物,纵或偶有一隙之明,要不足恃。人生唯沦溺于现实生活中,丧其神明以成乎顽然一物,是可哀可惨之极也","夫人生不得超脱有限,以离系,而冥于真极。此人生之至惨也"!⑤ "人生毕竟在迷妄中过活,始终不见自性,始终向外狂驰,由此等人生态度而发展其知识技能,外驰不

---

① 《熊十力全集》第 3 卷,第 797 页。
② 《熊十力全集》第 3 卷,第 633 页。另参见同卷第 548 页。
③ 《熊十力全集》第 3 卷,第 729 页。另参见第 2 卷第 309 页,第 4 卷第 361、574 页。
④ 《熊十力全集》第 2 卷,第 307—308 页。
⑤ 《熊十力全集》第 3 卷,第 529、729 页。

反,欲人类毋自相残杀而何可得耶"!①

至于性智,则与量智既有关联,但又迥然不同。二者的关联在于,性智并不弃绝感官经验,因而性智也包具量智的作用,或者说量智就是性智的发用,熊十力说:"《新论》以量智为性智之发用,此义深微。……应知性智者,斥体立名,是克就其超物的意义上说;量智是作用之名,而作用虽云即是本智流行,但其发现也,不能不以形躯或五根为工具,因此便有为工具所累虞。又此作用之发,恒有无量习气乘机跃现与之缘附若一,故此作用依五根、缘习气而发,乃易违其本体,可以成为另一物事,而不即是性智也。但若以之与性智截离,如佛氏所谓后得对根本,似无融会处者,则期期以为不可。只要性智得恒为主于中,其发而为量智也,虽依根而不随根转,能断染习而不受杂染,则量智即是性智之流行,体用异故,称名不一(自注:依本体而名以性智,依本体之发用而缘虑于事物,乃名以量智),而实非二物也。"②又说:"性智者,即是真的自己底觉悟。……此具足圆满的明净的觉悟的真的自己,本来是独立无匹的。以故这种觉悟虽不离感官经验,要是不滞于感官经验而恒自在离系的。他元是自明自觉,虚灵无碍,圆满无缺,虽寂寞无形,而秩然众理已毕具,能为一切知识底根源的。"③又说:"性智,即仁体也;证量,即由不违仁,而后得此也;思辨,即性智之发用,周通乎万事万物,万理昭著。"④而二者的迥异之处则在于,性智能够把握量智所绝不可能把握的本体,熊十力说:"我们须知道,真理唯在反求。我们只要保任着固有的性智,即由性智的自明自识,而发见吾人生活的源泉。这个在我底生活的源泉,至广无际,至大无外,至深不测所底,至寂而无昏扰,含藏万有,无所亏欠,也就是生天生地和发生无量事物的根源。因为我人的生命,与宇宙的大生命原来

---

① 《熊十力全集》第 4 卷,第 353—354 页。
② 《熊十力全集》第 5 卷,第 37—38 页。
③ 《熊十力全集》第 3 卷,第 15—16 页。
④ 《熊十力全集》第 4 卷,第 12 页。熊十力还说:"经学毕竟可以融摄科学,元不相忤。"此所谓"经学"即指性智,"科学"即指量智,其意乃谓性智"虽以涵养本体为宗极",但却包具量智的作用,"而于发展人类之理性或知识,固未尝忽视也"(见《熊十力全集》第 3 卷第 673 页)。

不二,所以,我们凭着性智的自明自识才能实证本体,才自信真理不待外求,才自觉生活有无穷无尽的宝藏。若是不求诸自家本有的自明自识的性智,而只任量智,把本体当做外在的物事去猜度,或则凭臆想建立某种本体,或则任妄见否认了本体,这都是自绝于真理的。"① 又说:"故玄学见体,唯是性智,不兼量智,是义决定,不应狐疑。"② 从根本上说,性智就是本体,熊十力说:"性智者,即是真的自己底觉悟。此中真的自己一词,即谓本体。在宇宙论中,赅万有而言其本原,则云本体。即此本体,以其为吾人所以生之理而言,则亦名真的自己。即此真己,在量论中说名觉悟,即所谓性智。"③ 又说:"《新论》却破除能所对待观念,乃即吾人与天地万物所共有之性海而言,则曰真如;克就其在己而言,亦曰自性;更就其主乎己之身而言,复曰本心。即此本心,元是圆明昭澈、无有倒妄,又曰性智。……故智即是如,如即是智,非可以智为能、如为所,而判之为二也。"④ 至所谓"性智是本心之异名,亦即是本体之异名","本体在人,亦云性智,纯净圆明,而备万理,是为一切知识之源","性智,即本体之名",⑤ 此类论说在熊十力著述中所在多有。⑥ 一旦克尽己私或障染,使心灵得以净化,性智也就能够显发出来,"非克己或断障至尽,则性智不显,不得有体认也";⑦ 一旦性智显发,人生便与本体合一,臻于至真至善的境界,熊十力说:"本体就是吾人固有的性智。吾人必须内部生活净化和发展时,这个智才显发的。到了性智显发的时候,自然内外浑融,冥冥自证,无对待相,即依靠着这个智的作用去察别事物,也觉得现前一切物莫非

---

① 《熊十力全集》第3卷,第22页。
② 《熊十力全集》第3卷,第528—529页。熊十力还说:"夫冥极实体,廓然无物,此盖明智之极诣,决非知识所臻。"(见《熊十力全集》第1卷,第597页)此所谓"明智"即性智之义,而"知识"亦即量智之义。
③ 《熊十力全集》第3卷,第15页。
④ 《熊十力全集》第3卷,第490页。
⑤ 《熊十力全集》第3卷,第528页,另参见第4卷第7页、第15页。
⑥ 如谓"原来所谓明智,就是个证体之智,换句话说,智即本体",见《熊十力全集》第1卷,第597页。
⑦ 《熊十力全集》第4卷,第15页。

至真至善。"①

熊十力肯定量智和性智皆为人类所共同具有,其曰:"量智云者,一切行乎日用,辨物析理,极思察推征之能事,而不容废绝者也。"②又曰:"性智是人人本来同具的。虽情见锢蔽,要不无智光微露时。"③此即其所谓"人类思想大致不甚相远,所贵察其异而能会其通也"。④ 不过他又认为,从主导方面来看,西方人毕竟偏重于量智,而以儒佛为代表的东方人(主要落实于中国人)则既不废量智(但或不免有所轻视量智)而又归本于性智,由此形成东西(中西)文化的基本差异。他说:"哲学,大别有两个路向:一个是知识的,一个是超知识的。……西洋哲学,大概属于前者。中国与印度哲学,大概属于后者。前者从科学出发,他所发见的真实,只是物理世界底真实,而本体世界底真实,他毕竟无从证会或体认得到。后者寻着哲学本身底出发点而努力,他于科学知识亦自有相当的基础。(自注:如此土先哲于物理人事亦有相当甄验)而他所以证会或体认到本体世界底真实,是直接本诸他底明智之灯,易言之,这个是自明理,不倚感官的经验而得,亦不由推论而得,所以是超知识的。"⑤又说:"中学以发明心地为一大事(自注:借用宗门语,心地谓性智),西学大概是量智的发展,……若肯承认吾前文所说之不谬,即中学归极见体,易言之,唯任性智,从修养而入,则西学是否同此蹊径,似不待申辩而知其判然矣。夫体认之境,至难言也。由修养深纯,涤除情识而得到之体认,此天人合一之境地(自注:实则即人即天,合一犹是费词),中土哲人所为至卓绝也。西学一向尚思维,其所任之量智,非必为性智显发而后起之量智也。何者? 反求本心,吾似未闻西哲有以此为学者也。夫思想之用,推至其极,不眩则穷。穷与眩异者,眩则思之多端,杂乱而成惑;穷者,思能循律

① 《熊十力全集》第 3 卷,第 23 页。
② 《熊十力全集》第 3 卷,第 529 页。
③ 《熊十力全集》第 3 卷,第 198 页。
④ 《熊十力全集》第 5 卷,第 11 页。
⑤ 《熊十力全集》第 1 卷,第 601 页。

而极明利，然终止乎其不可思，故穷也。思至于穷，则休乎无思，而若于理道有遇焉。此任量智之学者所自以为体认之候也，西哲所有者当不外此，而格以吾先哲之体认，则似之而非也。非从修养入手，则情识未净。乘思之穷，而瞥尔似有默遇焉，非果与真理为一也。要之，此事难言，必其从事于儒道佛诸氏之学，而非但以见闻知解或考核为务者，有以真知前哲之用心，然后知西哲自有不得同乎此者。……如贤者所说：西哲自昔即有言体认者，然此必非西洋哲学界中主要潮流。犹如晚周名家，似亦偏尚量智，然在中土哲学界终不生影响，可以存而不论。"①东西（中西）文化的这种差异各有其长短，"中国人在哲学上，是真能证见实相。所以，他总在人伦日用间致力，即由实践以得到真理的实现。如此，则理性、知能、真理、实相、生命，直是同一物事而异其名。中人在这方面有特别成功。因此，却偏于留神践履之间，如吾兄所谓本身底修养，便不能发展科学"，②而"西洋哲学，其发源即富于科学精神。故能基实测以游玄，庶无空幻之患。由解析而会通，方免粗疏之失。西学之长不可掩，吾人尽量吸收，犹恐不及，孰谓可一切拒之以自安固陋哉"，③但"西洋哲学，辨物析理极多精辟。然本原莫究，逞臆割裂宇宙，唯心唯物各执一端，余未敢苟同也"，④总之，"如上所说，可见中西学问底不同，只是一方在知识上偏着重一点，就成功了科学，一方在修养上偏着重一点，就成功了哲学。中人得其浑全，故修之于身而万物备。真理元无内外。西人长于分析，故承认有外界，即理在外物，而穷理必用纯客观的方法"，⑤因此熊十力主张东西（中西）会通，他说："中国哲学，于实践中体现真理，故不尚思辨。西洋哲学，唯任理智思维，而能本之征验，避免空幻。但其探求本体，则亦以向外找东西的态度去穷索，乃自远于真理而终不悟也。印度佛家，

①《熊十力全集》第 3 卷，第 530—531 页。
②《熊十力全集》第 2 卷，第 308 页。按"吾兄"指张东荪。
③《熊十力全集》第 3 卷，第 725 页。
④《熊十力全集》第 2 卷，第 608 页。另参见第 2 卷第 297 页。
⑤《熊十力全集》第 2 卷，第 310 页。

其功修吃紧，只是止观。其极乎空脱，而造乎幽玄，终以般若为至。盖止观双运，至般若观空，而后穷于赞叹矣。今后言哲学，必于上述三方，互融其长，而去其短。"①"今谓中西人生态度须及时予以调和，始得免于缺憾。中土圣哲反己之学，足以尽性至命，斯道如日月经天，何容轻议？至于物理世界，则格物之学，西人所发皇者，正吾人今日所当挹取，又何可忽乎？今日文化上最大问题，即在中西之辨。能观异以会其通，庶几内外交养而人道亨、治道具矣。吾人于西学，当虚怀容纳，以详其得失，于先哲之典，尤须布之遐陬，使得息其臆测，睹其本然，融会之业，此为首基。"②

东西(中西)会通当然是人类文化的理想取向，但克就这两种各有长短的文化比较而言，熊十力认为东方或中国的性智文化要优越于西方的量智文化，这是因为性智能够把握量智所绝不可能把握的本体，从而提升人生道德境界而避免量智所导致的人生因逐物而堕于物化的后果，他说："西洋人大抵向外发展之念重，努力于物质与社会等方面生活资具之创新，其神明全外驰。夫人之神明，炯然不昧，卓尔无倚，儒者所谓独体是也。今一意向外驰求，而不务凝然内敛，默然自识，以泯绝外驰之纷，则神明恒与物对，而不获伸。即失其卓尔无倚之独体。是则驰外之所获者虽多(自注：如自然界之所发见，及一切创造)，而神明毕竟物化。(自注：神明亦成为一物也)人生不得离有对而入无待，故曰其失也物，此西洋人所不自知其失者也。……然必有象山所谓'先立乎其大'一段工夫，使独体呈露，自尔随机通感，智周万物，毕竟左右逢源。如此，乃为极则。"③"若性智障蔽不显，则所有量智唯是迷妄逐物，纵或偶有一隙之明，要不足恃。人生唯沦溺于现实生活中，丧其神明以成乎顽然一物，是可哀可惨之极也。若修养不懈，性智显发，则日用间一任性智流行于万物

---

① 《熊十力全集》第 3 卷，第 798 页。
② 《熊十力全集》第 4 卷，第 439 页。另参见第 2 卷第 310 页，第 3 卷第 530、629、729—730、735—736、857 页，第 4 卷第 356、361、566、584 页，第 8 卷第 648 页。
③ 《熊十力全集》第 3 卷，第 579—580 页。

交错、万感纷纶之际，而无遗物以耽空、屏事以溺寂。至静之中，神思渊然，于物无遗，而于物无滞，是所谓性智流行者，亦即是量智。但此云量智，乃性智之发用，与前云性智障蔽不显时之量智，绝非同物。从上圣哲为一大事因缘出世，兢兢于明体立极之学，岂无故哉！得此学者，方成乎人，方善其生；否则丧其生而不人矣。"[1]"中夏圣贤之学与西学判天壤者，即圣学是从大体之学，而西洋哲学虽谈宇宙论，亦只是各弄一套空理论，与自家履践处无丝毫关系。从大体之意义，西洋学人根本梦想不到。"[2]因此，熊十力所主张的东西（中西）会通，就不是双方对等拼合，而是有主有从的，其曰："今日言哲学，宜向西洋理智、思辨路数多用功夫，然后荡之以佛老，严之以宋明儒，要归于乾元行健、富有日新、扩充无已之盛。"[3]"西哲之学终须更进，而会吾大《易》忘象忘言之旨。即二氏于此之所获，其足为西学对治锢蔽者，正不浅耳。"[4]即是说，西方文化固然有其可取之处，但必须提升至以儒道佛为核心的东方文化精神，而归极于儒家大《易》，才是人类文化的正道。

然而与熊十力的期望相反，近现代以来人类文化的趋向不是西方文化向着东方文化的提升，而是东方文化向着西方文化的沉沦，西方量智文化极度扩张，"发展小体到极大极高，无有已至。因为自恃小体之知能可以征服大自然，操纵大自然，改造大自然。知能即是权力。小体有此无限的权力，纵横于宇宙中，此西洋自希腊而后，到近四百余年来小体发展之运会也"，[5]受此影响，"归本躬行"的东方学术因"欧风东渐"而不免于"此意荡然"，[6]克就中国而言，"自西洋科学思想输入中国以后，中国人皆倾向科学，一切信赖客观方法，只知向外求理而不知吾生与天地万物所本具之理元来无外。中国哲学究极的意思，今日之中国人已完全忽视

---

[1]《熊十力全集》第3卷，第529—530页。
[2]《熊十力全集》第8卷，第752页。
[3]《熊十力全集》第4卷，第150页。
[4]《熊十力全集》第4卷，第574页。
[5]《熊十力全集》第8卷，第753页。
[6] 参见《熊十力全集》第2卷，第222页。

而不求了解",①"吾国后生,习于西学,亦早丧失固有精神,无可与言矣",②"今后生谈哲学者,崇西洋而贱其所固有,苟以稗贩知识资玩弄,至将学问与生活分离,仁学绝而人道灭矣"!③ 这种席卷全球的量智文化已经造成极其严重的弊害,对于人生来说,"近世学术,重客观而黜反观,虽于物理多所甄明,而于宇宙真理、人生真性之体验,恐日益疏隔而陷于迷离状态矣",④"人类由科学之道,终不能穷极性命宝藏,即不能瀹发与含养其德慧,不能有天地万物一体之量,不悟性分自足,无待于外之乐。如是,则人类终困于嗜欲无餍之狂驰,其祸或较抑遏嗜欲而尤烈",⑤"人生毕竟在迷妄中过活,始终不见自性,始终向外狂驰,由此等人生态度而发展其知识技能,外驰不反,欲人类毋自相残杀而何可得耶";⑥对于社会来说,"西洋自科学发达以来,社会与政治上之各种组织日益严密。……然组织不可过分严密,至流于机械化,使个人在社会中思想与言论等一切无自由分。个人失其思想等自由,即个人全被毁坏。此于社会亦至不利。个人之在社会,如四肢之在全身。四肢有一部失其活动力而全身不利。个人不得自由发展,而社会又何利之有? 尤复当知,集团之组织如过分严密,则将有枭桀之富于野心者出于其间,且利用此等组织,视群众如机械而唯其所驱动。将以侵略之雄图扰乱天下,毁灭人类,而不虑自身与族类亦必与之俱殉。若希特勒之所为是其征也",⑦"西学精神唯在向外追求,其人生态度即如此。……由向外追求,而其生命完全殉没于财富与权力之中,国内则剥削贫民,国外则侵略弱小,狼贪虎噬犹不足喻其残酷,使人兴天地不仁之感。受压迫者一旦反抗,则其报之亦有加无

① 《熊十力全集》第 4 卷,第 202 页。
② 《熊十力全集》第 8 卷,第 752 页。
③ 《熊十力全集》第 4 卷,第 576—577 页。
④ 《熊十力全集》第 4 卷,第 167 页。
⑤ 《熊十力全集》第 3 卷,第 735 页。
⑥ 《熊十力全集》第 4 卷,第 353—354 页。
⑦ 《熊十力全集》第 4 卷,第 577 页。

已",①"若夫西人之治,奖欲尚斗,长此不变,人道其绝矣",②"近世科学
技术发展,人类驱于欲望,而机械大备,又不得不用之以求一逞。于是相
率趋于争斗,而兵器之穷凶极惨,且未知所底",③"大战之一再爆发,而犹
未知所底,是其征也";④对于自然界来说,"西洋人承希腊哲人之精神,努
力向外追求,如猎者强力弃逐,不有所猎获不止。其精神常猛厉辟发,如
炸弹爆裂,其威势甚大。于其所及之处,固有洞穿堡垒之效。……然西
洋人虽有洞穿大自然堡垒之伟绩,而其全副精神外驰,不务反己收敛以
体认天道不言而时行物生之妙,不能超越形限而直与造化者遊,其生命
毕竟有物化之伤。西洋人囿自演悲剧而犹不悟也",⑤总之,量智文化片
面地极度发展,已将人类导入断潢绝港,"今日人类渐入自毁之途,此为
科学文明一意向外追逐、不知反本求己、不知自适天性所必有之结果",⑥
这就是近现代以来人类的深刻危机。

熊十力认为,当今之世,"欲救人类,非昌明东方学术不可",⑦进而认
为"非讲明经学,何以挽物尧之横流哉",⑧"人生如欲超脱有限、离系,而
冥真极,则舍六经所云德行修养之功,终无他术",⑨最终将救世的希望寄
托于儒家教旨。针对作为量智文化之集中表现的科学,他说:"科学自身
元是知能的。而运用此知能者,必须有更高之一种学术。此更高之学术
似非求之儒家《大易》不可。略言其故。《大易》双阐变易不易二义。自
变易言,宇宙万有皆变动不舍,科学所究者固在此方面。自不易言,则太
极为变易之实体。而吾夫子于《乾》卦,即用显体,直令人反求自得者,曰
仁而已矣。仁,本心也。其视天地万物,皆吾一体。……吾人必须识得

①《熊十力全集》第4卷,第574页。
②《熊十力全集》第3卷,第629页。
③《熊十力全集》第3卷,第733页。
④《熊十力全集》第3卷,第735页。
⑤《熊十力全集》第4卷,第570—572页。
⑥《熊十力全集》第4卷,第294页。
⑦《熊十力全集》第4卷,第294页。
⑧《熊十力全集》第3卷,第629页。
⑨《熊十力全集》第3卷,第729页。

仁体,好自保任此真源,不使见役于形气。易言之,吾人日常生活能自超脱于小己躯壳之拘碍,而使吾之性分得以通畅,自然与天下群生同其忧乐,生心动念,举手下足,总不离天地万物一体之爱。人类必到此境地,而后能运用科学知能以增进群生福利,不至向自毁之途妄造业也。夫求仁之学,源出《大易》。《论语》全部,苟得其意,不外言仁。宋明诸师犹承此心传。老持慈宝,佛蓄大悲。真理所在,千圣同归,非独儒家以此为学也。"①"科学虽于人道,多所发明,然终不涉及本体。其所任者理智,其方法为外求。至于反求诸己,而自得其万化之源,万善之宗,真实弥满,而发以不容已者,此则经学之所发明,而非科学之所过问。"②"孔子《大易》之道,强于智周万物,备物致用,而必归于继善成性,反本立极,辨小而究于物则,默说而全其天性,科学知能与哲学智慧之修养二者并进,本末兼赅,源流共贯。此易道之所以大中至正而无弊也。"③"颇闻人言,科学似不当向人类自毁之方向努力,此意甚善。然如何转移方向,则非识仁不可。非通隐不可。今后世界学术当本《易》学之隐,以融西学推显之长,而益发挥本隐之显之妙。"④这显然是在肯定科学亦即量智地位、主张东西(中西)会通的基础上,强调东方,特别是中国,又特别是儒家性智文化的正当性、至上性和主导性,观熊十力所谓"吾以儒学为哲学之极旨,天下有识,当不河汉斯言。……西洋哲学,纷无定论,当折衷于吾儒。此可百世以俟而不惑也",⑤可以为证。也正是由于熊十力对于儒家文化之正当性、至上性和主导性的信念,从而贞定了他的现代新儒家立场。

① 《熊十力全集》第 4 卷,第 575—576 页。
② 《熊十力全集》第 3 卷,第 734—735 页。
③ 《熊十力全集》第 4 卷,第 571 页。
④ 《熊十力全集》第 4 卷,第 584 页。
⑤ 《熊十力全集》第 3 卷,第 752—753 页。

第二节 冯友兰的"新理学"

一、生平著述

冯友兰(1895—1990),字芝生,祖籍山西高平县,六世祖以经商迁居河南唐河县祁仪镇,后世遂居于此。七岁入家塾读"四书"。十岁时,父亲台异公任湖北方言学堂会计庶务委员(相当于总务长),举家移居武昌,由母亲吴太夫人讳清芝课读儒经。三年后,父亲授湖北崇阳县知县,全家又迁至崇阳,仍然主要由母亲督促读书,并开始泛观博览。越明年,父亲逝于任所,是冬随家扶柩北归唐河故里,由母亲延师在家继续学业。十六岁时考入唐河县立高等小学,次年又考取开封中州公学中学班;同年暑期与表妹吴淑贞结婚,三年后夫人病逝。1912 年先是转学到武昌中华学校,后又考入上海中国公学,此时对逻辑产生兴趣,由此发心研究哲学。1915 年从中国公学毕业,随即考取北京大学,主动放弃热门的法科,自愿进入文科哲学门,本想学习西方哲学,但因西方哲学无任课教师,于是改习中国哲学。1918 年从北京大学哲学门毕业,任河南第一工业学校语文教员,暑期在开封与同年毕业于北京女子师范学校的任载坤结婚。1919 年考取公费留学美国,同年底进入哥伦比亚大学研究院哲学系做研究生。1923 年夏,以《天人损益论》(*The Way of Decrease and Increase with Interpretations and Illustrations from the Philosophy of the East and West*)通过博士论文答辩,即经加拿大回国,就任开封中州大学教授兼哲学系主任等职。1925 年 9 月转任广东大学教授,同年底离职,辗转至北京,次年 2 月就任燕京大学哲学教授,1928 年再转入清华大学任哲学系教授,并先后兼任校秘书长、哲学系主任、文学院院长、校务会议主席等职,承担了大量教学行政管理工作。1931 年,所著《中国哲学史》上卷作为"大学丛书"之一,由上海神州国光社出版。1933 年 9 月,利用一年休假期赴欧洲考察,此间所著《中国哲学小史》由商务印书馆作为"百科小丛书"之一出版,《中国哲学史》上下卷也由商务印书馆作为"大学丛书"之一出版。1934年10月回国,11月因言论"失当"被北平公安局羁押于保定行营,旋即释放。1936年4月中国哲学会在北平正式成立,当选为理事、编辑委员会主任及学会刊物《哲学评论》主编。1937年1月在南京举行的中国哲学会第二届理事会上当选为常务理事,续任编辑委员会主任。同年7月底,北平沦陷于日寇之手;9月奉教育部令,北京大学、清华大学、南开大学合并为长沙临时大学,三校教职员工自行南迁,遂经天津、济南、郑州、汉口至长沙,复因长沙校舍不敷用度,文学院再迁南岳,于颠沛流离中开始构撰建立其本体宇宙论哲学体系的《新理学》,历两月而成初稿。1938年初,因战火逼近湘中,长沙临时大学辗转再迁昆明,改名西南联合大学,文学院一度设于蒙自。1939年,《新理学》由商务印书馆在长沙出版。1940年5月,《新事论》由商务印书馆在上海出版;7月,《新世训》由上海开明书店出版,此书《自序》云:"承百代之流,而会乎当今之变,好学深思之士,心知其故,乌能已于言哉?事变以来,已写三书,曰《新理学》,讲纯粹哲学;曰《新事论》,谈文化社会问题;曰《新世训》,论生活方法,即此是也。书虽三分,义则一贯,所谓'天人之际''内圣外王之道'也,合名之曰'贞元三书'。贞元者,纪时也。当我国家民族复兴之际,所谓贞下起元之时也。我国家民族方建震古烁今之大业,譬之筑室,此三书者,或能为其壁间一砖一石欤?是所望也。"[1]8月在昆明召开的中国哲学会年会上被选举为中国哲学研究委员会主任,并任由贺麟为主任的西洋哲学名著编译委员会委员。同年《新理学》在教育部学术审议会上被评为一等奖。1945年1月,母亲吴太夫人病故,与同在西南联大任地质学教授的弟弟景兰辗转经重庆、三斗坪、老河口、南阳、唐河回到祁仪镇老家,"只见一枢在堂,一灯荧然,母亲再也不能相见了"!安葬母亲之后,又与景兰取道南阳、丹水、武关、西安、重庆返回昆明。本年在重庆商务印书馆出版《新原道》,为"中国哲学丛书"乙集之二,其自

---

① 蔡仲德《冯友兰先生年谱初编》,郑州:河南人民出版社1994年版,第235—236页。

评此书"非惟为《新理学》之羽翼，亦旧作《中国哲学史》之补编也。书凡十章，新统居一，敝帚自珍，或贻讥焉。然孔子曰：'文王既没，文不在兹乎！'孟子曰：'圣人复起，必从吾言。'其自信若是"，①可见期许甚高。1946 年 8 月应邀赴美国宾夕法尼亚大学任客座教授，讲授中国哲学史；年底由上海商务印书馆出版《新原人》《新知言》。"贞元六书"（即《新理学》《新事论》《新世训》《新原道》《新原人》《新知言》）至此出齐。1948 年3 月谢绝各方挽留，在国共内战激烈期间毅然从美国回到国内，表示决不当"白华"。② 12 月，因清华大学校长梅贻琦离校，遂接任校务委员会临时主席，处置护校等特别事项。1949 年初，中共北平区军事管制委员会文化接管委员会接收清华大学，被指定为校务委员会主任委员，仍兼文学院院长、哲学系主任；秋 9 月，华北高教委批示冯友兰仅以教授名义任职，接受其辞去一切教学行政职务，此后多年进行自我批判和思想改造，撰写并发表了大量此类文章，同时也撰写并发表了一系列中国哲学史研究论文。1950 年在京郊参加土改运动。1951 秋至 1952 年初参加中国文化代表团访问印度、缅甸。1952 年 6 月全国高校院系调整之后，转入北京大学哲学系，任中国哲学教研室主任，后任北大校务委员会委员，一级教授；本年申请加入中国民主同盟，后在民盟第二、三次全国代表大会上当选为中央委员。1955 年 6 月，中国科学院哲学社会科学部成立，被聘为学部委员，并任哲学研究所兼职研究员、哲学史组组长。1956 年 9、10 月间应邀赴瑞士日内瓦参加"国际会晤"第 11 次大会，转至意大利威尼斯出席欧洲文化协会会员大会；11 月又参加中国佛教代表团赴印度新

---

① 《冯友兰先生年谱初编》，第 283 页。

② 冯先生说："我在国外讲些中国的旧东西，自己也成了博物馆里面的陈列品了，心里很不是滋味。当时我想，还是得把自己的国家搞好。我常想王粲《登楼赋》里的两句话：'虽信美而非吾土兮，夫胡可以久留。'到 1947 年，人民解放军节节胜利，南京政权摇摇欲坠，眼看全国就要解放了，有些朋友劝我在美国长期住下去，我说：'俄国革命以后，有些俄国人跑到中国居留，称为"白俄"。我决不当"白华"！解放军越是胜利，我越是要赶回去，怕的是全中国解放了，中美交通断绝'！"直到晚年，冯先生还重申"当年不肯留在国外当白华"。《冯友兰先生年谱初编》，第 321—322、687 页。

德里,出席一系列关于佛教的座谈会。1957 年 1 月 8 日在《光明日报》发表《中国哲学遗产底继承问题》,提出对待传统文化的态度方法,其观点被他人概括为所谓"抽象继承法",引起争论并受到持续大量的批判。7月赴波兰华沙出席国际哲学研究所华沙会议,作《中国哲学史中的知行问题》发言,回国途中经莫斯科顺访苏联科学院。1958 年被国务院科学规划委员会聘为下属哲学专业组成员和古籍整理出版小组成员;年初《中国哲学史论文集》由上海人民出版社出版,收入 1950 年至 1957 年所写论文 7 篇(1962 年重版时改书名为《中国哲学史论文初集》,以区别于二集,增入论文 5 篇)。1962 年 6 月,《中国哲学史论文二集》由上海人民出版社出版,收入 1958 年以来所写论文 25 篇;9 月《中国哲学史新编》第一册(先秦部分)由人民出版社出版(1964 年 9 月又由上海人民出版社二版),《自序》称这是"一部以马克思列宁主义毛泽东思想为指南的中国哲学史","所讲的是哲学战线上的唯物主义与唯心主义的斗争、辩证法观与形而上学观的斗争";[1]12 月《中国哲学史史料学初稿》由上海人民出版社出版。1964 年 6 月,《中国哲学史新编》第二册(秦汉部分)由上海人民出版社出版(1965 年 10 月又由人民出版社二版);被中国科学院聘为哲学研究所学术委员会委员。1966 年 6 月"文化大革命"爆发,被加上"资产阶级反动学术权威""反共老手"等罪名,受到批斗,被抄家,书籍资料封存,在校园内从事扫地等体力劳动,奉命写了大量自我批判交代揭发材料,几度被隔离审查。1977 年 10 月,相伴近六十载的任夫人去世,手书挽联:"在昔相追随,同荣辱,共安危,出入相扶持,黄泉碧落君先去;从今无牵挂,断名缰,破利锁,俯仰无愧怍,海阔天空我自飞。"1979 年中国哲学史学会成立,被聘为顾问。1982 年初,《中国哲学史新编》第一册由人民出版社出版;7 月初由女儿钟璞陪护赴美国夏威夷大学参加国际朱熹学术会议,会后至美国多地游历,抵哥伦比亚大学接受名誉文学博士学位,赋诗:"一别贞江六十春,问江可认再来人。智山慧海传真火,愿

---

[1]《冯友兰先生年谱初编》,第 464 页。

随前薪作后薪。"9 月底回国。1983 年 6 月全国政协六届一次大会当选为常务委员。1984 年 10 月，《中国哲学史新编》第二册由人民出版社出版。12 月，《三松堂学术文集》由北京大学出版社出版，收入 1949 年以前的哲学论文 75 篇，其序云："我从一九一五年到北京大学中国哲学门当学生以后，一直到现在，六十多年间，写了几部书和不少文章，所讨论的问题，笼统一点说，就是以哲学史为中心的东西文化问题。……我在这六十多年中，有的时候独创己见，有的时候随波逐流；独创己见则有得有失，随波逐流则忽左忽右。这个集子中所收集的文章，都是我走过的痕迹，……这些都是'迹'，还有'所以迹'。……中国处在现在这个世界，有几千年的历史，可以说是一个'旧邦'。这个旧邦要适应新的环境，它就有一个新的任务，即在新的历史条件下，在这块古老的土地上建设新的物质文明和精神文明，这就是'新命'。……我上面所说的那些问题，都是围绕着这个主题而发生的。怎样实现'旧邦新命'，我要作自己的贡献，这就是我的'所以迹'。有了这个'所以迹'作为精神上的支持，所以在'迹'上虽然有时路滑摔倒，但总还能爬起来继续前进。六十多年的路程就是这样走过来了。"①这些话表达了一位爱国知识分子的心声。本年还由三联书店出版了《三松堂自序》。1985 年初，《中国哲学简史》（*A Short History of Chinese Philosophy*）中译本由北京大学出版社出版，此书为冯友兰 1947 年在美国宾夕法尼亚大学授课的讲义，曾于 1948 年由美国麦克米伦公司出版，此后又有法文、意大利文、南斯拉夫文等多种译本，在欧美颇有影响。3 月，《中国哲学史新编》第三册由人民出版社出版。6 月，中华孔子研究所成立，任名誉所长。11 月受聘为中国孔子基金会名誉顾问。自是年起，《三松堂全集》开始由河南人民出版社陆续出版，至 1994 年共出 13 卷（2000 至 2001 年河南人民出版社推出第二版全 14 卷）。1986 年 2 月受聘为中国老年历史研究会孔子研究所名誉所长。9 月，《中国哲学史新编》第四册由人民出版社出版。1988 年初，《中国哲

---

① 《冯友兰先生年谱初编》，第 639 页。

学史新编》第五册由人民出版社出版。3月全国政协七届一次大会仍当选为常务委员。6月，《冯友兰学术精华录》作为"中国当代社会科学名家自选学术精华丛书"第一辑第一种，由北京师范学院出版社出版，其《自序》云："我的学术活动有两个方面，一是哲学，二是中国哲学史。我是以哲学为主，以中国哲学史为辅。这个集子所选的作品也是以哲学为限。……这个集子的头两篇是《哥伦比亚答词》和《康有为"公车上书"书后》。按其写作年代说，这两篇应该列在最后。所以列在最前面，因为在这两篇中，可以看出我一生中学术活动的经过及其方向，特别是第二篇的最后一句'阐旧邦以辅新命'，尤为概括。我又把这一句话作为一副对联的上联，下联是'极高明而道中庸'。上联说的是我的学术活动的方向，下联说的是我所希望达到的精神境界。"①1989年1月，《中国哲学史新编》第六册由人民出版社出版。1990年，在完成《中国哲学史新编》第七册也是最后一册的书稿后，于11月26日逝世。此前曾于同年3月撰联"二史释今古，六书纪贞元"，②对自己一生学思成就作了精到的概括。

二、无极而太极的本体宇宙论

如果把20世纪20年代以来，以接续儒家"道统"为己任、以服膺宋明儒学为主要特征、用儒家学说融合会通西学、以谋求中国文化现代化的思想学术流派称为"新儒家"的话，冯友兰当是这一流派中的重要代表人物之一。冯友兰为追求对中西文化矛盾的理解，探寻解决中西文化矛盾的道路，从20年代初叶即开始比较中西文化的工作，在其后数十年的中西文化比较工作中，形成了颇为系统的文化理论。这种文化理论的根据，即是他基于自己对事物的共相与殊相关系的理解而建构的形上学。这种形上学他谓之"新理学"。这种新理学也可谓"共相说"。剖析冯友兰的共相说，是探讨冯友兰关于中西文化理论的一个基本前提。

①《冯友兰先生年谱初编》，第704页。
②《冯友兰先生年谱初编》，第736页。

（一）事物、类、大全

冯友兰对事物共相的探讨以及对事物共相和殊相关系的辨析，是从考察事物的类别、规定和推导"类"这一范畴开始的。

在冯友兰看来，哲学，特别是"最哲学底哲学"，即"有永久存在之价值"的形上学，与一般自然科学有别。自然科学以实验的方法和手段研究具体的、部分的事物，追求对于事物实际的肯定；而"哲学所讲，则系关于宇宙全体者"。[1] 哲学所注重的不是对事物的实际肯定，而是对经验的"理智底分析"或"形式底释义"，追求的是对于事物的一般的理解，对事物共相的把握。但哲学与科学，作为人的认识又有其共同之处，这就是两者都以实际存在的事物作为自己考察认识的起点。这样的观念使冯友兰一方面强调哲学"不切实际，不管事实"，另一方面又肯定"就我们之所以得到哲学之程序说，我们仍是以事实或实际底事物为出发点"。[2] 冯友兰认为，当人们的哲学活动立足于这种现实的出发点时，映入人们眼帘的总是形态万殊的实际事物。人们关于事物的类的观念正是通过考察实际事物而开始形成的。因为，在人们的经验中，现实事物总是"各如其是"的，"山如山的是，水如水的是，这座山如这座山的是，这条水如这条水的是"。[3] 人们对"如是"的事物进行"理智底分析"或"形式底释义"的时候，可以看到山是山而不是水、水是水而不是山、方的不是圆的等等。由此人们可以得到一个最基本的认识：事物总是这样的事物或那样的事物。冯友兰把这种认识表述为"凡事物必都是甚么事物。是甚么事物，必都是某种事物"。[4] 同时在人们经验中的事物，不论山还是水，又是由许多具体的实际的分子组成的，山总是这山那山，大山小山；水总是这水那水，或滔滔江河，或涓涓溪流。细析同一事物的具体分子，又有许多特点、差别，但不论大山小山都是山，大河小溪总是水，同一事物的具体

① 冯友兰《新理学》，商务印书馆 1939 年版，第 3 页。
② 冯友兰《新理学》，第 2 页。
③ 冯友兰《新知言》，商务印书馆 1948 年版，第 58 页。
④ 冯友兰《新知言》，第 59 页。

分子之间又有其同。当人们在理性中对事物的相同之性进行总括的思考时，即可得到关于事物的类的观念。

冯友兰关于事物共相的理论中，类是一个重要的范畴。在传统中国哲学中，类本来即是一个表示事物之间普遍联系的形式的概念。冯友兰实际上也是沿袭《墨经》中"有以同，类同也"的观点讲类。在冯友兰看来，在现实事物中，凡"有以同"者即为一类。大山小山属山类，这水那水为水类。事物是甚么事物，必都是某种事物，实即是某类事物。现实中事物之类的数量是无尽的，哲学的活动，不可能知道事物之类的多少，也不追求对事物之类的实际肯定，但是在理性中推导类范畴却是极其重要的，因为类是人们对事物最基本的哲学抽象，是人们把握事物共相的起点。人们对事物之类进行具体规定时，实际上已开始离开了对于某类事物的某一具体分子的实际肯定。按冯友兰自己的讲法是："于有类之观念后，我们又可见，我们可思及某类，或说及某类时，并不必肯定某类即有实际底分子。如果我们只思及某类或说及某类，而并不肯定其中有实际底分子，则我们所思，即不是某种实际底物之类，而是某之类。例如我们如不肯定实际上果有方底物而但思及'方'类，则我们所思，即不是实际底方底物之类，而是方之类。"①冯友兰所说的哲学对于经验进行"理智底分析"或"形式底释义"，正是要对这种"某之类"进行理性的思考。某种实际的物之类，是人们在对于某类事物的实际分子的分析、总括中得到的认识，某之类则是对某种实际的物之类的进一步抽象。冯友兰所说的"凡事物必都是甚么事物"，这种认识首先即浓缩、凝集在类这一范畴中。类范畴不论从哪一个层面的内容和意义上看，都表明了事物的一般，反映了事物的共相。

类即事物之间的"有以同"。事物之间的"有以同"是多层次、多侧面的。依据不同侧面、不同层次的"有以同"，任一具体事物都可以归属于不同的类。冯友兰对类的层面进行过比较细密的考察，这种考察是以逻

---

① 《新理学》，第 31 页。

辑的方法进行的。因为冯友兰认为,对于一类事物是否有具体的实际分子存在,若有实际分子存在、又存在多少这样的问题,虽不是哲学所能了解和回答的,但对于事物之类的区别则是可以依据逻辑了解的。冯友兰把从不同层面上表现事物共相的类区别为共类、别类、高类、低类,并认为依外延说,共类涵括别类,为高类;依内涵说,别类蕴涵共类,为高类。因此"动物类,对于猫类或狗类,是共类;……猫类或狗类,对于动物类,是别类"。① 不论从哪一个层面上看共类与别类、高类与低类都存在一种涵蕴关系。

从最高的层面讲,事物之类即是大共类。冯友兰用以表示最高层面的共相的范畴,如物、有、真际等都是基于这种大共类的观念规定和确立的。在他看来,从类的观念来看物这一范畴的话,物当有广、狭两义。狭义的物是指具体实在的事物;广义的物则可以无所不包:动物是物,植物也是物,道家还讲"道之为物",这种无所不包的物即是作为大共类的物。作为大共类的物亦即是有。有并不等于具体的实际存在的事物,实际存在的具体事物是有,不以实际的具体的形式存在但又不是无者也是有。这种涵括万有的有也是一大共类。冯友兰认为,这种凡可称为有的有,也可以称为真际。当人们将真际作为认识对象进行思考的时候,即可以得到宇宙或大全的观念。他说:"我们将真际作一整个而思之,此整个即所谓全或大全。我们将一切凡可称为有者作为一整个而思之,则即得到西洋哲学中所谓宇宙之观念。"② 从这种论述中,我们可以看到,冯友兰依据类的观念推导出宇宙、大全等观念,辨析物、有、真际等范畴,从一个最高的层面形成了自己的共相概念。

当冯友兰从类观念的形成讲到类之共、别、高、低的时候,实际上已经从两个层面对事物的共相及其与殊相的关系进行了探讨。人们在对于具体事物的考察中抽象出类的观念,这种抽象反映了人们对于个别事

---

①《新理学》,第32—33页。
②《新理学》,第37页。

物与事物之类的联系的认识，即这山那山同山的联系、这水那水同水的联系的认识。山涵盖所有的这山那山，水涵盖所有的这水那水；反之，这山那山才构成山，这水那水才构成水。作为类的山或者水又存在于构成其类的具体的山、水之中。换言之，山或水总是通过实际的这山那山、这水那水而得以存在。这种个别的具体的事物同事物的类之间的涵蕴关系，所反映的正是事物的共相与殊相的关系。不过这种共殊关系是就事物之类与构成该类的具体分子的关系而言，在事物的共殊关系中还是一个较低的层面。

当冯友兰对事物之类区别出共类、别类、高类、低类，肯定共类寓于别类，所有的别类构成共类，高类蕴涵低类，低类通过高类而得以成立和存在时，就触及了事物共殊关系中的一个较高的层面。别类相较于该类所涵盖的实际分子是共相，相较于共类则又是殊相；就像猫类狗类相较于具体的猫或狗是共相，相较于动物类则是殊相一样。别类与别类的实际分子之间的蕴涵关系反映了事物的共殊关系，别类与共类之间的蕴涵关系也反映了事物的共殊关系。在冯友兰看来，依照类的观点从最高的层面上描述事物的共殊关系时，这种关系即表现为有与万有的关系，或者说有与大全的关系。大全是群有，是万有。因此，大全是人们无法思议言说的。因为，思议言说中的大全即不是本来的真正的大全。但作为大全的共相有或真际，则是可以认识和把握的。总之，类是冯友兰用来辨析事物共相与殊相关系的一个基本范畴。

（二）性、理、太极、气、无极

现实存在的事物为什么"各如其是"、必然地都是某类事物呢？对此，冯友兰是用他的"理"范畴来解释和回答的。在冯友兰的共相说中，理范畴实际上是对类范畴的进一步展开。冯友兰认为，某类事物亦即是某种事物，而"某种事物是某种事物，必有某种事物之所以为某种事物者"。[①] 这种"某种事物之所以为某种事物者"即是冯友兰所讲的"理"。

---

① 《新知言》，第 59 页。

以方之理而言,"所谓方之理,即方之所以为方者,亦即一切方底物之所以然之理也"。① 方之理为方的物所必有,方的物之所以是方的物,是因为依照了方之理。或者说方的物只有依照方之理,才能够成为方的物。推而言之,事物之理即是事物之所以成其为事物的当然之则,所以然之故。

冯友兰把事物能够成其为事物的根据看做事物之理,对事物之理也进行了多侧面的规定。他认为事物之理是客观的。人们在对于构成事物之类的深层原因的探讨中得到关于理的知识,形成理的概念,但人们对于理的知识并不等于理本身。人们可以借助于方的概念把握方之所以为方者,但方之所以为方者并非方的概念,而是客观上也有与方之概念相当的方。这种客观的方之所以为方者是方的物所必须依照的,这是人们的主观意志无法改变的。同时,理的存在也是普遍的。一事物之所以为该事物,有该事物所依照之理;一类事物之所以为该类事物,有该类事物之理;事有事之理,物有物之理。在事物之间存在各种关系,关系也有其之所以成为关系者,即关系之理。在现实中,事物总是表现为一定的类,即是因为一类事物必有其依照之理,有某物必有某物之理。反之,有某理才有某物之类,无某理必无某物之类。因此,冯友兰认为"某之类,究极言之,即是某之理"。②

为什么某之类即是某之理呢? 冯友兰用"性"范畴作出了说明。在冯友兰看来,事物之所以有类,是因为一类事物的分子有相同之性。他说:"凡依照某所以然之理而成为某种事物之某,即实现某理,即有某性,理之实现于物者为性。"③性是理之实现,实亦即是理。不过照冯友兰的说法,理是离物之性,性乃物内之理。或者说,理可以离物而有,性却是理实现于物者,理与性并不尽相同。一事物之性是多层面的,冯友兰将其区别为正性、辅性、无干性。正性是一事物之所以为此事物之性,辅性

---

① 《新理学》,第42页。
② 《新理学》,第31页。
③ 《新理学》,第42页。

是正性蕴涵之性，无干性是与正性、辅性无干之性，这种区分肯定了事物的主要属性决定事物的本质。

冯友兰认为，理实现于物者为性，但理并不一定实现于物而表现为事物之性。理作为事物的当然之则，所以然之故，是事物所必须依照的。就事物必依照其理才成其为事物而言，理是物的依照，也是物的标准，标准或依照都可以说是极。"方之理是方底物之标准，亦是其极限。方底物必须至此标准，始是完全底方。但若至此标准，亦即至方之极限"。[①]理作为标准，是说方的物须依照方之理始成为方的物；理作为极限，是说方的物依照方之理，即是完全的方，无可再方；两者既相联系又有区别。冯友兰认为人们对于无穷的事物之类无法实际的了解，对于事物之理也不可能一一尽知，但是理作为事物之极，可以作为全体和统一的认识对象被人们所思考。当理作为全体被思考的时候，"所有众理之全，即是所有众极之全，总括众极，故曰太极"。[②] 冯友兰正是通过对理的这种分析，引申出极的概念，在对理或极的总括中确立了自己的太极范畴。太极即众理之全，故太极中百理具备。这样的太极范畴是在一个最高层面上对本来即有、本然而然的事物之理的总的概括。

如果说冯友兰讲某种事物之所以为某种事物者，是从类的角度揭示事物的共相，那么他确立太极范畴，则是要进一步从大共类的角度来描述事物的共相。因此，冯友兰没有简单直接地将太极作为一个本体范畴。在冯友兰看来，理或者太极作为事物的共相，虽然客观存在，但其存在实为不存在的存在，或者说只是一种真际的有，而不是实际的有。因此，并没有一个什么理或太极光辉辉地存在在那里。事物对于理可以依照，但不能具有。理对于事物可以规定，又不像事物一样具体存在。一事物之所以成为该事物，是因为依照了该事物之理，并不是理创造了该事物。冯友兰明确肯定太极并不具备生物的功能，也不赞成宋明道学家

---

① 《新理学》，第 54 页。
② 《新理学》，第 54 页。

们"太极动而生阳,静而生阴"即其自身生物的观点。对于朱熹"人人有一太极,物物有一太极"的讲法,冯友兰也持否定态度,他认为朱熹关于事物和个人都具备众理之全的观念,受佛教因陀罗网境界的影响太深,有神秘主义倾向。在冯友兰看来,一事物有许多性,依其性可以归属于不同的类。之所以如此,是因为一事物要依照许多理,依照一理而成的事物实际上是不存在的。事物依照许多理,并不等于依照一切理。太极是众理之全,故不能说人人、物物都有一太极。这种观点表明冯友兰意识到了事物的共相有层面的不同,辨析事物的共相与殊相的关系应当将两者置于同一层面上。

太极作为众理之全,是最丰富之有;与这种最丰富之有相对的即是无,这种无,冯友兰称之为无极,又称之为气。冯友兰所讲的气是他通过对事物何以实际存在的考察推导出来的一个范畴。冯友兰认为,"凡实际底存在底物,皆有其两方面,即其'是甚么',及其所依据以存在,即所依据以成为实际底'是甚么'者"。[①] 所谓"是甚么"是指事物之理;所谓"所依据以存在"者则是事物实际存在的依据,亦即理据以实现自身的材料,这种材料即是气。气有相对绝对的分别。冯友兰把作为绝对的料,即绝对无性的料谓之真元之气。因为真元之气绝对无性,冯友兰认为不论从依照的标准还是依照的极限来看,气都可以说是无极。气是无极,本身不依照任何理,所以能依照任何理;本身无任何名,所以能成为任何物,能具有任何名。这样冯友兰就把作为无极的气也看做事物存在的一个条件,认为任何事物要得以实际存在,既需要依照其理,又需要依据其气。理为依照,气为依据,两者构成事物实际存在的基本要素。总括所有的理为太极,而作为一切物存在的材料的气即是无极。于是冯友兰以太极和无极作为宇宙的两极,以两极关系来说明整个世界的形成。他说:"我们的系统所讲之宇宙,有两个相反底极,一个是太极,一个是无极。一个是极端地清晰,一个是极端地混沌。一个是有名,一个是无

[①]《新理学》,第 64 页。

名。……太极是所有之理,所以所有之名,无论事实上已有或未有,皆为太极所涵蕴。所以太极是有名而无极是无名,由无极至太极中间之过程,即我们的事实底实际底世界。此过程我们名之曰'无极而太极'。"①在冯友兰看来,宇宙是从无至有,由混沌趋于清晰,这一过程是无限的,因此由混沌趋于清晰,又永远不能十分清晰,现实的实际世界不过是宇宙"无极而太极"的中间过程。冯友兰对于宇宙存在的这种思辨是颇具特色的。他所谓"无极而太极"只是说宇宙由混沌至于清晰,事物由无名而为有名,并不是说清晰决定于混沌,有名源于无名。恰恰相反,冯友兰强调的倒是宇宙之所以由混沌而清晰,由无名而为有名,是由于太极极端清晰,是有名;无极极端混沌,是无名或可以有名。太极虽不是宇宙的源头,无极也不是事物的本体,但从事物的共殊关系来看,"无极而太极"中无极与太极的关系,太极仍然是最根本的。对于这种认识或理解,冯友兰通过说明理与气的关系进一步作出了论释。

关于理气关系,冯友兰一方面肯定朱熹"人物之生,必禀此理,然后有性;必禀此气,然后有形"的讲法,认为这种讲法同自己事物存在必须有其所依照和有其所依据的讲法是一致的,这种理气关系是就理与气对于事物得以实际存在的功用而言的,在这种关系中,理与气无所谓根本与不根本的区别。就理与气自身之间的关系而言,冯友兰认为也无所谓先后,过去理学家们讨论理气先后问题,是由于不了解理与气都是超越时空的而以时间观念辨析理气关系的结果。冯友兰这种讲法仅仅是从本体论的意义上讲的,而要辨析事物的共相与殊相的关系,实不能不对理气先后问题作出评断,因为冯友兰所讲的理气关系本质上仍是事物的共相与殊相的关系。

在冯友兰的共相说中,气虽被规定为绝对无性之料,但并不是真正的无,而仍是一种存在。作为存在,即有存在之性。因为"气若无存在之

---

① 《新理学》,第 74 页。

性,它根本即不存在。气若不存在,则一切实际底物,俱无有矣"。① 气有存在之性,即需依照存在之理;不依照存在之理,气即不能存在;这是冯友兰的"理学"所必然得出的结论,也是冯友兰自己认可的结论。这样理解理气关系,理之有不依待于气,气之有则必依待于理。实际上冯友兰是肯定理先气后,理比气更根本的。正是由于这样的观念,冯友兰肯定朱熹"未有无理之气"的讲法,而对于朱熹"未有无气之理"的讲法则持保留态度。在冯友兰看来,如果肯定"未有无气之理",便不可能有"有真而无实之理"了。而把握这种"有真而无实之理",正是冯友兰哲学的理论追求。对理、气关系的这种理解,表明了冯友兰对事物共相的进一步肯定。这种肯定更集中地体现在他通过真际与实际两个范畴对理世界与实际世界的关系的辨析中。

（三）实际、真际

冯友兰所讲的真际与实际同他所理解的真与实的观念是联系在一起的。冯友兰虽曾说"照我所了解者,所谓真实的意义就是存在",②但是冯友兰常常将真与实分别开来,依其不同的涵义来辨析有。在冯友兰看来,有并不等于存在。如前所述,有作为一大共类,涵盖万有;而作为别类之有,其形式并不一样。依其形式,有可以区分为实际和实在,实际是有事实的存在者,实在则指凡可称为有者。实际的有表现为有事实的存在,实在则并不一定都表现为有事实的存在。这样有就有两种情况,一是既真又实,一是只真不实。既真又实者即是实际事物;只真不实者虽属于有,但不是实际,冯友兰称之为真际,以区别于实际。从这种认识出发,冯友兰对真与实分别作出了具体规定:"真者,言其无妄;实者,言其不虚。"③真与实虽然都可以对有而言,意义并不完全相同。

冯友兰认为,就真与实的关系说,是实者必然是真,是真者则不一定是实。他说"有实者必有真,但有真者不必有实;是实者必是无妄,但是

①《新理学》,第 75 页。
② 冯友兰《三松堂学术文集》,北京:北京大学出版社 1984 年版,第 489 页。
③《新理学》,第 10 页。

真者未必不虚"。① 冯友兰这种断定实际上肯定了有离实之真,这种离实之真本质上即是离物之理。冯友兰曾以三为例论述自己的观点。他说:"凡可称为有者,即是实在。然若仅有三,而无实际的三,则'三'即为实在,即真而不实。有实际的三,必有实在的三;但仅有实在的三,不必即有实际的三。换言之,有实的三,必有真的三;有真的三,不必有实的三。"②三可以无实是真,方可以是真而不实。冯友兰曾把这种仅是实在而不是实际者,即是真而非实者称为纯实在,又谓之纯真际。他说:"属于真际中而不属于实际中者,即只是无妄而不是不虚者,我们说它是属于纯真际中,或是纯真际底。"③

冯友兰讲的实在即是真际。前面讲到从类的观念看,真际也是一大共类(冯友兰在新理学讨论中曾改变这一看法,认为真际不应为一类,但其真际观念的形成实是与其类观念联结在一起的)。如果真际也是一大共类,那么凡有者都可以属于真际。理是有底,故理属于此类;实际底事物是有底,故实际底事物也属于此类。若实际底事物也属于真际,真际似乎不能等于太极;真际虽为高类,但此类实为有类,故真际也不等于宇宙,宇宙当是大全。

但是冯友兰在自己的共相说中,常常从真的意义上使用真际,即用真际表示虽不存在而又不能说是无者,称事物之理为真际的有。偏重于这种意义的真际实即是理世界。冯友兰曾明确表示,往日的道学家将宇宙一分为二,一为形而上的理世界,一为形而下的器世界,而自己的"新理学也是这样说的,只是换了两个名称。它称理世界为'真际',器世界为'实际'"。④ 就真际作为理世界的意义来讲,真际亦即是太极,因为"总所有底理,新理学中,名之曰太极,亦曰理世界"。⑤ 太极作为理世界,其

---

① 《新理学》,第 11 页。
② 《三松堂学术文集》,第 417 页。
③ 《新理学》,第 11 页。
④ 冯友兰《三松堂自序》,北京:生活·读书·新知三联书店 1984 年版,第 233 页。
⑤ 冯友兰《新原道》,北京:商务印书馆 1946 年版,第 115 页。

中万理毕备。从这种角度考察太极,"则太极是'冲膜无朕','万象森然'。'冲膜无朕'以言其非实际底,'万象森然'以言其万理具备"。① "冲膜无朕,万象森然"同样可以用来描述真际。真际作为一类,即是有。"有之类的分子涵蕴有之理并合乎有之理。有有之理。有之理既有,则有之理亦在有之类中"。② 万有之理即在作为理世界的真际中,而理世界里面的共相都是无形的,所以说"冲膜无朕";所有的共相都在其中,所以说"万象森然"。当冯友兰把真际看做理世界时,实际则成了与理世界相对的实际的世界,或说器世界。

冯友兰依据自己"有实者必有真,但有真者不必有实"的观念,对真际与实际的关系进行了具体的考察。在冯友兰看来,真际比实际广阔。凡有都属于真际,但不一定都属于实际。实际的事物涵蕴实际,实际涵蕴真际。但属于实际中必属于真际中,属于真际中不必属于实际中。如同有实际不必有某一实际底事物一样,有真际亦不必有实际,真际可以离开实际。不仅如此,真际也比实际更根本。真际作为理世界,其中万理具备;实际中存在的事物不过是真际中事物之理的显现和例证而已。真际之中之理,本来即有,本然而然,既不因实际中有依照某理而有的事物而有,也不因实际中无依照某理无某种事物而无。反之,实际的存在却有待于真际。实际即实际事物的总名。如果没有真际中的事物之理,实际中的事物无所依照,便不能存在;没有实际存在的事物,也无所谓实际。对真际与实际关系的这种理解,使冯友兰作出了两个重要的结论:一是就理世界与实际的世界的内容说,理世界的内容在"数量"上多于实际的世界;一是"理世界在逻辑上先于实际底世界"。③

当冯友兰作出这种结论的时候,我们对于他理解事物共殊关系的主要观点和大体思路可清理如下:当他肯定凡事物必都是甚么事物,"有某种事物,涵蕴有某种事物之所以为某种事物者",并由此推断,"某种事物

① 《新理学》,第 56 页。
② 《三松堂学术文集》,第 488 页。
③ 《新原道》,第 115 页。

之所以为某种事物者,可以无某种事物而有",以及"某种事物之所以为某事物者,在逻辑上可以先某种事物而有"时,是就一类事物与一类事物之理的关系来肯定共相可以独立于殊相,论证共相的实在性。当他提出"无极而太极",肯定气之存在需先依照存在之理,进而认为作为太极的真际比实际更为根本,则是就理世界与实际世界的关系来立论的。这种"理世界在逻辑上先于实际底世界"的观点,从一个最高的层面上表明了冯友兰对于事物共相与殊相关系的理解。

事物的共殊关系是一个古老的哲学问题。由于冯友兰运用逻辑分析的方法考察事物的共殊关系,他对事物共殊关系的理解中也包含了一些有价值的认识成分。他提出"有某种事物,涵蕴有某种事物之所以为某种事物者",实际的东西蕴涵实际,实际涵蕴实在,这在一定程度上肯定了共相蕴涵于殊相之中。在对事物的类的考察中,他肯定依外延说共类高于别类,看到了共相的普遍性、一般性;肯定依内涵说别类高于共类,则意识到了殊相的丰富性;他关于事物的类、共类、大共类的相互联系和区别的认识,实际上也意识到了事物的共相和殊相的区分并不是绝对不变的,两者之间没有不可逾越的鸿沟和界限。而他从类范畴开始,对理、太极、气、无极、真际、实际等范畴的语义规定及其相互关系的逻辑推导,肯定理与物的关系,或者说共相与殊相的关系,是隐显的关系,是本末的关系,是体用的关系,则既指出了共相作为一般的特征,又肯定了共相的客观性及其对于事物本质的规定作用。但是,当冯友兰肯定理先于实际的物而存在,理世界先于实际的世界时,又依逻辑的方法将事物的共相从事物中游离出来,成了独立于具体事物之外的东西,这使得他对于事物的共相及其与殊相关系的理解在总体上变成了一种非科学的认识。

三、以理化情的社会道德论

"五四"以来,不少中国知识分子主张在吸纳西方近代自然科学与人文学的同时,维系和弘扬中国文化固有的伦理传统,建构民族的新文化,以图国家强盛和民族复兴,冯友兰即是这类代表人物之一。冯友兰曾参照西方文化观念阐释中国传统的伦理道德，以"生活方法新论"表达自己对社会生活的理解和人生意义的追求。

（一）人的社会生活必须遵循道德规律

冯友兰一生中论及人与伦理的著述十分丰富。就著作而言，冯友兰曾经先后写成过《人生哲学》《新世训》《新原人》三书。"生活方法新论"即是《新世训》一书的别名。《人生哲学》是冯友兰早年对人生问题的思考，《新原人》是冯友兰从哲学的层面思考人的特质与人生价值的总论性著作，《新世训》一书则是冯友兰在抗日战争期间应《中学生》杂志之约所写关于青年修养问题文章的结集。在《新世训·自序》中冯友兰曾说："承百代之流，而会乎当今之变，好学深思之士，心知其故，乌能已于言哉？事变以来，已写三书。曰《新理学》，讲纯粹哲学；曰《新事论》，谈文化社会问题；曰《新世训》，论生活方法，即此是也。书虽三分，义则一贯。所谓'天人之际'，'内圣外王之道'也。"依冯友兰的"内圣外王"理念，其言及人生伦理的著述，大体上都可视为其"内圣"之学。冯友兰在不同的历史时期、不同的著作之中对人生问题的思考，视角并不完全相同，但作为冯友兰的"内圣"之学，又可说"义则一贯"。

冯友兰认为人生即人生活的全部。一个人的人生是一件大事。同任何事物的成立和存在须依照一定的规律一样，人的生活也必须遵循一种规律。因为"人的生活也有其本然底规律，任何人都必须依照它，方能够生活"。[①] 冯友兰探讨人的"生活方法"，主要是探讨人的精神生活和社会生活，而不是人的物质生活。因此，冯友兰将人们在生活中必须遵循的规律理解为"道德规律"。冯友兰这样理解，有两个认识根据，其一是冯友兰肯定人的生活的社会性特征。在冯友兰看来，考察人的生活方法，首先必须肯定人的生活只能在社会中进行；要维系社会的稳定和秩序，一要依靠法律，一要凭借道德。以法律维系社会的存在和稳定，带有强制性，对个人生活而言，是他律；用道德维系社会的秩序和稳定，以人

---

① 冯友兰《三松堂全集》第 4 卷，郑州：河南人民出版社 1985 年版，第 371 页。

们理解社会道德准则,自觉地使自己的行为符合这些行为准则为前提,是人们自身约束自己的行为,是自律。人们在社会生活中的自律,是十分重要的。因为人的社会生活,是在与他人的交往中进行的。人们如果不能依照"道德规律",将自己的行为限定在社会道德准许的范围内,人与人即无法正常交往,或者说无法在社会中生活。无法在社会中生活,亦即是无法生活。因为人无法脱离社会而遗世独立。冯友兰正是由人生活的社会性特征而强调道德对于人生的重要性。他认为中国传统文化是十分重视"道德规律"的。《中庸》所论释的"道",在某种意义上即是在论释人生中的当行之路。《中庸》所谓"道也者,不可须臾离也,可离非道也",表达的正是古人对于人生遵循"道德规律"的极端重要性的理解。

冯友兰将人生必须遵循的规律理解为"道德规律",另一个认识根据是他肯定人自身的理性特征。在冯友兰看来,思考人生方法,思考人生依照"道德规律",除了应思考人的生活特性之外,还应当思考人自身的特征,即"人之所以为人者"。《孟子》认为"人之所以异于禽兽者几希",但肯定人有"异于禽兽者"。"人之所以异于禽兽者"实即是"人之所以为人者"。对"人之所以为人者",人们理解不尽相同。有人以为人是"政治底动物",有人以为人是"理性底动物"。在冯友兰看来,这两者大体上是可以统一的。因为,人们通常所谓理性,实际上包涵理智的理性与道德的理性。在中西文化中,人们大都将与欲望相对应的理性视为道德的理性,与情感相对应的理性则大体上被视为理智的理性。在西方,亚里士多德较早提出了"人是政治的动物"的主张,但亚氏并不是仅从政治层面去规定和理解人的特质。亚氏认为人只有在国家组织中才能够实现人的"形式",这种国家组织既有政治的意义,也有伦理的意义。亚氏的"人是政治的动物"这一观念与中国的儒家从伦理的角度理解人的特质有相通的地方。因此,说人是理性的动物,是对"人之所以为人者"的一种较为全面的表述。在冯友兰看来,人的理性是由人的文化活动来体现的。他说:"人之所以异于禽兽者,即在于其是理性底。因其是理性底,所以他能有文化,有了文化,人的生活才不只是天然界中的事实。……文化出于人的理性底活动。如社会底组织，道德底规律等，出于人的道德底理性。科学技术等出于人的理智底理性。人之有文化，证明人是理性底动物。"①冯友兰强调人是理性的动物，强调人的文化活动出于人的理性，是要论证人在社会生活中依照"道德规律"，有其主体方面的条件和可能。因为人有道德的理性，所以人在社会生活中能依照"道德规律"，有道德的生活。

冯友兰所说的"生活方法"，即是依照"道德规律"的生活方式。这种生活方法必要的前提是不违背"道德规律"。冯友兰所认定的"道德规律"，实即是社会的道德规范。在中国传统文化中，"道"是人们的当行之路，其引申义即是事物变化的律则，在社会生活中则为人们行为的准则；"德"即得。道德的本义是得道，是对道的理解和遵循。这种对道的理解和遵循即是"德"。当人们将"道""德"联用时，则主要是指调整人们相互关系的行为规范。道德作为一种社会文化现象，是由一定社会的经济条件决定的。冯友兰强调人们的生活方法，须不违背"道德规律"，同时也认定，人的生活方法，"一部分可以随其社会所行底道德之变而变。一种社会内底人的生活方法与别种社会内底人的，可以不尽相同"。② 但是，冯友兰认为，有些道德规律是随着社会的形成而形成的，有些道德规律则是因为某种社会的形成而形成的。譬如仁、义、礼、智、信五伦，即是随社会存在而存在的。因此，人们的生活方法，一部分可以因社会的不同而不尽相同，而作为随社会之有而有的道德，则在任何社会生活中都不能违背。冯友兰区别道德的普遍与特殊，肯定生活方法不尽相同，都在于肯定人们的社会生活须遵循道德规律，强调违背了道德规律，人即不能在社会中生活。

冯友兰认为人的生活方法须以遵循道德规律为前提，人们在社会中生活，离开了社会允许的行为规范的约束，其生活会走向无序；无序不仅

①《三松堂全集》第 4 卷，第 387—388 页。
②《三松堂全集》第 4 卷，第 373—37〔 页。

会导致社会的混乱,危及社会的稳定存续,影响社会群体的生活,也会危及社会个体的生存。因为在社会生活中,个体行为离开了社会道德的准则,即会失去人生的价值目标和评判尺度,导致社会角色的失范。社会个体也就无法维持自己正常的社会生活。因此,在社会生活中,强化人们的道德意识,将人们的行为纳入社会行为规范,是十分重要的。

（二）行忠恕

在冯友兰提倡的生活方法中,一个重要内容是主张人在社会生活中"尽己"与"推己"。他用传统的伦理观念,将这种生活方法表述为"行忠恕"。"忠恕"的观念源于儒家。冯友兰沿用儒家这种观念,却并未照搬儒家特别是宋明儒家对这种观念的诠释。朱熹在《论语集注》中注解"忠恕"时曾认为:"尽己之谓忠,推己之谓恕。或曰'中心为忠,如心为恕'。夫子之一理浑然而泛应曲当,譬则天地之至诚无息,而万物各得其所也。自此之外,固无馀法,而也无待于推也。曾子有见于此而难言之,故借学者尽己、推己以著明之,欲人之易晓也。盖至诚无息者,道之体也,万殊之所以一本也;万物各得其所者,道之用也,一本之所以万殊也。由此观之,'一以贯之'之实可见矣。"朱熹这种对儒家忠恕观念的解说在历史上影响很大。但在冯友兰看来,朱熹这种解释虽不全失"忠恕"观念的本义,但宋儒强调道德理性,将宇宙伦理化,主张"有天地的忠恕",用道德范畴论释形上学,把道德理论与形上学观念混在一起,并不可取。因此,冯友兰在其"生活方法新论"中不探讨"天地的忠恕",把"忠恕"仅理解为人们实行道德的一种方法,一种人们在社会生活中待人接物的方法。同时,冯友兰认为宋儒所理解的"忠恕"也不完全正确。朱熹论及人的生活时,以推己及人为"恕",以尽己之心为人为"忠",这是以"恕"居主导的地位;论及"天地的忠恕"时,以尽己诚实无妄为"忠",认为有诚实无妄之"忠",方有推己及人之"恕",似又是肯定"忠"的主导地位。冯友兰认为,这种理解并不完全符合原始儒家"忠恕"观念的本义。这种观念,使冯友兰着眼于个人在社会生活中与他人的关系,论释自己对"忠恕"的理解。

在冯友兰看来,无论"忠"还是"恕",都关涉社会生活中人与人的关系,离开人在社会生活中与他人的交往,则无法论及"忠恕"。一个人在生活中谋求个人利益,不论尽己还是没有尽己,都无所谓"忠"的问题。"忠"这一观念只能体现在个人为社会、为国家、为他人的工作中。一个人为了国家、民族的利益,在自己的工作岗位上克尽职守是"忠";一个人为了他人的利益尽到自己的力量也可谓"忠"。前者是忠于国家,后者是忠于他人。因此"忠"应当是"尽己为人"。"尽己"而不"为人"不是"忠","为人"而不"尽己",也不是"忠"。"尽己为人",是说为他人工作应当和为自己工作一样尽心尽力。一件事,为自己能做到什么程度,为别人也做到什么程度。这样的"忠"是"己之所欲,亦施于人"。"恕"是"推己及人"。《论语》中说"己所不欲,勿施于人"是"恕"的本义。这种"推己及人",是要求人们在社会生活中处理与他人的关系时,设身处地为他人着想,不把自己所不愿意者强加于人。依冯友兰的理解,"忠""恕"都是"推己及人",只不过"推己及人"的形式有其差别而已。他说:"己之所欲,亦施于人,是忠;己所不欲,勿施于人,是恕。忠恕都是推己及人,不过忠是就推己及人的积极方面说;恕是就推己及人的消极方面说。"[①]因此,不论"忠""恕",都可以作为实行道德的方法。《论语》中将"忠恕"视为"仁之方",即是肯定"忠恕"为实行道德的方法。因为"仁"为"五常"之首。这种实行道德的方法,就总体来说是"推己及人",分别而言,则一方面是"己所不欲,勿施于人",另一方面是"己之所欲,亦施于人"。前者为"恕",后者是"忠"。依这种方法处理人们在社会生活中的交往,实际上为人们确立了一个待人接物的标准。这种标准以自己的欲或不欲作为处理与他人关系的尺度。"一个人有某欲,他因此可推知别人亦有某欲。……他知别人亦有某欲,则于满足他自己的某欲时,他亦设法使别人亦满足某欲,至少亦不妨碍别人满足某欲。"[②]人们这样在社会生活中"善推其所为",其行为当是符合"道德规律"的行为,至少是不违背"道德

①《三松堂全集》第 4 卷,第 396 页。
②《三松堂全集》第 4 卷,第 398 页。

规律"的行为,但不会是非道德的行为。同时,"忠恕"的观念作为人们社会生活中待人接物的标准,即存在于人们的心中,这种标准使人能自觉地在日常生活中处理好人与人之间的关系。从对人们行为的约束来看,较之于其他的伦理观念更切实际,更易实行,因此冯友兰认定儒家的"忠恕之道"是一种最普通的待人接物的方法。

儒家的"忠恕"观念曾长期被视为封建教条而遭到批判,但是从改造传统文化的角度来看,"忠恕"观念并不是不能赋予新的社会历史内容的。冯友兰当年把"行忠恕"当做一种重要的生活方法,实际上已在这方面做了一些有益的尝试。在这样的尝试中,冯友兰没有简单地宣扬照搬儒家的"忠恕"观念,而是以区别社会与某种社会、社会的道德与某种社会的道德为前提,对"忠恕"的观念进行了具体的历史的分析和诠释。在他看来,一般而言,人们都在社会中生活,人们的欲或不欲,有其相同的一面。因此,"忠恕之道"作为一个待人接物的方法和实行道德的方法,总体上是可行的。但是,这并不意味着可以否定在不同的社会形态中,在不同的历史阶段里,人们的忠恕观念的内容有所不同,人们的欲、恶的内容有所不同。因为,传统的"忠恕"观念源于以家庭为本位的社会制度,"在以家为本位底社会中,兄之所希望于弟者,或弟之所希望于兄者,比在以社会为本位底社会中,兄弟所互相希望者要大得多。在以家为本位底社会中,父之所希望于子,及子之所希望于父者,比在以社会为本位底社会中,父子所互相希望者,亦要大得多"。[①] 因此,人们应当在认同"行忠恕"这种生活方法的一般意义和普遍价值的同时,意识到这种方法在不同的社会中,其内容和运用会存在不同的情况。当一种社会形态向另一种社会形态转变或过渡的时候,人们的新旧道德观念往往交织在一起。如果不理解旧的道德观念在新的时代条件下必须改造更新,方能适用于新的社会生活,人们会感到"人心不古,世风日下",误解传统道德观念的真实价值。

---

① 《三松堂全集》第 4 卷,第 407—408 页。

从冯友兰的这些观念来看,过去人们将冯友兰的《新世训》一类著作一概谓之宣扬封建伦理道德,是有欠公允的。像冯友兰这类知识分子,在经历过"五四"时期人们对传统文化的激烈批判之后,重新认同中国文化传统,已经意识到传统文化观念的普遍意义的同时,须对这些观念作历史的具体的诠释,使其具有新的内容,才能达到继承和改造民族传统文化的目的。对于冯友兰所主张的"行忠恕"这种生活方法,我们也应作如是观。

（三）调情理

冯友兰"生活方法新论"另一个重要内容是主张"以理化情"或"以情从理"。冯友兰所讲"以理化情"之情是指人们的情感,理则是事理,或人们对事理的了解。"以理化情"或"以情从理",实际上是主张人们在生活中,通过对事理的了解来调适自己的情感,以求"安心立命"。因此,冯友兰将这种生活方法谓之"调情理"。

在人生中追求"安心立命",向往理想的精神生活,本是中国文化的一个重要传统。冯友兰"调情理"的主张,实际上也是力图通过辨析这一传统,求得对这一传统的继承和运用。"以理化情"本是道家的主张,但儒家实际上也主张"以情从理"。可以说儒、道二家都主张"调情理",只不过二者的理解有所不同。道家认为,人们对事物有情,根源于人们对事物的不了解,当人们对宇宙事物有了完全的了解之后,即可以达到"无情"的精神境界。"无情"是情为理所化,是"忘情",是对情感的超越,并非说人没有情感。"无情"只是主张人们在生活中不为情所累。道家这种"无情"的主张,是要人们在生活中以理遣累,求取一种精神自由。譬如人生中,生死是一件大事。在道家看来,如果人们能够懂得一个人从生到死,是一个自然过程,即可以做到生而不乐,死而不哀。在生死问题上"哀乐不入",即可以不为哀乐所苦,求得一种思想的自由和解放。冯友兰十分欣赏郭象"未明而慨,已达而止"这种观念。人们对死亡问题"未明"时会感到十分悲哀,"已达"时则会停止这种精神上的自我折磨。"明""达"都是对事理的了解。"对于理有了解者,则对于事不起情感,对于事不起情感,则不为事所累"。① 从生活方法的角度来看,道家主张"以理化情",即是要人们在生活中"明至理以遣累"。

冯友兰认为,依道家"以理化情"的主张,可以使人们在生活中循理而动。这使得人们在待人接物或处理其他事情时,不为个人情感所左右,经常生活在一种稳沉、宽容、平和的心境之中。道家讲"知常容,容乃公""报怨以德""俯仰万机,淡然自若",都以人们理解事理、遵循事理为基础和前提,是人们"以理化情"的结果。但是,道家主张圣人可以完全无情,圣人这种境界在实际上是否可能,却是一个问题。因此,道家的"以理化情"主张尚不如儒家"以理化情"的主张贴近人们的生活实际。

儒家也讲圣人无情,但儒家对圣人无情的理解与道家并不相同。儒家不是主张圣人完全"无情",而是将圣人"无情"理解为圣人有情而不为情所累。冯友兰认为程颢讲的"天地之常,以其心普照万物而无心;圣人之常,以其情顺应万物而无情",是对儒家圣人"无情"说最好的解释。这种"无情"是说圣人有情无"我"。这样的"无情"并不是真的"无情",而是说人的情感没有个人主观好恶,其情是"情顺万物"。儒家所谓"不迁怒,不贰过",正是"情顺万物"的一种体现。儒家以人们可有情而无"我"来论证人们在现实生活中可不为情所累的主张。儒家的"以理化情"主张,以承认喜怒哀乐的情感为人性的具体表现为前提,而不是将人们的情感仅理解为对事理的不了解。《中庸》说"喜怒哀乐之未发,谓之中;发而皆中节,谓之和"。这种"中""和"观念,并不否定人的喜怒哀乐之情,而是主张人们的喜怒哀乐之情不过不及,各得其当。实际上,这种观念也是主张"以情从理",使人们的情感活动保持在一种正常的限度之内。冯友兰认为儒家这种观念,注意到人们的生活实际,不否定情感,又肯定人们的情感生活可以而且必须遵循事理,提倡正确处理情感与事理的关系,求取正常的情感生活,避免个人的好恶给人生带来的烦恼,确实避免了

---

① 《三松堂全集》第 4 卷,第 456 页。

道家"以理化情"说中存在的理论局限。因此,儒家"调情理"的主张更具备生活方法的意义。

总之,冯友兰所谓"行忠恕",是要人们以"忠""恕"作为处理交往的行为准则,"调情理"是主张人们正确地处理情感活动同事理的关系。无论前者还是后者,实质上都是提倡人们在社会生活中遵循社会的道德规范和自然的事物理则,以理性安排自己的生活,求取人生的意义和价值。

四、基于觉解的人生境界论

冯友兰在新理学中依据自己的形上学建构的文化理论,除了对中国文化建设方向道路的论释之外,另一个重要内容是通过对人的本质、人生价值的思考而形成的人生境界论。人们探讨文化问题,本质上是在探讨人生问题,追求对人自身的了解。人们总是把对于文化问题的研究当做了解自身的最佳途径,把对人本身的研究作为文化研究的归宿,冯友兰正是如此。他为追求对中西文化冲突的理解、探寻中国文化复兴的道路而创建"新理学",在"新理学"中"讲理""论事""原人",把对文化问题的探讨落脚到对作为创造文化的主体的人自身的思考,鲜明地体现了"新理学"作为一种文化哲学的理论特色。

(一)人是有觉解底东西

从哲学的层面追求对人自身的了解,不能不回答人的本质问题。人是什么?这个平常而又古老的理论课题,曾使哲学家和其他人文学者不断地耗费智力和心血。当人类刚刚开始学会运用理性观察世界的时候,古希腊的哲学家们即提出了"认识你自己"。当人类步入近代文明之后,德国的赫尔德仍然主张 如果哲学要想成为对人们有益的哲学,它就应把人作为自己的中心问题。千百年来人们对人的本质作出了种种界定与陈说,但始终未能终止人们对这一问题的思考。冯友兰对人的本质的理解颇具特色,他没有沿袭历史上人们对人的定义的陈说,而是把人的本质看做人所特有的觉解。他说:"人是有觉解底东西,或有较高程度底觉解底东西。"①冯友兰所谓觉解是一种自觉地了解,即人能够自觉地了解自身的行为。冯友兰对觉解的具体考察同他对人心的考察是联系在一起的。

在冯友兰看来,人之所以有觉解,是因为人有心,觉解表明的是人心的"特异处","觉"与"解"的区别也是由人心活动中的不同状态决定的。了解作为人心的一种活动,实即是人们的认识活动。人们在这种活动中了解事物是甚么事物,了解事物处于何种状态,这种了解亦即是了解事物是某类事物,了解事物之理。人们在对于事物的了解中形成关于事物的概念,得到对于事物之理的知识,这样的概念和知识又使人们更好地了解事物。当人们以内涵较浅的概念了解事物的时候,这种了解是程度较低的了解;同时人们仅凭借概念了解事物还不是对事物真切的了解,只有在经验中得到验证的认识,才是对事物的真切了解。由于人们对事物的了解有程度不同,冯友兰把人们对事物比较深刻的了解谓之"胜解",把人们对事物最深刻的了解称作"殊胜解"。

"觉"是自觉,是一种心理状态,而不是运用概念对事物的认识活动。冯友兰曾说:"我们于有活动时,心是明觉的,有了解的活动时,我们的心,亦是明觉底。此明觉底心理状态,谓之自觉。"②冯友兰讲的自觉实际上也是一种了解,只不过这种了解是了解本身,不是对外物的了解,不必依凭概念,仅仅表现为一种心理状态。冯友兰对觉解的规定和区别依据了心这一概念,但是他没有像中国历史上的哲学家们将心非科学地理解为人的思维器官,而是把人心存在的物质基础和人心的要素区别开来。他说:"人的脑子的活动,是人的心的存在的基础,知觉灵明,是人心的要素。此二者不可混为一谈。"③冯友兰讲的人心的要素"知觉灵明",亦即是觉解。冯友兰是在心理、意识、精神的意义上使用人心这一范畴的。他把人心存在的物质基础与人心的要素区别开来,在某种意义上可以说

---

① 冯友兰《新原人》,北京:商务印书馆 1943 年版,第 15 页。
②《新原人》,第 15 页。
③《新原人》,第 33—34 页。

是力图把人的意识产生的物质基础和意识活动本身及其特性区别开来。

由于冯友兰把人心理解为以人脑的活动为基础的认识活动,把人的认识理解为对外在事物类别和样态的理解,肯定人心之外存在客观事物,使他对于中外历史上的观念论者把外物之理存在的原因归之于人心的存在的观点持否定态度。在他看来,康德以为外在世界的秩序是先验的认识范畴所给予的,贝克莱主张"存在即知觉",陆王一派的心学家以为舍人心而求物理则无物理,都是把心看得过于伟大,夸大了人心的作用。事实上事物之理本来即有,人们对事物之理的了解,并非对事物之理有无的决定。

但是,冯友兰对观念论的否定,并不意味着他对物质论的肯定。在冯友兰看来,同观念论夸大人心的作用相反,物质论则忽视人心的作用,"把人心看得过于渺小"。因为物质论仅仅把人心看做人脑活动的物质基础,而不了解这种物质活动与其他物质活动的区别,因而不予重视。如果说冯友兰否定的物质论仅指庸俗的物质论,那当然是正确的。因为庸俗物质论者片面强调人约意识的物质基础,抹煞人的意识存在的物质基础和意识本身的区别。但也有一派哲学不仅肯定人的意识是物质世界长期发展的产物,而且充分肯定意识的特殊功能和作用,主张全面理解人心存在的物质基础和人心的要素的联系与区别。冯友兰把忽视人心的错误不加分别地归之于物质论,表明他对物质论了解过于片面。但是从冯友兰对物质论的否定,我们又可以看到他对人的本质的理解的某些特点。他对人的本质的探讨集中于对人心的探讨,对人心的探讨又集中于对人心特质的探讨。

在冯友兰看来,人作为万物中的一物,人生作为万事中的一事,都有其最特殊最显著的性质。他把人的特殊性质看做具有人心,把人心的最显著的性质理解为觉解,以觉解为人和人的生活的"特异处"。这使得他在考察人的本质时涉及人的自然属性与社会属性问题,但又不是把注意力集中在这些属性上;涉及人心何以存在的问题,承认人脑是人心赖以存在的物质基础,又没有把注意力放在对人心及其存在的物质基础的探讨上。因为冯友兰认为,探讨这些问题都不应当是哲学所应承担的任务;哲学的任务不在于回答"因为什么",而只是要阐明对宇宙人生的了解,且这种了解是对宇宙人生一般性质的了解。正是在这样的认识前提下,冯友兰把觉解看做人的特异处,强调人的意识活动的自觉性,强调人的主体性本身。对人的本质的这种理解,也使冯友兰不主张把文化看做区别人与兽的标志,因为如果把文化看做行为的后果,文化并不是人所独有的,动物也有自己的文化。同时,冯友兰认为,人与兽的区别也不在于有无社会组织,因为动物中也存在类似社会的群体。那么,什么是人兽之别的根本标志呢? 冯友兰的回答是:这种标志仅在于能否觉解自己的文化。因为,"人的文化,是心灵的创造,而鸟或蜂蚁的文化,是本能的产物"。前者是有觉解的,后者是无觉解的。人觉解自己的文化,也觉解自己的觉解。世间只有人是具有理性的动物。人的文化正是在其理性的活动中产生的。冯友兰依照自己对人的本质的理解来了解文化和文化的创造者,并把这种理解纳入自己的文化理论体系,使得他肯定人的觉解对于了解宇宙人生的重要作用,将人了解宇宙人生的活动看做一种理性的活动,否定那些将人对宇宙人生的了解视为纯感性的直观或非理性的迷信的思想观念。这是他的"新理学"具备某些现代哲学品格或特征的一个重要原因,也是他的"新理学"具体论述人生价值、阐释人生境界的重要理论前提。

(二) 一般社会的普遍道德

冯友兰探讨人的本质,目的在论释人生意义。冯友兰所说的人生意义,实即是人生价值。价值本身所反映的是客体对主体所具有的一种意义。当人们把人生作为觉解的对象时,这种觉解实际上是将自身转换成自己的认识对象。而当主体自身也被对象化的时候,觉解者与觉解对象之间也可以存在价值关系。冯友兰探讨人生问题很少使用价值概念,但他所讲的人生意义实是所谓人生价值。冯友兰认为事物的性质是事物本身具有的,事物的意义则取决于人们的了解。人生也是一件事,人生的意义也取决于人对人生的了解。人们了解人生,就其具体内容讲,即是要了解人应该怎样生活。人的生活内容十分广泛,既有饮食起居一类的物质生活,又有精神生活和社会生活。从哲学的层面了解人生,则是要了解人在生活中应当怎样做人。而要了解应当怎样做人,则要了解人之所以为人者。这种人之所以为人者即人之理或人之性。或者说是使人成其为人的要素。人若能按照人之所以为人者去生活和做人,使人的生活符合人之理,这样就可以尽人之性,使人生具有最大的价值,获得最丰富的意义。人总是在社会中生活,社会生活中的人所应当遵循的为人之理的内容,实即是社会的政治制度和道德规范。在冯友兰看来,"社会的制度及其间底道德底政治底规律,并不是压迫个人底。这些都是人之所以为人之理中应有之义。人必须在社会底制度及政治底道德底规律中,始能使其所得于人之所以为人者,得到发展"。① 因此,在社会中要按人之所以为人者为人,即是要使人的行为符合社会制度的要求,符合社会道德的规范。这样冯友兰把人之理或做人标准实际上又看做一定社会的文化,把"人化"归之于人自己所创造的文化。在这种文化中,冯友兰尤其看重道德这种文化现象对于人成其为人的作用。

在中国历史上,"道"是人们行为的规矩或准则,"德"是人们具有的精神境界。古人把"学至乎孔"作为"道德",则是把道德看做人们的行为与社会的制度相吻合。冯友兰对道德的理解大体上也是以这样的思想观念为起点的。在冯友兰看来,社会作为一类事物,其类分子即是具体的个人。在社会中生活的人们,必须依照社会所依照的理及由此规定的社会制度规范行动,这一社会才能够成立。社会对于人们的行为必然地会有种种规定,这种对于人们在社会中如何行为的规定,正是道德。因此,冯友兰把道德这种社会必有的文化现象看做是"维持社会存在的规律"。冯友兰对于道德的涵义和道德的社会功能的理解大体上是合理的。因为自从人类进入文明社会之后,道德在规范人的行为、调整人与人的关系以及在人的社会化过程中,确实具有其他任何文化现象都无法

---

① 《新理学》,第 64 页。

替代的功能和作用。

冯友兰把道德看做根据"社会所依照之理所规定之基本规律",这也表明了他对道德起源的理解。他认为一种生产方法的存在,以拥有某种生产工具为前提;某种社会组织的存在,以运用某种生产方法为前提。道德作为一种文化现象,其存在不是人们随意地主观规定和采用的。但冯友兰的意趣不在对于具体的社会道德的探讨,他所追求的是探寻一般的社会道德,通过对一般道德的肯定,为人成其为人找到一种普遍的模式,为人们提供一种永久的行为规范和最一般的生活方法。这种追求使他把社会与某种社会分离开来,把社会的道德和某种社会的道德分离开来。冯友兰认为,社会有各种具体的社会,也有一般的社会;一般的社会与某种社会是不相同的。某种社会形态可以变迁,具体社会制度可以更替。但不论何种社会都是社会。社会有社会之理,这种一般的社会之理是任何具体社会都必须依照的,而与一般的社会相联系的道德也是普遍适用、绝对不变的道德。这样的道德不分新旧,只要有社会,就需要这些道德。中国传统文化中所讲的"仁""义""礼""智""信"就是这种不变的道德。这种一般的不变的道德,是任何社会中人们都必须遵循的行为规范,是维系各种社会存在的道德规律。因此,在冯友兰看来,人要成其为人,最重要的是觉解这种一般的社会道德,用这种不变的道德原则规范自己的行为,使自己的行为成为道德的行为。只有具有这种道德行为的人才是真正的人。

冯友兰曾把人的理性区别为"道德底理性"和"理智底理性",并以此来批评道学家和黑格尔,认为道学家注重"道德底理性",用道德学的名词阐释自己的形上学,把形上学与道德学混淆在一起;黑格尔注重"理智底理性",用逻辑学的名词来论释自己的形上学,把形上学混同于逻辑学。但是,当冯友兰自己区别社会和某种社会、社会道德和某种社会道德、肯定社会道德不分新旧永恒不变的时候,这种"道德底规律"实际上也被本体化了。从这种不变的道德原则中,我们可以看到冯友兰形上学中的那个不生不灭、规定一切的"理"。在冯友兰看来,"在基本道德这一方面,是无所谓现代化底,或不现代化底……某种社会制度是可变底,而基本道德则是不可变底。可变者有现代化或不现代化的问题,不可变者,则无此问题。"①冯友兰强调不变的道德,实际上是绝对肯定一种传统文化,他认为中国文化的现代化应当一方面继往,即发扬中国人固有的传统道德;一方面开来,吸收西方的科学技术。

（三）人生境界论

人生意义取决于人对人生的觉解,这种觉解的对象对于每个人来说都是相同的,但人们对人生的觉解本身并不相同,这使得人们的人生意义也不相同。冯友兰为了区别人们对人生觉解的差异与人生意义的不同,提出了他的人生境界理论。冯友兰所谓人生境界,是指人们的一种精神境界。冯友兰把这种境界区别为四种形式:"自然境界""功利境界""道德境界"和"天地境界",并以此来具体论释他所理解的人生意义或人生价值。

"自然境界"是一种层次最低的人生境界。冯友兰认为具有这种境界的人能"顺才而行"或"顺习而行"。"顺才而行"即"率性而行","顺习而行"是依个人习惯或社会习俗而行。这种境界中的人对于自身行为的性质没有了解,其人生是一片"浑沌"。这种人虽也有自己的人生,但人生对他并不构成什么意义。

"功利境界"高于"自然境界",具有这种境界的人对自身的行为已有清楚的了解,但了解仅限于以自己"心灵的计划"和积极的行为去追求自身的利益。冯友兰把这种境界的特征概括"为利",认为求利是"为利",求名也是"为利",这样的"为利"是为一己之利,故"为利"亦是"为我""为私"。

"道德境界"是冯友兰认定的一种较高的精神境界。冯友兰认为,具备这种境界的人对人性已有觉解,已认识到"人的性涵蕴有社会,是社会

---

① 冯友兰《新事论》,商务印书馆 1940 年版,第 227 页。

底是人的性"。① 这种人性即人的社会性,既表现为人与人的关系,又表现为人与社会的关系。人在社会中生活,必然处于同人的各种关系之中,必然具有自己的"位分"。前者冯友兰谓之"人伦",后者冯友兰谓之"职"。在冯友兰看来,人们若能够依照"伦""职"的标准规范自己的行为,便是"尽伦尽职";"尽伦尽职"的行为便是道德的行为。因此,冯友兰把"道德境界"的特征概括为"行义",认为"行义"是"为公"。"为利"是"为我",目的在"占有",重"取";"为公"是"利他",目的在"贡献",重"与"。所以冯友兰特别强调,具有道德境界的人,即使是"取",其目的也在于"与"。

冯友兰所谓"天地境界"是人生的最高境界。拥有这种境界的人不仅了解人在社会中的"伦""职",而且了解人在宇宙中的地位和作用,因此这种人的行为已不是停留在"行义",而是"事天"。"事天"以"知天"为前提,因此冯友兰认为具有"天地境界"的人对宇宙人生已有完全的了解,这种了解是对宇宙人生最终的觉解,可以使人的生活获得最大的意义,使人的人生具有最高的价值。

综观冯友兰提出的人生境界,无不以心性为其立论的依据。不同的人生境界,无非是人对人生觉解的层次不同,以及与此相关的人性完善的程度不同。人生活在不同的社会环境之中,文化素养不同,对宇宙、对人生的了解确有不同。冯友兰肯定人生境界不同,行为不同,致使人生意义或价值不同,主张为了求取人生的意义和价值而追求对于人生的了解,追求一种高层次的人生境界。

把冯友兰的人生境界论纳入他的文化理论体系,我们也可以看到他力图把文化问题同人本身的问题联系起来,进而把对人自身的问题置于理性的思考之中,把人性的完善、人的本质的展现归于人的理性和人所创造的文化的作用,这种思考体现了现代文化理论的特色。一般说来,人们在自己的实践活动中创造了自己的文化,人自身的发展又会受到人

① 《新原人》,第142页。

所创造的文化的制约和影响。因为,任何人都只能在一定的文化背景之下完成自身的社会化过程。世界上没有其他事物能像文化这样对人自身的发展给予以如此重要的影响。当文化成为人自身完善和发展的重要条件时,人对文化的觉解在人自身的发展中尤为重要。冯友兰在自己的人生境界论中虽然只谈到道德这种文化现象对人成其为人的作用,但他实际上觉察到了文化同"人化"之间的关系,探讨了当今人们所关注的一个重要理论课题。

五、始正终负的哲学方法论

冯友兰的"新理学"曾经在学术界被认为向人们"提供了一种宇宙的类型,提供了一种人生的类型,提供了一种历史的类型,更提供了一种认识的类型"。[①] 这种"认识的类型"实即是"新理学"的思维方法,冯友兰称之为"新理学方法"。冯友兰认为,他的"新理学"之所以是"最哲学底哲学",就在于自己运用了这种"最哲学底形上学方法"。

(一)正的方法和负的方法

冯友兰曾说:"真正底形上学的方法有两种,一种是形式主义底方法,一种是直觉主义底方法。"[②]"形式主义底方法"冯友兰谓之"正的方法"或逻辑分析的方法,"直觉主义底方法"他称之为"负的方法"。"新理学方法"的主要内容实际上却是由这两种哲学方法建构起来的。

冯友兰对"形式主义底方法"的诠释是从对"思"的辨析开始的。冯友兰认为,"形式主义底方法"注重对形上学的命题、范畴的逻辑分析和推导,是一种从正面阐释形上学的方法,运用这种方法主要依靠"思"。"思"是理性思维,与"感"即感觉经验不同。哲学作为人们的一种认识,虽然也需要从感知事实或实际的事物开始,但是,从感知实际的事物而了解实际这只是哲学形成的途径,对实际的了解并非哲学认识。哲学特

---

① 孙道升《现代中国哲学界之解剖》,1935 年《国闻周报》第 12 卷第 45 期。
②《三松堂学术文集》,第 512 页。

别是形上学所追求的是对事物"实在"的了解,即对真际的肯定,对共相的把握,这样的对象是感觉经验所无法把握的。"思"同"想"也不一样,人们凭想象可以再现某一实际的事物,但想象中的事物总是具体的实际事物,事物的共相是无法想象的。从冯友兰对"思"的辨析,我们可以看到,他把哲学的方法限定为"思",在这样的哲学方法中是完全排斥经验的作用和表象的作用的。冯友兰不仅把"思"作为哲学方法的起点,而且把"思"看做一种纯思,即纯粹以事物的共相为对象的思。他曾明确地肯定,把哲学看做是纯思的产物,这是"就哲学的方法及研究哲学底出发点,以说哲学"。① 可以说,以"思"为哲学方法的起点,是冯友兰对"新理学方法"的首先的和基本的界定。

冯友兰把哲学的方法看做纯思,认为纯思主要有两种形式,即分析和总括。他所主张的分析和总括同样是排斥经验的方法和手段的。这表现在他强调哲学的分析同科学的分析不同。科学的分析可以用物质的手段探讨物体构成的成分和元素,哲学的分析则只能在理智中辨析被分析对象不同层面的属性。冯友兰在哲学方法中排斥经验的方法也表现在他强调总括不同于综合。冯友兰认为"综合是把不同底事物或观念,合而为一。总括是把相同底事物,即事物之有同性者,作为一类而观之。综合是一种工作,一种手续,总括是一种看法"。② 断言总括不同于综合,表明冯友兰认定综合不能超越对实际的肯定,认定这种思维形式不能使人们对事物的认识升华为对真际的肯定,也表明他所追求的形上学不是对具体事物的认识,不需要从多样性的统一中去实际地概括了解事物的本质。正是这样的认识,使冯友兰十分强调哲学的分析、总括只能在理智中进行,认定哲学对事物的分析、总括都是一种形式的释义,所以冯友兰把哲学对经验中的事物的分析、总括、解释都看做是理智的、逻辑的、空的,而非积极的、实质的、有内容的,即不是对实际的肯定。

① 《新知言》,第 2 页。
② 《新理学》,第 30 页。

冯友兰认为，哲学对经验中事物的形式的释义，在形上学中具体表现为形式命题或分析命题，这种命题是一种不肯定主词存在的重复叙述命题。譬如，"如果甲是那个使圆为方底人，甲是那个使圆为方底人"这样的命题，即是形式命题或分析命题。这个命题中避开了对于甲是否实际存在的肯定，形上学所要求的正是这种性质的命题。因此，形上学的命题既不同于科学命题、历史命题，也不同于一般的逻辑命题。在冯友兰看来，科学命题"灵而不空"，历史命题"实而且死"，逻辑命题"空而不灵"，唯有形上学的命题是"一片空灵"。"空"是说形上学的命题对事物不作实际的肯定，"灵"是说形上学的命题普遍适用。可见，冯友兰主张通过逻辑分析，对经验进行形式的释义，无非是要以一种高度形式主义的方法，在脱离对事物的实际分析和肯定的基础上来建构形上学。

冯友兰认可的直觉主义的方法同逻辑分析的方法相反，这种方法不是从正面阐释形上学，而是以从否定到肯定的方式阐释形上学。冯友兰把这种方法的主要内容表述为"烘云托月"和"于静默中立义竟"。"烘云托月"是从侧面讲形上学，讲形上学不能讲。但在冯友兰看来，这并不是不讲形上学。因为"用直觉主义讲底形上学，并不是讲者的直觉。形上学是一种学，学是讲出底义理，而直觉则不是讲出底义理。用直觉主义讲形上学者，可以说是讲其所不讲，但讲其所不讲亦是讲，此讲是形上学"。[①] 冯友兰强调自己的"新理学"中的范畴、命题都是理智的而非经验的，形式的（或说逻辑的）而非有内容的；而形式的范畴或观念是不能言说的，即不能运用常识的逻辑语言来描状。因为，一旦对其有所言说，这种言说即不能"不著形迹"、"不落言筌"，言说中的东西即不是本来的东西。实际上冯友兰在"新理学"中对一些形式的观念也曾有过言说，但冯友兰认为，这种言说只是"姑且如此说"，实际上是从侧面讲。

"于静默中立义竟"是以直觉来体认和领悟形上学的对象。在冯友兰看来，从侧面讲形上学，讲形上学不能讲，目的仍在于要理解形上学。

①《三松堂学术文集》，第512页。

从正面讲形上学，目的也在把握形上学，使人们达到对宇宙全体的觉解，达到一种最高的思想境界。在这种境界中万物一体，主客为一。要达到这样的境界，完全把握形上学对象，不仅要运用从正面讲或从侧面讲的哲学方法，更重要的是对形上学对象的领悟和体认。这样的领悟和体认是"负的哲学方法"中最为重要的内容。

从冯友兰对自己的哲学方法的论释中，我们可以看到，他一方面强调运用逻辑分析，对经验作形式的分析、总括和解释，以求哲学范畴和命题的清楚明确；另一方面又主张以"负的方法"从侧面论释形上学，通过直觉来领悟和体认形上学对象，以求一种最高的哲学境界。冯友兰曾经说过："一个完全的形上学系统，应当始于正的方法，而终于负的方法。如果它不终于负的方法，它就不能达到哲学的顶点，但如果它不始于正的方法，它就缺少作为哲学实质的清晰思想。"①新理学体系实际上即是基于这样的认识，由"正的方法"和"负的方法"建构起来的。

冯友兰所谓"正的方法"实际上是西方的逻辑分析方法，所谓"负的方法"则主要是传统的中国哲学方法，特别是佛教中禅宗的思维方法。他把逻辑分析的方法和直觉主义的方法作为"新理学方法"的架构和内容，根源于他从人本主义的角度对哲学的理解。在冯友兰看来，哲学是对于人生的反思，是关于人生的最后觉解和最高觉解。人们要觉解人生，不能停留在对个人生活的孤立的了解，而必须了解宇宙大全。所以"哲学所讲，则系关于宇宙全体者"。② 这样的哲学同科学的性质、功能截然不同。科学追求对事物内容的了解，注重对实际的肯定，所以科学能给人以实际知识，帮助人们统治天然，处理人事。但科学的对象总处于变化之中，人们对其认识也在变化中，这使得科学的结论都是或然的而非必然的，可变的而非永久的。哲学则不同，哲学中的形上学部分追求对宇宙的觉解，追求对共相的把握。个体的事物是变化的，事物的共相

---

① 冯友兰《中国哲学简史》，北京：北京大学出版社 1985 年版，第 394 页。
②《新理学》，第 3 页。

则是不生不灭的。所以哲学特别是形上学的结论不仅是普遍的,而且是永真的,具有永久存在的价值。这样的哲学虽不能给人们以实际的知识,但它能提高人们的思想境界,帮助人们了解人生,实现人生的价值和意义。冯友兰以理解人生说明哲学的功用和价值,以人生为对象来说明哲学所具有的反思、系统等方面的特质,这在思想方法方面是很有特色的。这种理解一方面使他的"新理学"带有近代西方人本主义的倾向,另一方面又使他的哲学未能脱离思辨哲学的范围,不像西方某些人本主义思想家那样把对人及人生价值、意义的理解完全诉诸于非理性的直觉,而是主张建构形上学,通过对宇宙大全的理解,作为人们讲"人道"之根据,入"圣域"之门路。

(二)逻辑推导与直觉体认

冯友兰运用"新理学方法"建构"新理学",首先是从分析命题涵蕴的意义开始的。他曾将"新理学"体系分解为四组形式命题,从这些命题中推导"新理学"的几个主要范畴。这种推导典型地体现了他在思辨中确立自己的形上学的方法。

冯友兰归纳的第一组命题是:"凡事物必都是甚么事物。是甚么事物,必都是某种事物,某种事物是某种事物,必有某种事物之所以为某种事物者。"①在这组命题中,冯友兰以事物存在为前提,推导出有某种事物,进而形式地分析何以有某种事物,使这组命题中包涵类与理两个范畴。所谓"凡事物必都是甚么事物。是甚么事物,必都是某种事物",即是说事物必都是某类事物。冯友兰在"新理学"中辨析事物的共相即始于思考事物的"某之类",这种思考实是一种纯逻辑的分析推导。冯友兰认为,在建构形上学、处理感性和理性的关系时,必须"过河拆桥","拆桥"即始于对类观念的分析,因为这种分析开始离开经验中的各类具体事物而限于抽象的"某之类"。在"新理学"中,冯友兰对"物""有""无""宇宙""大全"以及"真际""实际"等范畴的确立和辨析即是以类范畴为

①《新知言》,第 59 页。

根据的。当冯友兰肯定事物是某种事物时，不仅肯定了事物有类，而且肯定了事物有理，理即是对事物何以为类的回答。用冯友兰的话说即是"某种事物是某种事物，必有某种事物之所以为某种事物者"。冯友兰通过对理范畴的具体规定，又确立和辨析了"新理学"中的"太极""显""微""形上""形下"等范畴。不论对类范畴还是对理范畴，其规定辨析，本质上都可以说是对这一组命题的逻辑分析和展开。

第二组命题是："事物必都存在，存在的事物必都能存在，能存在底事物必都有其所以能存在者。"①冯友兰在这组命题中，也是从事物存在这样一个前提出发，推导出事物必有其得以存在的基础，由此确立了"新理学"中的气范畴，由对气的规定又引申出了"无极"这一范畴。

冯友兰认为，任何事物的存在都需以理为依照，以气为依据，事物存在即是理实现于气。这样的认识，使冯友兰归纳出他的第三组命题："存在是一流行。凡存在都是事物的存在。事物的存在，都是其气实现某理或某某理的流行。总所有底流行，谓之道体。一切流行涵蕴动，一切流行所涵蕴底动，谓之乾元。"②为了辨析"流行"，冯友兰在"新理学"中先后考察"两仪""阴阳""动静""四象"，引申阐释"成""住""坏""空"，"成""盛""衰""毁"，"元""亨""利""贞"诸范畴，以考察事物变化中的不同阶段。进而借用《周易》的思想资源，以"复""临""泰"说明"成"；以"大壮""夬""乾"说明"盛"；以"姤""遯""否"说明"衰"；以"观""剥""坤"说明"毁"；论释"往""来""屈""伸""反""复"；以"进退""损益""变通"诸范畴区别事物的"变化日新"；最终以"道体"总括所有的"流行"，认定"道体"是一切流行的"全"，但"道体"又并非"流行"的始因，存在作为"流行"，最初的动因是由于气依照了动之理，"气之动者"才是"流行"的始因，才是"乾元"。

当冯友兰确立起"道体"范畴时，他已经完成了对"新理学"中主干范

①《新知言》，第 61 页。
②《新知言》，第 64 页。

畴的推导,使"新理学"围绕理、气、道体、大全等范畴组成了一个范畴系统。在"新理学"中,冯友兰析理是辨有,论气是释无,以"道体"总括"流行"、以"乾元"表示动区是说变。实际上气为"无极",仍为存在,并非真无;"道体"即是"流行","流行"也是存在;论变、释无,本质上仍是析有,只不过是层面不同而已。所以冯友兰把第四组命题谓之"总一切底有,谓之大全,大全就是一切底有"。①"大全"在"新理学"中依类的观念即已经引申出来了。所谓"大全"就是群有、万有,万有、全有即在有之中,所以"大全"实际上仍是对有的辨析。冯友兰曾说新理学中的概念范畴全部被看做是"有某种事物"这句话的逻辑蕴涵,他说:"按照这样的路线进行推论,我已经在《新理学》中能够演绎出全部的中国哲学的形上学观念,把它们结合成为一个清楚而有系统的整体。"②"新理学"的范畴体系确实是以逻辑分析的方法得到的。这种方法使"新理学"的范畴概念清楚明确,并注意到了概念、命题之间引申演绎的层次结构及其相互之间的联结。但是,这样的理论体系并没有真正地探讨事物之理,因为它不是根据现实去考察现实,而是把对现实的考察放置在观念的演绎之中。这种方法使得"新理学"避免在实际中辨析事物的共相和殊相的关系,而只求证事物的共相先于事物个本而存在的这种结论。

冯友兰认定理在气先,理世界先于实际的世界,这样的结论正是以逻辑的方法推导出来的。他曾经说:"实际底事物涵蕴实际,实际涵蕴真际,此涵蕴即,如果—则之关系。"③冯友兰将"有某种事物,蕴涵有某种事物之所以为某种事物者"这一命题具体化为"有山涵蕴有山之所以为山者",这一命题按冯友兰讲的"如果—则"的关系,实即是如果有山,则必有山之所以为山者。冯友兰认为,在这一命题中,"如'有山'是真底,则'有山之所以为山者'亦是真底;但如'有山之所以为山者'是真底,则'有

---

①《新知言》,第 65 页。
②《中国哲学简史》,第 385 页。
③《新原道》,第 115 页。

山'不必是真底"。① 这里冯友兰显然是套用了逻辑中蕴涵式这种逻辑形式,但是他把蕴涵式中的前件和后件实际上当成前提和结论,把前件和后件在蕴涵式中的真假关系等同于事物与事物之理的关系,并以此作为自己推导出"有山之所以为山者,不必有山"这一结论的依据。依据这一结论,冯友兰还曾进一步推导出"如有山之所以为山者不必有山,则山之所以为山者可以无山而有"这一命题。后来他又将这一命题补充为"山之所以为山者,可以无存在底山而有"和"山之所以为山者,先存在底山而有"。② 十分明显,冯友兰在这里并没有在严格的逻辑意义上使用蕴涵式。逻辑形式是人们的思维形式。一般地说,思想符合逻辑主要是说思维形式正确。但思想符合逻辑并不一定就符合客观实际。所以即使正确地使用命题蕴涵,也不能依命题蕴涵中的前后件的真假关系推断有山为假,有山之所以为山者真,并推导出有山之所以为山者不必有山,更不能推导出山之所以为山者无山而有或先山而有。山与山之所以为山者是实际的山同山的一般属性的关系问题,这种关系是客观的存在,并不是一个逻辑问题。蕴涵式并没有力量证明山之所以为山者无山而有,先山而有。

冯友兰以逻辑分析的方法建构起"新理学"的范畴体系,又以直觉主义的方法来追求一种最高的哲学境界,这表现在他对气、道体、大全的辨析和领悟。冯友兰认为气、道体、大全都是形式的观念,是不能言说的。气绝对无性,而一旦以概念描述它,实质上都是对它作出了一种性质的判断。道体是"流行"的总称,人们的思议言说也是一种"流行",因此言说中的"流行"即非总括一切"流行"的"流行"。大全也是如此。大全是万有,思议言说也是一种有,故言说中的大全亦非真正的大全。所以冯友兰把对于宇宙大全的思考看做一种反思,主张经过思考,然后理解不可思考者。这种不可思考者,冯友兰认为是超越经验的"某物"。由于

---

① 《新知言》,第 61 页。
② 《新知言》,第 61 页。

"某物"中有不可感者,又有不可思者,"某物"即是一种"超越理智者",这亦即是宇宙大全。对宇宙大全,冯友兰不是强调逻辑的说明,而是主张在一种自觉的心理状态中体认和领悟。在冯友兰看来,对形上学对象的最高了解实际上存在于无言之中,存在于静默之中,这样的境界即是哲学所要达到的最高境界。在这样的境界中,"天人合一""物我同一",已经泯灭了主观同客观的界限和事物的差别。冯友兰在"新理学"中,正是先以正的方法建构自己的哲学体系,再以直觉主义的方法来确立自己所认定的哲学境界的。他把这样的境界谓之"天地境界"。从方法的角度看,他的"天地境界"把他所主张的"纯思"的哲学方法发挥到了极致,使他的哲学理论讲到了"言语路绝心行道断"的地步。冯友兰所讲的"天地境界"中的诸种统一,最本质的是主观和客观的统一。他不是把人们的实践活动作为主客观统一的基础,而是以直觉主义的方法在主观中泯除物我界限,使主观与客观在主观中达到一种契合。

(三)理性主义倾向

在中国现代哲学史上,冯友兰是将自己的哲学方法系统化、理论化的思想家之一。他以自己的哲学方法,向我们展示了中国现代哲学史上的一种认识理论和思维方法。这种认识理论和思维方法最主要的特征是"承百代之流",力求"中道",表现出一种融会中外历史上各种哲学方法的致思趋向。在冯友兰看来,西方曾以逻辑分析的方法建构过许多哲学体系,中国依直觉主义的方法也形成过各种哲学理论;西方哲学家发现过负的方法,中国哲学家也曾提倡"辨名析理",主张分析;但是,负的方法在西方没有得到发展,分析的方法在中国也没有被充分重视和运用;直觉体认和逻辑分析实际上代表了中西文化的两种传统。因此,他从中西文化融会的角度看待中西文化矛盾的解决,从中西思维方法的互补来确认未来哲学的发展。在他看来,欧洲哲学需由中国哲学的直觉和体认来予以补充,中国哲学亦由欧洲的逻辑和清晰的思维来予以阐明;只有将正的方法和负的方法融为一体,才有可能建构起新的现代哲学体系。冯友兰对历史上各种哲学方法的评估选择正是基于这样的观念和意向进行的。

　　冯友兰曾经系统地考察中西不同的哲学方法。他肯定西方逻辑分析的方法始于柏拉图,但并未全面肯定柏氏的辩证法,而是认为柏氏辩证法中的形上学方法仅表现在他对辩证法的"形式底用法"。他肯定笛卡儿和斯宾诺莎各以自己的方法建立了形上学,但认为只有斯氏的反观法中的"逻辑"的成分才具有形上学方法的性质。他反对维也纳学派对形而上学的拒斥和否定,又认为其否定形而上学的方法标志着西方逻辑分析方法的高度发展,力图吸收这样的方法建构自己的"新理学"。同时,他又强调自己的分析方法不全同于维也纳学派的分析法,认为自己主张的逻辑分析既可以辨名,又可以析理,维也纳学派主张的逻辑分析只是辨名,并且把析理也当成了辨名。他把直觉主义的方法谓之负的方法,也标志着他对中国哲学方法的改造。在他理解的负的方法中,实际上糅合了道家、玄学、禅宗等诸家的思维方法。主张负的方法并不是反对理性,而是超越理性的。总之,融会的致思趋向不仅使冯友兰在评估选择历史上各种哲学方法的时候,既表现出一种批判精神,也具有一种优化意识。即依照自己的价值标准,实施对哲学方法的评估、选择。今天,人们把整体性、相关性、动态性和最佳化作为现代思维方式的原则,我们不能说冯友兰的哲学方法中已经自觉地意识到了这些原则,但从他在选择和确立自己的哲学方法时所表现出来的思维视野及其思维过程中的时空跨度,他对诸种哲学方法异中求同、同中求异,以及他的挑剔逆众的心态与批判优化的意识来看,则不能不说冯友兰的思维方法中确有某些现代特色。这些特色从一个视角反映了中国哲学在力图摆脱其求同、封闭、直观、模糊、单维、内倾的思维方式的历史进程中的一个片断。应当肯定,既吸收西方哲学方法的营养,又兼顾民族哲学方法的传统,在二者融会互补的基础上建构一种新的思维方式,这一方向是中国哲学脱离中古而走向近现代的必由之路。从这个意义上讲,冯友兰建构自己哲学方法的尝试以及这种方法中的某些具有近现代方法特色的因素,都是有其历史价值的。

　　"新理学方法"就其思想实质来看是一种理性主义。理性主义作为一种认识理论的类型,是相对于经验主义而言的。这两种认识理论的对立实即是人们所谓的唯理论与经验论的对立。"新理学方法"的理性主义倾向是很有特色的,这表现在冯友兰在这种方法中不是简单地强调理性,而是把"新理学方法"看做是反对浅薄的经验主义和理性主义的产物。冯友兰所讲的浅薄的经验主义实即是彻底的经验主义,浅薄的理性主义则是一种完全排斥经验作用的理性主义。冯友兰对经验主义和理性主义所持的立场,使他追求一种"中道",这表现在他在对认识起源的理解中不绝对排斥经验的作用,认为即使是哲学的认识,也开始于对经验的释义,这表明冯友兰意识到了历史上的理性主义只承认理性的可靠和确实而绝对忽视经验的作用所导致的理论困境。在哲学方法中,冯友兰既排斥经验的方法,又不否认人们对真理的了解需要借助经验。但冯友兰认为,借助经验了解真理,并不是肯定真理源于经验。真理之为真理,是理性决定的,并不是经验证实的。在"新理学方法"中,冯友兰即是以这样的方法排斥经验的作用的。对理性主义的方法,冯友兰实际上看到了理性思维的局限,这是他在"新理学方法"中容纳负的方法的重要原因。对负的方法,冯友兰又不是将其理解为一种非理性的直觉,而是将其看做对理性思维的补充,看做一种超理智的方法。这样的方法,讲形上学不是什么,实际上是要通过了解形上学不是什么来了解形上学是什么。所以冯友兰讲的负的方法,在某种意义上可以说是一种更高层面的理性的活动,因而从实质上看"新理学方法",其基本倾向仍然是理性主义的,尽管这种方法中容纳了直觉主义的方法。正是"新理学方法"的理性主义倾向,使冯友兰注重逻辑分析,在分析中把事物的共相和殊相区别开来,将人们认识事物的感性活动和理性活动区别开来,把哲学与科学、哲学方法与科学方法区别开来。在一个没有深厚的逻辑思维传统的国度里,这种区别不论是对科学的发展还是对哲学的发展,在方法的层面都是有意义的。

六、辨异见同的中西文化观

冯友兰晚年在回顾自己的学术活动时,曾将自己在六十多年的学术活动中所探讨的问题归结为"以哲学史为中心的东西文化问题"。[①] 如果把冯友兰 1915 年进入北京大学哲学门视作他学术生涯的开端的话,那末他的学术生涯正好与中国新文化运动的兴起同步。像"五四"时代成长起来的大多数知识分子一样,冯友兰没有回避中西文化的矛盾冲突问题,而是在数十年间努力从哲学的层面追求对中西文化矛盾的理解,探索解决中西文化矛盾的道路,在这种追求和探索中形成了自己不同于"全盘西化"论又有别于"保存国粹"说的中西文化观。

(一) 文化是"总和体"

何谓文化? 对这一问题的回答是人们比较中西文化的前提。在众多的文化界说中,冯友兰提出文化是一种"总和体"或"总合体"。他说:"所谓'文化''民族性',都是空的抽象的字眼,不能离开具体的东西而独立。中国文化,就是中国之历史、艺术、哲学……之总合体;除此之外,并没有别的东西,可以单叫做中国文化。……民族性也是如此,他就是中国从古及今,一切圣凡贤愚之行为性格之总和体,除此之外,别无中国民族性。"[②]冯友兰把文化理解为历史的具体的文化现象的总和,否定存在空洞的文化现象,这是从广义的角度来规定自己的文化概念。这种文化概念使他将中国鸦片战争以来日渐激化的中西矛盾,全部视为中西文化的矛盾。冯友兰没有从结构、层次等方面对"总和体"进行纯理论的分析和考察,但是他在对中西文化矛盾冲突的不同阶段的考察中,又隐然表现出他所理解的作为"总和体"的文化本身的结构具有不同的层面。

自 1840 年鸦片战争起,帝国主义用大炮轰坍了清王朝闭关自守的大门,人们在痛苦中意识到,"不善师外夷者,外夷制之",后来这种意识

---

① 冯友兰《三松堂学术文集·自序》。
②《三松堂学术文集》,第 43 页。

被人们逐步具体化为自强以练兵为要,练兵以制器为先,人们开始办洋务、兴实业,企图以兵战的形式解决中西矛盾。但是,洋务运动没有使中国在兵战中得到胜利。其后,人们又以为西人谋富强,以工商为先,习兵战不如习商战,但商战也没有使中国走向富强之路。冯友兰将中国近代史上以兵战和商战的形式表现出来的中西文化矛盾,形象地比喻为中西文化的"先锋队斥候队之小冲突"。[①] 从文化的角度来看,他的这种比喻,实质上是把中西文化冲突中的商战兵战的形式看做表层文化之间的冲突。

到"五四"前后,人们系统地比较中西文化、讨论中国民族性优劣的时候,冯友兰认为这意味着中西文化主力军之间的接触。这种接触实际上是以中国本土为战场,展开中西文化主力军之间的决战。如果把一个民族的文化作为一个系统,对其进行结构与层次方面的分析的话,文化中的物质部分,即人们对象化了的劳动部分,是其外层结构;社会组织、制度及与之相关的规范、原则是文化的中层结构;而人们的文化心理结构,即审美情趣、道德情操、价值观念、思维方式等则属于文化的深层结构。冯友兰所说的民族性格,实际上也包含在深层文化现象之中,因此,他把人们评估民族性优劣视作中西文化主力军之间的冲突是不无道理的。冯友兰通过对中西文化矛盾的形式和性质的考察,隐现出文化现象本身具有不同结构层面的思想,这在 20 世纪 20 年代是较有理论特色的。

冯友兰把文化看做一种"总和体",同时也肯定这种作为"总和体"的文化是人们创造活动的结果。在冯友兰看来,文化现象不是空洞的东西,也不是自生自造的产物;文化主要的不是已造的东西,而是正在制造中的东西,是活的东西。冯友兰对于文化的这种理解,表述上有不够清楚之处:他肯定文化不是空洞的东西,这是相对于文化是一种"总和体"而言,而这种作为"总和体"的文化显然包含着历史的文化,即已造的文

[①]《三松堂学术文集》,第 43 页。

化;但他又断言文化是活的东西,是正在制造的东西,而不是已造的东西。冯友兰这种看起来有些矛盾的认识,实际上涉及了一个重要的文化理论问题:那种已造的东西,主要是历史的传统的文化;那种正在制造中的东西固然也是文化,但主要是指那种由传统文化递积而成、内在于主体之中、支配主体认识行为的文化传统。文化传统才是活的文化现象。在冯友兰看来,在文化比较中,对于已创造的文化即历史的文化进行具体的比较,实际上是极其困难的,因为这种比较必须以详尽地了解人类历史上所有的文化现象为前提。比较文化,实际上主要是对文化传统的比较,是对正在制造中的文化的比较。对于这种文化的比较,没有理由将评判文化优劣的结论绝对化。因为正在制造中的文化是活的东西,对活的东西的评估不可能"盖棺论定"。因此,在比较中西文化的过程中,那种断言西方文化优越于中国文化,因而妄自菲薄,不相信自己的成绩和能力,对民族文化悲观失望,甚或采取虚无主义的态度是毫无根据的。

同时,冯友兰认为,中国文化是由中国人自己创造的,中国的民族性也是由中国人自己造就的,每一个中国人都是创造中国文化、造就中国民族性的工人和工程师,只要"中国人一日不死尽,则中国文化及中国民族性即一日在制造之中"。① 对于中国文化的好坏、中国民族性的优劣,每一个中国人都肩负着自己的责任。因此,冯友兰十分强调在比较中西文化过程中的民族意识、主体意识,强调人们比较中西文化必须"以中国人而谈中国文化及民族性"。② 在冯友兰看来,要繁荣中国文化,造就优秀的国民性,只能依靠每一个中国人实际的言行。空泛地谈论中国文化问题,以局外人的身份议论自己的民族性的优劣,对于中国文化的建设是没有任何益处的。冯友兰所主张的这种比较中西文化的途径和态度,应该说也包含了不少积极成分与合理因素。

---

① 《三松堂学术文集》,第 46 页。
② 《三松堂学术文集》,第 47 页。

（二）中西文化的差异在价值标准不同

在中西文化的矛盾冲突中,中国文化"节节大败",这种严酷的现实迫使人们思考中西文化的异同优劣,探寻中国文化落后的原因。冯友兰早年针对中国文化的落后,也思考过中西文化的差异是等级的差异还是种类的差异这类问题,这种思考的结论则是:"中国落后,在于她没有科学。"①"五四"前后,把中西文化的差别看做精神文明和物质文明的不同,把中国文化的落后归结为科学技术的落后,这本是一种普遍流行的观点。冯友兰因循这种看法的思想特色,在于他没有把对于中西文化异同优劣的评估停留在这种观念和结论上,而是深入地探讨中国科学落后的原因,对中国近代以来科学落后的原因作出了理论的解释,从而使自己继梁漱溟探讨东西文化及其哲学之后,将中西文化的比较拓展到了系统的哲学层次,断言中西文化的差别在于两者根本思想即哲学思想的不同,认定这种不同具体地表现为价值标准的差异。

在冯友兰看来,中国古代哲学的产生与欧洲古希腊哲学的繁荣大体上是同步的,所不同者只在于中国没有在现代欧洲开端的时候产生自己的科学,这种情况完全是中国哲学历史发展的结果。在中国古代哲学中,根源于对"天""人"关系的不同理解,形成了重"自然"和重"人为"两种对立的致思趋向,规定和影响了中国哲学的发展方向。春秋时期形成的儒家、道家、墨家三派的哲学理论,即是依不同的致思趋向而建构起来的不同的哲学理论形态。道家一派的哲学以为"道"能够"给予万物以其自己的自然,在其自然中万物得到自己的满足"。② 因此"道"即在我们之中,人们追求对"道"的认识,实即追求认识自我,控制自我。因此,在道家看来,任何人类道德、社会制度都是违反自然的,"那些仅只有志于学的人,即只有兴趣搞理智操练的人,千言万言,全无价值"。③ 道家所执着的是自然状态好的方面,代表"自然"趋向的极端,墨家则恰好相反。墨

---

① 《三松堂学术文集》,第 23 页。
② 《三松堂学术文集》,第 26 页。
③ 《三松堂学术文集》,第 28 页。

家以义为利,"非命""尚力",提倡"兼爱",把自己的理想置于现实之中,而"不满足于把他的模式放在天上。他时刻准备着向一切他以为不能与财富、人口的增长相容的事作战"①。这种对现实理想的追求,使墨家不满意自然状态的精神陶醉,而是主张向外界寻求幸福,提倡"人为",反对"自然"。"人为"是墨家的追求,也是墨家学说的特征。因此,在墨家的理论中不仅充满了科学的精神,而且具备了某些科学思想的萌芽。儒家与墨家和道家均不相同。就致思趋向来说,儒家介于"自然""人为"两者之间,追求一种"中道"。儒家学派分化以后,以孟轲为代表的儒学提出"万物皆备于我",把真理与幸福都看做是存在于人内心之中的东西,主张通过内省而不是向外部世界去寻求真理和幸福,这种主张已接近道家;而以荀况为代表的一派儒学则反对"蔽于天而不知人",主张"制天命而用之",以对自然的征服来代替向自然的复归。这种观点,实际上发展了中国哲学思想中的"人为"路线。

冯友兰认为,中国人如果遵循墨翟、荀况思想中的人为路线,中国也许早就产生了科学。但是历史的事实是,在儒家、道家、墨家三派理论为自身的生存而进行的长期斗争中,墨家在春秋时期虽曾为"显学",后来却始终未能得到发展;荀况一派的儒学也随着秦王朝的早夭而消亡了。到东汉年间,属于极端"自然"型的佛学传入中国后,又致使中国人的思想在相当长的一个时期内游移于儒、释、道三家之间。直到两宋时期,人们将儒、释、道三家合而为一,建立起道学,才又形成自己的主体思想。道学家以新儒家的姿态,提倡"修齐治平",主张"格物致知"。由于对"物"的理解歧异,道学中又分为两派,一派以为"物"是外在的物事,一派以为"物"是人心具有的现象,构成了道学中理学和心学的不同思想体系。心学家所讲之"物"最容易在格物中实行,这使得心学在宋明时期一度压倒理学,得到流传和发展,而中国哲学中的"人为"路线却并未随着道学的兴起而得以复兴。两宋时代在中国历史上本来是科学技术比较

①《三松堂学术文集》,第29页。

发达的时期,在中国对世界文明作出过重要贡献的四大发明中,就有几项即诞生在这一时期。这一时期科技的发展,既具有经验的基础,又具有应用的特征。但是由于中国哲学中"人为"路线的消亡,这一时期哲学家们的理想都浓缩在存理、灭欲的思想范式中。科学的发展依然是为了控制心灵,而不是为了认识和控制外在的世界,哲学观念仍然阻碍着科学技术的进一步发展。欧洲情况则完全不同。欧洲在基督教尚未创立之前,其哲学中也存在过"自然"路线。冯友兰把斯多噶主义视为这方面的例子,认为斯多噶主义教人们事奉他心内的神。当基督教创立之后,原罪意识使人们否定自身是一个自足的存在,假定人性本身是不完善的,主张追求知识和权力,于是人们转而事奉外在的上帝,逐渐形成注重认识外在、证实外在的传统。尽管这种传统在欧洲不同的历史时期表现为不同的形式和内容,但注重"人为"的传统一经形成,便始终被沿袭和发扬着。到了近代,欧洲的哲学家们更加自觉地追求概念的确实,加紧探讨认识外界的方法以及认识本身的规范和原则,把知识本身看做确实性和力量,这种哲学传统终于使欧洲科学技术在近代得到了长足的进步和发展。但是,中国近代科学的发展却是另一番景象。因为,中国历史发展虽然进入了近代,但"自从她的民族思想中'人为'路线消亡之后,就以全部精力致力于另一条路线,这就是直接在人心之内寻求善和幸福"。[1] 这种哲学传统与欧洲把"我们有什么"作为价值尺度和价值取向不同,始终将"我们是什么"作为价值尺度和价值取向,这使得中国哲学家们因为欣赏知觉的确实而忽略概念的确实。就像一位西方学者指出的那样:当西方的哲学家在熟练地运用逻辑方法追求科学、追求真理的时候,中国哲学家们却没有"端坐凝神地攻读论文与三段论法,没有沉浸在科学思辨之中"。[2] 这样的哲学传统不可能意识到科学的重要,因为,按照中国哲学家们的价值观念,既然善与幸福不必向外界寻求,而只要

---

[1]《三松堂学术文集》,第 39 页。
[2]《三松堂学术文集》,第 40 页。

求诸自己的心灵,那么科学就没有存在的必要。因此,冯友兰断定:"中国没有科学,是因为按照她的价值标准,她毫不需要。"①这样,冯友兰便由探讨中国没有科学的原因而探讨哲学与科学的关系,并在这种探讨中确立了自己关于中西文化差异的基本观点。

当然,笼统地断定中国没有科学,并不符合历史实际。因为,中国科学在历史上也曾长时间地走在其他国家和民族的前列。但应当承认,中国自步入近代以后,科学技术确已落后于西方。冯友兰所讲的科学是指关于自然现象及其关系的系统知识。而他所谓的中国没有科学,实际上也主要是指中国近代没有形成类似西方的自然科学。中国近代科学落后,是中国人民遭受西方帝国主义势力侵略的重要原因。冯友兰通过探讨中国近代科学落后的原因而对中国哲学传统的反思有其独到之处。

从文化比较的角度来看,冯友兰肯定中西文化的差别在于价值标准的差异,这是试图从文化的深层结构了解中西文化的不同之点,相较于20年代另外一些学者从文化的表层结构理解中西文化差异的观点,其思想无疑要深刻得多。相比较而言,冯友兰当年比较中西文化的观点更加接近中西文化的实际,也更富有理性的色彩。尽管他在总体上没有超越20年代人们依照地域环境辨析文化的方法,仍将文化分成东方的和西方的不同系统,但他意识到中西文化的差异在于价值标准的不同,这种观点本身不仅达到了较高的思想层次,而且确实能够对中国近代科学的发展状况作出一种理论的解释。

(三)中西文化的同一在于文化类型

文化是人类在社会实践中的产物。作为文化的创造者,不论是西方的民族,还是东方的民族,在生理结构方面有其相同之处,在心理活动方面也存在许多相似之处。人们为了自身的生存,总是要不断地认识与调整自身与自然的关系,调整和理解人与人之间和人与社会之间的关系,因此人们不仅面临共同的认识自然、改造自然的实践任务,也面临共同

①《三松堂学术文集》,第 39 页。

的认识社会、改造社会的实践任务。人们只有通过改造自然和改造社会的实践活动，认识和理解人本身，改造和完善自己，才有可能正确地理解人生，解决人生中面临的共同问题。因此文化现象不单是因为存在于不同的地域和民族而具有差异，更多的是由于创造文化的主体生理结构和心理活动的相似而存在同一。正是在这样的认识前提下，冯友兰在探讨了中西文化的差异之后，解析了中西文化的同一。

冯友兰对中西文化同一的探讨，是从两个层面上进行的。一是在一类具体的文化现象中区分出相同的理论派别，以见中西文化之同；一是在总体上将文化区分为不同的类型来比较中西文化。冯友兰的这种探讨，首先是从一类具体的文化现象比较开始。20年代初叶，他在探讨中西文化的差异时，曾经把"自然""人为"两种致思趋向作为哲学思想中的不同路线并以此来比较中西哲学，以见其差异。后来他又扩展这种认识，用"天""人""损""益"来概括东西方民族在历史上曾经建构的人生哲学中的派别，再通过对不同派别的人生哲学的比较，肯定不同的民族面临着共同的人生问题，一种人生哲学，西方的民族可以建构，东方的民族也可以建构，进而认定哲学本身不分东西，并以此来剖析中西文化之同。在冯友兰看来，历史上不同的人生哲学，不论中西，其内容都源于人生经验。人类所经验的事物不外乎两大部类，即天然的或人为的。正是与这两类事物相联系，在各种人生哲学中才出现了"天然境界"和"人为境界"的差别。中国历史上有过关于人性善恶的辨析，希腊历史上出现过道德根源于天然还是人为的论争，欧洲历史上也存在过与宇宙起源问题联系在一起的有神还是无神的讨论，这些讨论从本质上看，都与天然还是人为这类问题存在间接或直接的联系。

冯友兰认为，人们生活的现实世界中存在的事物有好与不好，在人们实际的生活中存在痛苦与快乐的区别，因此，他依据哲学家们对好与不好的不同判断，以及对苦乐成因的不同理解，将人类历史上的各种人生哲学全部纳入"损道""益道"以及"中道"三个系统之中。在他看来，"损道"系统的哲学家的共同点是认为世界好为固有，世界不好则源于人为；人生本来是快乐的，痛苦完全是人的行为所致。这一派人生哲学把天然境界理想化，断言追求人生幸福的途径在"免除现境，返于原始"。①他把中国的老庄哲学、印度佛教、西方的柏拉图哲学、基督教、叔本华哲学都归于"损道"。在对这些人生理论进行具体比较的基础上，又将老庄哲学称之为浪漫派，将柏拉图哲学名为理想派，将叔本华哲学名为虚无派，以表示"损道"中各种人生理论的区别。冯友兰所谓"益道"一派的特点是崇尚人力，提倡奋斗，主张求幸福于将来，建乐园于人国。因为这一派哲学家"以现在之不好，为世界之本来面目，而现在之好，则全由于人力"。② 冯友兰把中国的杨朱、墨翟、西方的笛卡儿、培根、费希特等都纳入"益道"一派，并把杨朱哲学称为快乐派，把墨家的理论称为功利派，把笛卡儿、培根等人的理论称为进步派，以此来区别"益道"中的各种人生理论系统。中国的儒家学派、西方的亚里士多德哲学、黑格尔哲学被冯友兰视为"中道"。他认为这一派哲学与"损道"不同，与"益道"也有所区别，因为这一派哲学家以为人为是对天然的补充、辅助，"现在世界，即为最好，现在活动，即是快乐"，③力图兼采"损道""益道"两派的理论，在融合的基础上确立起理想的人生境界，在各种人生哲学中自成一个系统。

冯友兰以天、人、损、益来串联人类历史上已有的各种人生理论，以一种平等的心态将中西人生哲学归属于不同的理论系统，以证实人生哲学不分东西，没有固定的地域界限，从一个侧面说明了中西文化之同，这对于人们正确地了解中西文化也是有帮助的。从方法上讲，这种研究实际上是将人生哲学作为一个整体，在这个整体内部区分出不同的子系统和理论层面来，这在比较中西文化的方法中应是一大进步。后来冯友兰还从整个哲学的比较中说明过中西文化之同，他认为西方的哲学包括宇宙论、人生论、知识论三部分内容，中国哲学中则有关于天人性命的学说。中国哲学中关于天道问题的理论，大略上相当于西方哲学中的宇宙

---

① 冯友兰《三松堂全集》第2卷，郑州：河南人民出版社1988年版，第50页。
②《三松堂全集》第2卷，第51页。
③《三松堂全集》第2卷，第51页。

论,而中国哲学中的性命之说则大体上相当于西方哲学中的人生论,中西哲学在总体上也有其相同的地方。

冯友兰比较中西哲学,说明中西哲学之同,是以一种具体的文化现象说明中西文化的同一。冯友兰认为,要从总体上说明中西文化的同一,需要辨析文化类型。因为,从总体上来看,文化之同是文化类型之同,文化之异也是文化类型之异。冯友兰所谓文化类型,实际上是指一种文化之所以成其为这种文化的要素,或者说是指一种文化之所以为这种文化的特质。这种特质使一种文化与另一种文化区别开来,使这种文化是这种文化而不是他种文化。冯友兰认为,文化现象同其他事物一样,也有特殊与类型的不同,或说一般与个别的差别。特殊的文化是具体的文化,一种具体的文化具有许多性质,按照不同的性质可以把一种文化归属于不同的类别。作为文化的类型,应是撇开了许多非主要性质的文化的共相,是文化的一般。这种文化的类型或共相是使某类文化成为某类文化的内在的本质的根据。考察文化可以把文化作为特殊的文化,考察各种文化特有的性质;也可以把特殊文化作为某种类型的文化的实际例子,考察这种文化之所以属于某种文化类型的一般的性质。对特殊文化的各种性质的考察是记叙文化的历史,对文化类型的考察是探讨关于文化的科学。只有依文化类型考察文化,正确地理解文化的同一,才能够正确了解文化的差异。这种差异不是一类文化的各种不同理论形式之间的差异,而是总体性的文化类型的不同。

冯友兰认为,过去人们在比较中西文化的时候,把文化分成西方文化和东方文化本来即是不科学的。因为西方文化、东方文化都是特殊文化,而不是文化类型。后来人们把西方文化视为近代文化、现代文化,用时代来区别中西文化的差别,虽然表明人们对中西文化的了解更接近实际,但近代文化、现代文化也是特殊文化,而非文化类型。人们把西方文化看做一种特殊文化,从这样一个出发点去比较中西文化,是人们无法正确了解中西文化异同的根本原因。在冯友兰看来,文化实际上可以分成很多的类型。这种类型的划分,不受地域、时间的限制,也不由人们的主观愿望左右,而是由人类社会的生产所规定和制约的。冯友兰依据自己对于文化类型的理解,将近百年来处于剧烈矛盾冲突中的中西文化看做是两种类型的文化。他依中国和西方科学技术发达的国家的生产方法的不同,称中国近代文化为生产家庭化的文化,而把西方近代文化则看成是生产社会化的文化。

所谓生产家庭化,按冯友兰的理解,是指一种以家庭手工劳动为本位的生产制度和生产方法,实际上是指一种自给自足的生产方式。在这种生产方式为基础的国家中,人们的社会关系、文化观念都依存于家庭关系。他认为,中国近代的文化类型,正是以这种以家庭为本位的生产方式为其存在的经济土壤的。西方的近代文化则是一种建立在以社会为本位的生产制度之上的文化类型,或者说是一种以生产社会化为基础的文化,这种以社会为本位的生产方法和制度,是经过产业革命、变革以家庭为本位的生产方法和社会制度之后形成和发展起来的。以生产社会化为基础的文化使得西方近代科技发达,经济繁荣。而中国乃至于整个东方国家的近代文化则由于长期滞留于生产家庭化的文化类型,使得中国乃至整个东方文化的落后与经济的落后形成了一种共生现象。基于这种观念,冯友兰进而认为,在近百年来的中西文化冲突中,中国文化落后于西方文化,其根源不在于中国文化是中国的,西方文化是西方的,而在于中国文化是生产家庭化的文化,西方文化是生产社会化的文化,即在于中西文化类型的不同。冯友兰所说的这种中西文化类型的差别,实际上讲的是两种社会形态文化的差别,应当说他这种关于中西文化差别的观念抓住了问题的实质。而这种文化同一于文化类型、中西文化的差异是文化类型的差异的思想,也构成了冯友兰更深入地解析中西文化的矛盾、探讨中国文化发展方向的重要理论根据和思想前提。

（四）中国文化发展的方向在文化类型的转换

在中西文化剧烈的矛盾冲突中,中国文化向何处去? 这是思考中西文化同异优劣的人们最终所要解答的一道时代规定的理论课题。冯友兰的回答是,通过中西文化的互补,以及中国文化类型的转变,使中国文化走向近现代。在冯友兰看来,文化作为人类的创造物,虽然不同的地域和民族有类型的不同,但是"各类文化本是公共的,任何国家或民族俱可有之,而仍不失其为某国家或某民族"。① 西方民族已经具有的文化类型,东方民族也可以创造。因此思考文化的发展应着眼于文化的同一,而不能强调文化的差异。虽然中西文化之间存在类型的差异,但是我们"应该看到这两种文化都说明了人类发展的共同趋势和人性的共同原则,所以东西文化不仅是相互联系的,而且是相互统一的"。② 肯定中西文化的差异,又承认中西文化的统一,使得冯友兰并不主张在比较中西文化时通过两种文化的相互批评判断孰是孰非,以此来理解文化的发展,确立中国文化建设的方向道路;而是认为文化的发展在于不同民族文化的互补融会,在于文化类型的转变。

冯友兰所理解的文化互补主要是就文化传统来说的。冯友兰认为,由于中西文化的根本思想即价值观念不同,西方追求对外在的认识,重视科学,强调认识的严谨与清晰;中国文化注重内心体认,忽视科学而强调直观,这样的传统使中西文化各有所长。西方文化使人们得到丰富的物质享受,中国文化使人具有理性的幸福。如果人类要追求和创造使身心都能得到幸福的文化,那么只有将这两种不同的价值观念合而为一,即西方民族注意中国的智慧,中国则努力发展自己的科学。冯友兰曾就思维方式的互补来展望世界未来哲学的发展,他说:"我们期望不久之后,欧洲的哲学思想将由中国哲学的直觉和体会来予以补充,同时中国的哲学思想也由欧洲的逻辑和清晰的思维来予以阐明。"③这种展望,集中地展现了冯友兰所理解的中西文化未来的发展方向。

具体到关于中国的文化建设,冯友兰的主张是改变中国文化的类型。冯友兰认为,"五四"以来,人们关于中国文化建设的主张歧异甚多。"西化"派主张个性的自由发展,反对儒家的君权观念和权威意识;同时

---

① 《新事论》,第 17 页。
② 《三松堂学术文集》,第 289 页。
③ 《三松堂学术文集》,第 289 页。

也提倡个人奋斗,否定道家消极无为的自然主义,表现出一种全面否定中国传统文化和文化传统的思想倾向。在这一派学者看来,中国文化的出路只有"全盘西化"。传统文化派则高举维护传统的旗帜,提倡以儒学理论解决人生问题,把世界未来的文化发展看作中国文化的复兴,提倡建设中国本位文化。清朝末年人们围绕"中体西用"而争论的中国文化建设问题,到"五四"时代演化成了"全盘西化""本位文化""部分西化"等多种关于文化建设的理论。在冯友兰看来,所有这些关于中国文化建设的理论或观念都是难以成立的。从思考文化问题的方法来看,这些文化理论或文化观念的形成,都是把西方文化当做一种特殊文化看待的结果。具体而言,"全盘西化"论意味着主张将中国文化这种特殊文化转变为西方文化这种特殊文化。一种特殊文化转变为另一种特殊文化,需要全面地否定原有文化的特殊性,而实际上这是根本不可能的。因为只要一个民族存在,这个民族的文化总会具有自己的民族特性以区别于其他民族的文化。因此,冯友兰认为"全盘西化"论者的主张在实践中是行不通的。同时,冯友兰认为,"部分西化"的理论在文化建设中也是行不通的。因为把西方文化当做一种特殊文化,这种特殊文化具有多方面的特征和性质。"部分西化"论者对于取西方文化的哪一部分以"化"中国文化,实际上很难提出一个具体的标准来。"本位文化"论者主张对西方文化可取者取之,对中国文化当去者去之,这也是把中西文化都当做特殊文化。但"本位文化"论者对于自己所主张的当去者与当取者同样是很难讲清楚的。因此,冯友兰认定,只有通过文化类型的转变,才能促进中国文化的发展。因为,依文化类型的观念来思考中国文化的发展,是要将中国的以生产家庭化为基础的文化类型转变为以生产社会化为基础的文化类型。在冯友兰看来,这种文化类型的转变是中国文化主要性质的转变,而不是中国文化的消灭。就文化主要性质的转变来说,这种转变是"全盘"的;就这种转变并不否定中国文化的个性来说,这种转变又是"部分"的。如果把文化类型的转变看做中国文化发展的方向,那么改变中国文化赖以存在的经济基础就是发展中国文化的具体途径。因此,冯友兰又把生产方法和生产制度的变革看做实现中国文化类型转变的必由之路，把产业革命作为中国文化复兴和中华民族强盛的根本保证。当冯友兰强调生产方法和生产制度的变革是中国文化发展的必由之路时，他使自己的文化理论完全回到了现实的文化建设之中。这样一来，冯友兰即从以价值标准来解释中西文化差异，到以文化类型说明中西文化的同一，再到用文化类型的转换来说明中国文化的发展方向，终于使自己的文化理论形成了一个完整的系统，并从一个较高的理论层面上论述了自己对中国文化发展方向道路的理解。

"五四"以来，在中国知识分子中像冯友兰一样关心中西文化问题的学者不乏其人。但像冯友兰这样在数十年间不断地吸收新的思想方法，不断地关注人们比较中西文化的认识成果，始终把对于文化问题的探讨和理解置于哲学的思考之上的学者却屈指可数。正是执着于对文化问题的哲学思考，使得冯友兰在"五四"以后比较深刻地指出了中西文化的差异在于两者价值标准的不同，提出了中国文化的近代化、现代化问题，把中国文化类型的转变看做中国文化发展的方向，以理性的思辨否定了"全盘西化""部分西化""本位文化"等关于中国文化建设的思想观念，从而使自己的中西文化观相较于同他相类似的学者们的中西文化观，显得更具理论的密度与深度。

冯友兰对文化问题的关心和热情是由一种强烈的民族意识支配的。这种民族意识使他把发生在中国近代史上的各种事变都看作两种文化的矛盾，都与中国人民为了摆脱殖民地和半殖民地地位联系在一起，并把对于文化问题的思考落脚到建设一个新中国，并断言"真正的中国人，已造成过去的伟大的中国。这些中国人，将要造一个新中国，在任何方面，比世界上任何一国都有过无不及"。[①] 可以说，冯友兰对于文化问题的思考，已经较好地把文化的时代性和民族性统一起来了。但是，冯友兰是一个职业哲学家。他思考文化问题，以经济根源区划文化类型，主

---

① 《新事论》，第 230 页。

张以产业革命作为发展中国文化的基础和前提,却不了解文化类型的转变是一个极为复杂的社会工程。他不了解生产方法的转变,并不能机械地使文化类型立刻得到转变。他也没有正确地总结中国近百年来人们前赴后继、救亡图存的历史经验,看不到转变中国文化类型的现实的社会力量。他注意文化类型,看到了中国文化走向近现代的历史趋势,但他不能正确地了解中国社会的实际,使他对中国文化发展的具体目标的理解也存在局限。他把生产社会化的社会区别为两种情形,一是生产社会化,支配家庭化,一是生产社会化,支配亦社会化;他并没有明确地主张将中国文化发展为以生产社会化、支配亦社会化为基础的文化类型。中国历史的发展已经证明,冯友兰主张的文化建设道路并未成为中国现实的文化建设道路。当我们考察冯友兰的中西文化观时可以看到,历史责任感和民族自尊心使他在思考文化问题时把文化的时代性与民族性联系在一起,但自身的社会地位与生活方式又使他不能够进一步将文化的时代性、民族性完全地统一起来,科学地揭示中国文化发展的现实的方向和道路。当然,我们主张正视冯友兰文化理论的局限,并不意味着全面否定其理论价值。从冯友兰认定的文化概念、中西文化异同、中国文化发展的方向及其比较中西文化的心态和动机中,我们仍能得到许多启示。

七、创立范式的中国哲学史学

在当代学术领域,人们探讨哲学史研究的方法学理论可称之为哲学史学。哲学史学不以纯哲学的形式建构其思想体系,而是在实际的哲学史研究基础上形成自己的理论和原则。这样的哲学史学既可以为哲学史学科的建设提供理论根据,又能够转换成哲学史研究中实际的操作方法,这使得哲学史学对于现实的哲学史研究具有双重的意义和价值。中国哲学史学是随着中国哲学史学科的独立与发展而形成和发展起来的。当我们考察中国哲学史学形成的历史和现状时,不能忽略冯友兰在这一领域中的工作和贡献。

（一）中国哲学史学的前源

在中国现代学术思想史上,冯友兰的学术成就与学术贡献包括多方面的内容,他在中国哲学史学方面的建树,是这些内容中重要的组成部分。

冯友兰确立自己研究中国哲学史的原则和方法,建构自己的中国哲学史学,得益于他一生始终不辍的中国哲学史研究;而他之所以立志从哲学的角度追求对中国文化的理解,并在中国哲学史和中国哲学史学这两个相关的学术领域中都取得令世人瞩目的成就,又与他所生活的时代对这两个学术领域建设的要求关联。

在中国学术史上,力图使中国哲学史脱离古典形式,代之以现代形态而成为独立学科,始于“五四”前后。这一时期,就国内学术研究的发展而言,清代学者对于经学、子书的训诂和校勘之类的工作已取得了相当的成就,学术界在清儒对古籍整理“工夫已经做到八九成”的情况下,已“断不能如清儒之专研古典”,而需要“用最新的科学方法,将旧学分科整治”。① 因为只有对中国的传统文化“分业自治”,才可能推进中国的学术文化研究事业。这种观念曾使梁启超认定:在清人学术工作的基础上,进一步研究诸家学术内容,求出我国文化渊源流别之所出所演,发挥其精诣,而批评其长短得失,当是新的历史时期人们应当肩负起的“学术责任”。国内学术文化发展的这种历史要求,促使人们接受现代学术观念,从专门的学科的立场出发去研探、诠释中国的传统文化。

“五四”前后,西学东渐的步伐加速,西方的学术文化与学术方法通过不同的途径源源不断地传入中国,国内学术界对西方哲学这门学问的性质、内容、特征的理解日趋系统,不断深化。这使得人们参照西方的哲学观念整理中国传统的学术思想史料、考察中国学术的历史发展开始成为现实。再加上随着东西文化交流的加速,中西文化的矛盾也日益尖锐。“五四”前后的知识分子在民族文化危机中比较中西文化时,已经意

---

① 朱维铮校注《梁启超论清学史二种》,上海:复旦大学出版社 1985 年版,第 88 页。

识到哲学是一个民族精神生活的集中反映,了解一个民族,了解一个民族的历史和文化,思考一个民族文化的发展和前途,都必须考察该民族的哲学及哲学发展的历史。这种认识也促进了现代形态的中国哲学史学科的形成与发展。冯友兰即是在这样的学术文化背景下,开始对中国哲学史的研究和对中国哲学史学的思考的。

在中国现代学术史上,冯友兰是最先运用现代学术方法写出完整的中国哲学史著作的学者,也是一生中不断探讨中国哲学史学、写出过多种类型的中国哲学史著作的学者。但是,冯友兰并不是最早从中国哲学史的角度考察中国学术文化的学者,也不是最先尝试参照西方学术方法考察中国哲学史的学者。"五四"前后,较早出版中国哲学史著作的学者是谢无量,最先系统参照西方学术方法研究中国哲学发展历史的学者是胡适。谢无量的《中国哲学史》出版于1916年,胡适的《中国哲学史大纲》(卷上)出版于1919年。这两部著作都出现在冯友兰的大学生活期间,对冯友兰后来研究中国哲学史、思考中国哲学史学,起到过引导和激励的作用。

冯友兰1915年秋进入北京大学中国哲学门学习的时候,中国哲学史已经是北大中国哲学门开设的主要课程之一。但是,当时北大开设的中国哲学史并未真正具备现代中国哲学史学科的性质,其原因在于当时在北大治中国哲学史的学者对于哲学本身并无深入的理解,学术方法上仍依循旧规。以传统学术方法讲授的中国哲学史,虽冠以现代学术之名,实质上仍未脱离传统学术史论的范围。谢无量的《中国哲学史》实际上也在此类性质的著作范围之内。冯友兰曾经购得谢著《中国哲学史》,却很少论及谢无量的《中国哲学史》。他忆及自己在北大学习时,对中国哲学史课程感到不满,可见谢著也未能在课外满足冯友兰一类青年学子从新的文化视角了解中国学术发展的要求。其实,在"五四"前后的学术界,谢无量也不是泛泛之辈,张伯驹在为李克非《京华感旧录》所作的《序》中说:"克非弟乃辛亥名流先表叔沈邱李晓东公之哲嗣,髫年就学即聪颖过人……后又拜乐至谢无量先生之门,兼临汉魏各碑,常获师长褒奖。"由此《序》可见世人推崇谢氏学识。就谢无量的《中国哲学史》《佛学大纲》等著作的内容来看,也应肯定谢氏在中国传统文化和佛学方面确有一定造诣。谢氏的《中国哲学史》从"上古"讲到"近世",也可以说是经纬成篇。这部著作之所以影响甚微,原因当在于未能正确运用科学的哲学史研究方法。胡适曾说:"今人谈古代哲学,不但根据《管子》《列子》《鹖子》《晏子春秋》《鹖冠子》等书,认为史料,甚至于高谈'邃古哲学''唐虞哲学',全不问用何史料。最可怪的是竟有人引《列子·天瑞篇》'有太易,有太初,有太始'一段,及《淮南子》'有始者,有未始有有始者'一段,用作'邃古哲学'的材料,说这都是'古说而诸子述之。吾国哲学思想初萌之时,大抵其说即如此!'(谢无量《中国哲学史》第一编第一章,页六)这种办法,似乎不合作史的方法。"①胡适的批评是中肯的。谢无量的《中国哲学史》在史料的审定方面,连清人的学术成果都吸纳不够,这样的哲学史当然难以反映中国哲学发展的历史实际。谢著《中国哲学史》给予冯友兰的实际影响,只能是使他更加期盼新的学术方法,期盼用新的学术方法得到新的中国哲学史研究成果。正是这种期盼,使冯友兰对于胡适进入北大后讲授的中国哲学史,感到耳目一新。

胡适在"五四"时期参照西学研究中国哲学史,并且较为系统地论释了自己的中国哲学史研究方法。胡适的哲学方法论中最有价值的内容,是他论释了哲学史特定的研究对象,以及哲学史研究的目的和追求。胡适认为,哲学是关于人生的学问,他说:"凡研究人生切要的问题,从根本上着想,要寻一个根本的解决,这种学问,叫做哲学。"②基于这种理解,胡适将考察历史上形成的与人生问题相关的宇宙论、名学及知识论、伦理学、教育哲学、政治哲学、宗教哲学等理论系统的关联与变迁,都看做哲学史应当包含的内容。胡适认为,通过这种考察,弄清这些思想理论沿革变迁的历史线索,以及这种沿革变迁的原因,再对各种思想理论的价

---

① 《胡适学术文集·中国哲学史》(上),北京:中华书局1991年版,第22—23页。
② 姜义华主编《胡适学术文集·中国哲学史》(上),第8页。

值作出自己的评断,即达到了哲学史研究的目的。这便是胡适强调的哲学史研究中的"明变""求因""评判"。胡适对哲学史的类别也作过分辨,并比较西方哲学,讲到了中国哲学发展的几大阶段。胡适的中国哲学史研究及其对哲学史方法的理解,在中国哲学史学科建设和中国哲学史学建设中影响深远。

但是,胡适登上中国的学术文化舞台时,学术界正处于新旧学术交替时期。这使得胡适既可以因参照西学方法研究中国哲学史而成名,又使胡适不能不在其《中国哲学史大纲》中继续清代学者曾经致力的校勘之类的工作。他论释自己的哲学史方法,也不能不以相当的篇幅论述哲学史史料的审定及其方法。加上胡适的学术兴趣和专长既非哲学,亦非中国哲学,使胡适一生中始终未曾写成一部完整的中国哲学史,也未能进一步思考中国哲学史研究方法。胡适在中国哲学史和中国哲学史学方面的成就始终停留在"五四"前后的水平。在中国哲学史和中国哲学史学这两个相关的学术领域中,时代曾对胡适的工作寄予厚望,而胡适的工作成就与时代要求却仍然存在着相当的距离。

(二)史料、方法与哲学创构

冯友兰正是在谢无量、胡适这类学者工作的影响和启发下,研究中国哲学史,思考中国哲学史学,肩负起中国哲学史研究和中国哲学史学建设的时代责任。

冯友兰曾以"二史释古今,六书纪贞元"来概述自己的学术工作。他一生中除了写成过《中国哲学史》《中国哲学简史》《中国哲学史新编》等著作之外,还曾写成过《人生哲学》《中国哲学小史》《新原道》等哲学史著作。这些著作形成于不同的历史时期,在写作方法方面也有所区别。但是,由于冯友兰具备深厚的中国哲学和西方哲学素养,他对于中国哲学史研究的方法论原则的理解,在总体上是一以贯之的。这种一以贯之的研究中国哲学史的方法和原则,是一个吸纳了黑格尔哲学史观念和包容了唯物史观原则的理论系统。

冯友兰的中国哲学史学以他自己对哲学的理解为认识基础和理论

前提。在冯友兰看来,哲学史是考察哲学发展历史的科学。哲学的发展不同于其他事物或其他学科的发展,这使得哲学史虽属于史学的范围,却有别于一般史学和专门史。哲学史考察历史上哲学的演生和发展,但它本身又不能等同于哲学。哲学不仅需要对哲学史考察,而且需要对人类精神生活进行直接的观察和体验。但是,不论从哪一个层面上讲,理解哲学史和哲学史学,都与对哲学的理解关联,都需要对哲学的性质和内容具有系统深入的了解。冯友兰把哲学理解为"对于认识的认识",认为"哲学是人类精神的反思",这种反思涉及自然、社会、个人,也涉及这三个方面之间的相互关系。这三个方面以及其间相互关系的问题,是人类精神反思的对象,也就是哲学的对象。这种理解使冯友兰认可西方的哲学观念,将历史上形成的宇宙论、人生论、知识论或所谓形上学、价值论、方法论都看做哲学所应包含的内容。肯定哲学作为一种历史的发展的理论形态,其内容的表现形式会有许多差别;但就中西哲学发展的历史和现状来看,其内容乃不外这几个部分。这些内容既相互区别又相互联系,乃至相互引发,相互证成。冯友兰对哲学的理解比胡适对哲学的认识更为系统,也更具理论色彩。对哲学性质和内容的深入了解,对于哲学史研究是十分重要的。只有科学地了解哲学自身的对象和范围,才可能正确地确立哲学史研究的对象和范围。冯友兰之所以能够脱离传统的学术史论研究,写出具有现代学术性质的完整的中国哲学史著作,首先即得益于他对哲学的深入了解,得益于他依据自己对哲学的了解,明确了中国哲学史研究的性质和任务,确立了中国哲学史研究的对象与范围。

对于哲学的对象与性质有了明确的观念,确立了哲学史研究的对象与范围,才可能确立哲学史史料的筛选方法。当年胡适依据自己的哲学史观念,对哲学史史料的审定方法论释很多。胡适认为,历史上各个哲学家的著作是哲学史研究中的"原料",而人们所作的关于哲学家的传记、轶事、评论、学案、书目等,则可以作为哲学史研究的"副料"。胡适当年尤为关注史料的真伪,主张以史事、文字、文体、思想、旁证五个方面的辨析,作为判定史料真伪的证据;把校勘、训诂、贯通看做整理史料的方法。强调必须在史料上存真去伪,形成的中国哲学史才会"使人心服"。

冯友兰理解的哲学史史料的筛选方法则更加集中,也更为贴近中国哲学史研究的实际。冯友兰所强调的是,依哲学的内容确定哲学史的研究对象和范围,由哲学史研究的范围来确定中国哲学史史料筛选的标准。依照这种标准,冯友兰主张,古人著述中所论及的问题在哲学范围之内者,可作为哲学史史料;哲学家在自己的著作中为确立自己的思想理论系统而陈述自己新见解的文字,可作为哲学史史料;一部著作则需有中心的哲学观念才可以作为哲学史史料;以"理智的辩论"的形式系统阐释哲学问题的文献才可以作为哲学史史料;有关叙说哲学家人格的文献才可成为哲学史史料。换言之,不涉及哲学问题,"只述陈言"而无新见的文献,或"无中心观念"的杂家之书,或"片语只句"而对哲学问题无系统论述的文字,皆不可成为哲学史史料。

对于古代哲学史籍的考校,冯友兰的观念与胡适的态度也有所区别。在冯友兰看来,在审定哲学史史料的过程中,对古籍分辨真伪是完全必要的,因为"非如此不能见各时代思想之真目也"。[1] 但是古籍的真伪与其价值并不能等同:"某书虽伪,并不以其为伪而失其价值,如其本有价值。某书虽真,并不以其为真而有其价值,如其本无价值。"[2]在哲学史研究中,伪书只是不能代表其假冒之时代或假托之人的思想,但仍可以作为其产生时代的哲学史料。所以,在审定哲学史史料的问题上,冯友兰不是简单地否定伪书而求哲学史的所谓真实可信,而是主张将其纳入其所产生的时代中去考察,以求哲学史真正可信和真实。可以说,冯友兰对哲学史史料的取舍根据、对哲学史史料评价的标准,都在于他的哲学观念和他对哲学史的理解。这种依哲学和哲学史对象审定哲学史史料的主张,不论从中国哲学史学的角度来看,还是从中国哲学史学科

---

[1]《三松堂全集》第 2 卷,第 258 页。
[2]《三松堂全集》第 2 卷,第 258 页。

史的角度来看,都是很有意义的。因为只有具备明确的哲学和哲学史观念,正确地择取哲学史史料,独立的中国哲学史研究才可能变成现实,也才有可能具体地考察中国哲学历史发展的实际。

依冯友兰的观点,在哲学史研究中考察哲学发展的历史实际,首先是通过对哲学史史料的整理,在文字、义理方面了解历史上的哲学家的思想理论,把历史上不同的哲学家、不同的哲学派别的思想体系有血有肉地描述出来,弄清历史上哲学发展的基本线索、阶段和环节,形成系统的哲学史著作。在这种考察中,冯友兰特别强调中国哲学史研究的特殊任务。冯友兰认为,中国古代的哲学家讲究"文约义丰",这使得中国哲学家很少有首尾贯通的哲学著作和在理论上具备一定形式的思想系统。中国古代哲学家在理论上注重人之是什么,而非人之有什么,这又使得知识论、逻辑学在中国古代哲学中没有得到发展。中国哲学家在论证说明方面缺乏严格的逻辑传统,不如西方哲学家、印度哲学家的论证说明清晰严密,这就要求我们在中国哲学史研究中运用现代哲学分析的方法揭示中国传统哲学的观念、范畴所具有的多层面的语义,进而真实地体会哲学家们的所想、所见、所说,清理出其思想中实际存在的理论系统。冯友兰曾经说过:"讲哲学史之一要义,即是要在形式上无系统之哲学中,找出其实质的系统。"①这种方法,即主要是针对中国哲学史研究而言的。

考察哲学发展的历史实际的另一涵义,是考察哲学发展的客观规律。冯友兰认为,写成的哲学史是对本来的哲学史的描摹。哲学发展的本来的历史,是一种客观的历史存在。在哲学发展的客观历史进程中,一些重要哲学问题的提出,不同哲学流派的形成和演变,都受哲学史发展的客观规律所支配。哲学史研究就是要通过对历史上特殊的哲学家、特殊的哲学思潮进行具体考察,揭示哲学史发展的一般规律。在冯友兰看来,哲学史发展规律有着多种多样的表现形式,具有极其丰富的内容,

---

① 《三松堂全集》第2卷,第252—253页。

只有充分认识这些形式和内容,才可能深刻地了解和揭示中国哲学史发展规律。同认识其他事物一样,人们以不同的视角和方法,不同的形式和内容写成不同的哲学史著作,不断深化对哲学史发展规律的认识,使写成的哲学史不断接近本来的客观的哲学史的实际,但永远也无法穷尽对哲学史发展的认识。哲学史研究需要不断深化,不断发展。这种观念使冯友兰认定:"历史有'历史'与'写的历史'之分,哲学史也有'哲学史'与'写的哲学史'之分。写的历史,与历史既难符合,则写的哲学史,亦难与哲学史符合。……中国哲学史亦只有一个,而写的中国哲学史,则有日渐加多之势。然此人所写,彼以为非,彼之所写,复有人以为非,古之哲学家不可复生,究竟谁能定之? 若究竟无人能定,则所谓写的历史及写的哲学史,亦惟须永远重写而已。"①在冯友兰看来,哲学史研究在辩难中发展,人们不断重写哲学史的过程,既是深化对哲学发展规律认识的过程,也是锻炼自身理论思维的过程。

以上认识,使冯友兰对哲学史研究价值和目的的理解没有停留在胡适的"明变""求因""评判"上,而是主张把哲学史研究与哲学创造结合起来,把哲学史研究作为哲学创造的前提和准备。在冯友兰看来,一个民族的哲学是一个民族文化的最高成就,是一个民族的理论思维的最高发展。民族文化具有时代性,一个民族在不同的时代有不同的哲学,不同的哲学家会有不同的哲学见解。哲学的形式、内容都是多元的。当代的哲学家所确立的哲学,不一定为同一时代所有的人们认同。历史上形成的各种哲学系统,也不会被后人全面否定。实际上,"人类所有之真、善、美,历史上多予以相当的地位。其未得相当的地位者,则多以其不真真、不真善、不真美者也"。② 人们不可能抹煞那些真有理论价值的哲学在其所形成的时代中对人们确立自己的安身立命之地、建设自己的精神家园所产生的影响。因此,一个哲学家要创建自己的思想理论,除了直接地

---

① 《三松堂全集》第 2 卷,第 256—257 页。
② 《三松堂全集》第 3 卷,第 3 页。

观察世界、体验人生之外,还需要广泛地考察历史上形成的各种哲学思想,把哲学史研究作为创建自己哲学理论过程中的一个重要环节。在"五四"以后,冯友兰是较早主张哲学史研究和哲学创造结合的学者,也是较早在研究哲学史的基础上建构自己哲学体系的学者。从方法论的角度来看,冯友兰关于哲学史研究与哲学创造结合的主张,突破了胡适把哲学史研究的目的理解为"明变""求因""评判"的观念,使哲学史研究从史学的层面深化到了理论创造的层面。这种主张,通过对哲学史这一特定领域由史的研究过渡到理论创造的论述,实际上也指出了一条清理传统文化、消亡和转化文化传统、创建新文化的文化建设道路。

冯友兰曾经表示,自己的中国哲学史研究既不同于史学领域的"疑古"论者,也有别于史学领域的"泥古"论者,自己的追求在"释古"。但是,在哲学的历史与历史的哲学这两者之间,自己又更注重哲学。自己对于中国哲学发展历史的考察,对于中国历史上的哲学的解读与诠释,目的都在于建构新时代所需要的哲学理论。因此,在冯友兰的中国哲学史学中,我们透过其哲学史研究应当成为哲学创造的前提的主张,既可以看到冯友兰哲学史方法论中的主体性意识,又可以看到冯友兰对民族哲学的新生乃至民族文化的新生的责任意识。

（三）独特成就与深远影响

冯友兰的中国哲学史学,广泛地吸纳了西方的学术观念和学术方法,又兼顾了中国哲学发展的历史实际,作为一种哲学史方法的理论系统,自成一家之言。20 世纪 30 年代,冯友兰写作《中国哲学史》,虽没有使用唯物史观的词句,实际上却运用了唯物史观的原则。20 世纪 80 年代,冯友兰写作《中国哲学史新编》,借鉴了马克思主义的立场、观点和方法,但强调路要自己走,道理要自己认识,学术上的结论也要靠自己的研究得来;并且声明在写《新编》的时候,"只写我自己在现有的马克思主义水平上所能见到的东西,直接写我自己在现有的马克思主义水平上对于中国哲学和文化的理解和体会,不依傍别人"。① 独立思考,"不依傍别人",营造自身的理论特色和个性,是冯友兰中国哲学史学的一大特征。这种特征使冯友兰的中国哲学史学在中国哲学史学科建设中产生着特殊的作用和影响。

"五四"以后,人们曾以不同的形式和方法研究中国哲学史,成果甚多。仅就方法和形式而言,曾有学者从思想史的角度研究中国哲学史,这种研究将中国哲学思想作为中国思想史的一个组成部分,而不是将中国哲学史作为一个独立的学科;有学者以史评的方式研究中国传统的学术思想,评析诸子,内容也涉及对中国古代哲学的评断;有的学者专做有关哲学著作的考校、辨证、发微之类的工作,积累了很多认识成果,形成了中国哲学史研究中的史料学派;有的学者以哲学问题为纲,清理中国哲学的历史线索和发展脉络,写出了中国哲学问题史性质的著作;也有学者从哲学史的角度对历史上的哲学作专人、专题、专书、专段方面的研究,形成了断代史或专论式的中国哲学史研究成果。但是,更多的学者是从哲学发展史的角度研究中国哲学史,致力于独立的中国哲学史学科建设,通过清理中国哲学发展的历史线索,探寻中国哲学史发展的一般规律,形成通史性质的中国哲学史著作。应当说,不同形式的中国哲学史成果,在中国哲学史学科发展中都有其价值;在不同形式的中国哲学史研究中形成的不同的哲学史方法,都是中国哲学史学的组成部分。但也应当肯定,从哲学发展史角度研究中国哲学史,在"五四"以后的中国哲学史研究中居于主流地位,而冯友兰当是这一派学者中最主要的代表人物。美国华裔学者傅伟勋曾经认为,冯友兰《中国哲学史》一书,"始于孔子,终于清末康有为、廖季平等人的今文经学,乃是我国第一部完完整整的中国哲学史书。换句话说,冯友兰在中国学术界是真正具有'哲学史家'资格的第一人"。② 傅氏的这一论断是符合历史实际的。冯友兰作

---

① 冯友兰《三松堂全集》第 8 卷,郑州:河南人民出版社 1991 年版,第 4 页。
② 傅伟勋《冯友兰的学思历程与生命坎坷》,《当代》1987 年第 14 期。

为中国现代学术史上具有哲学史家资格的第一人,对于中国哲学史研究的原则和方法的理解,实际上引导着"五四"以后中国哲学史研究中一种最基本的研究形式和发展方向,这种研究形式和发展方向所追求的,是参照西方的哲学观念,系统清理中国哲学发展的历史线索和固有传统,在消化中国哲学传统的基础上,融会中西,建立独立的哲学思想体系,求取民族哲学的新生,从独特的层面上追求民族文化的现代化。应当说,在中国哲学史学的理论系统中,这种哲学史方法是一种最有实践价值和发展空间的方法,也应当是中国哲学史研究发展的基本方向。

在中国大陆学者中,沿着这一中国哲学史研究的方向,在学术工作中卓然成家者还有张岱年、冯契。张岱年20世纪30年代写成的《中国哲学大纲》,以哲学问题为线索,叙述中国哲学发展的历史进程,考察中国哲学思想的演变,实际上也是一部中国哲学史。张岱年在写作《中国哲学大纲》的基础上,又先后写成过《哲学思维论》《知实论》《事理论》《品德论》《天人简论》等哲学论著,探讨真善问题,从而构成了有别于熊十力、金岳霖、冯友兰诸家之学的哲学体系。冯契也有自己的哲学史著作和哲学著作,建构了自己的哲学思想体系。张岱年的哲学史著作注重对中国传统哲学的概念、范畴、问题的分析,冯契的哲学史著作则重视论释中国古代哲学发展的逻辑。张岱年、冯契研究中国哲学史的方法虽有所区别,但他们在哲学史研究和哲学创造活动中的基本方式和思路是一致的。他们都意识到,不研究哲学史,哲学的创造缺乏历史的依据和动力;不进行哲学的创造,对于哲学问题没有自己的见解,很难理解历史上形成的各种哲学理论的义蕴。冯契是清华大学哲学系出身,张岱年曾在清华大学任教,他们的哲学史方法意识实际上都受到过冯友兰的影响。港台地区的唐君毅、牟宗三等学者,也是通过哲学史研究建立自己的哲学思想体系的。唐君毅主张以崇敬之心契合古代哲学家的思想,牟宗三则通过考辨宋明儒家的心体生体观念建构自己的道德形上学。虽然唐、牟一类学者批评冯友兰的中国哲学史研究方法有"先怀成见"之"病",但就他们学术活动的方式和方向而言,大体上也在冯友兰主张的范围之内。

海内外学术界对冯友兰中国哲学史研究方法,不论是褒扬还是贬抑,实际上都凸现了冯友兰中国哲学史学的影响,都反映了冯友兰的中国哲学史学在现代学术史上的价值。

第三节 方东美的比较哲学

一、生平著述

方东美(1899—1977),原名珣,字德怀,后改字东美,以字行。安徽桐城人。1917年入金陵大学攻读哲学。1921年赴美留学,先入威斯康星大学,研究柏格森,喜爱生命哲学,获哲学硕士学位。后学界流行新实在论,对大陆理性主义哲学颇多嘲讽,他不随波逐流,人云亦云,而是逆流而上,誓要厘清时处于"冷门"的黑格尔哲学,于是转至俄亥俄州立大学,学习了一年左右。在对新实在论和大陆理性主义哲学都深入了解之后,方东美重返威斯康星大学,1924年以《英美新实在论之比较》一文获得博士学位。回国后,方东美历任武昌高等师范大学副教授,东南大学、中央政治学校、中央大学教授。1947年夏赴台湾,先后任台湾大学、辅仁大学教授。1964年后在美国讲学两年,深感"青年由文字起,到思想习惯都有一种内在的贫乏症",[1]"于是放下一切西洋哲学的课程,改教中国哲学"。[2] 先后讲授《原始儒家道家哲学》《中国大乘佛学》《华严宗哲学》和《新儒家哲学十八讲》,并用维多利亚式的典雅英文撰写《中国哲学精神及其发展》。1977年7月13日,方东美在台北病逝,享年79岁。方东美融贯中西哲学,会通古今文化,文辞典雅,气势磅礴,著有中英文作品400多万言,被当代哲学界誉为"一代诗哲"。他的著作后由傅佩荣等人整理,编为《方东美全集》,由台湾黎明文化公司于2005年出版。

---

① 方东美《原始儒家道家哲学》,北京:中华书局2012年版,第3页。
②《原始儒家道家哲学》,第4页。

（一）锋芒初露现棱角

方东美"三岁读《诗经》,在儒家的家庭气氛长大",[1]"幼年每值除夕,辄宵坐聆意瑰兄(即二哥方义怀)议论今古,达旦不寐"。[2] 良好的传统文化根基,使方东美少年时倔崭露头角,"他的作文经常被评为全年级第一,甚至在整个桐城中学都享有盛名,作为范文宣读"。[3]

1917 年,方东美考入金陵大学,1918 年升入文科哲学部,开启了他的哲学生涯。金陵大学是一所教会学校,肩负着传教布道的使命,所以学生除了要遵守普通大学的校纪校规之外,还要遵守一些类似传教士的清规戒律,特别是每逢周日,师生们都要去教堂做礼拜。这对于天资聪颖、生性活泼的方东美,未免有些束手束脚,但他很会利用这些枯燥乏味的时间,他后来说:"我的《红楼梦》《三国演义》《水浒传》……都是在教堂里面做礼拜的时候偷偷读完的哩!"[4]但他偷看小说被训导长抓住,差点因此被开除,幸好遇到一个思想开明的汉密尔敦教授为他仗义执言,才让开除一事不了了之。此后方东美也开始反省自己,不再张扬小聪明,收敛起调皮活泼的性情,全心全意地投入学问之中。没过多久,方东美就凭出色的才华被选为金陵大学学生自治会会长、金陵大学学报总编辑。在此期间,时逢五四运动的风潮,少年中国学会成立。方东美不但加入少年中国学会,而且担任该学会刊物《少年中国》的主编。方东美的撰稿很有学术性,他先后发表了《博格森生之哲学》《唯实主义的生之哲学》《詹姆士底宗教哲学》等论文,还翻译了《一九一九年之俄罗斯》《罗素眼中苏维埃的俄罗斯——一九二○》等文章。这些文章,一方面表明方东美早年偏爱西方哲学,另一方面也体现出方东美对时局变化的关注。有了扎实的学术根基,1920 年夏,胡适的老师、美国实用主义哲学家杜威到南京讲学的时候,方东美便能从容不迫地在南京欢迎会上致辞。而这

---

[1]《原始儒家道家哲学》,第 1 页。

[2] 方东美《坚白精舍诗集》,北京:中华书局 2013 年版,第 73 页。

[3] 秦平《大家精要·方东美》,昆明:云南教育出版社 2008 年版,第 8 页。

[4]《大家精要·方东美》,第 15 页。

一年,方东美年方 21 岁。也在这年,方东美在中华书局出版译著《实验主义》,以优美流畅的中文译介了实用主义的基本思想。

(二) 负笈海外求学理

1921 年,方东美从金陵大学毕业。这时候的少年中国学会,政治意味变得越来越浓,这使以学术为重的方东美感觉越来越隔膜。时逢金陵大学推荐方东美到美国读研究生,于是他暂时离开喧嚣的政治环境,到威斯康星大学安安静静地研究学问。

留学期间,方东美主要受了三位哲学家的影响。其一是罗素。方东美在威斯康星大学就读期间,时逢罗素前来讲学。在讲座开始前的空闲时间,方东美和一些中国留学生前去拜访罗素,罗素也正筹划写作《中国问题》,看到这些年轻的中国留学生,正好就一起讨论《中国问题》中的一些论题,大家兴致很高,相谈甚欢,以至忘记了讲座开始的时间。1922 年罗素出版《中国问题》,一扫西方人关于中国人落后、愚昧的偏见,他说:"中国人摸索出的生活方式已沿袭数千年,若能够被全世界采纳,地球上肯定会比现在有更多的欢乐祥和。然而,欧洲人的人生观却推崇竞争、开发、永无平静、永不知足以及破坏。导向破坏的效率最终只能带来毁灭,而我们的文明正在走向这一结局。"①罗素一方面是肯定了中国传统文明,另一方面则是批判了近代西方文明,这样的观点对方东美的影响深远,尤其是方东美晚期的作品,对近代西方文明的负面性有更加深刻的体认和反思。

其二是柏格森,这也可以说是罗素带给方东美的影响。罗素对柏格森的哲学非常重视,一方面不厌其烦地介绍柏格森的思想,另一方面则用俏皮的言辞对柏格森进行挖苦讽刺。方东美在金陵大学期间,便已经接触过柏格森的哲学,还撰写《博格森生之哲学》一文,字里行间对柏格森的哲学推崇备至。如今遇到自己钦佩的哲学家罗素似乎对柏格森哲学不以为然,究竟孰是孰非,这激起了方东美极大的兴趣;加之方东美的

---

① [英]罗素《中国问题》,秦悦译,上海:学林出版社 1996 年版,第 7—8 页。

导师的研究兴趣恰好就是柏格森和怀特海,所以,弄清楚柏格森的思想成为方东美非常重要的学术任务。经过一年多的研究,方东美发现柏格森哲学是一种生命哲学,其思想强调的是生命及其创化,天地宇宙,万物众生,都是生命创化的结果。世界的究竟真实不是物质,也不是精神,而是生命的绵延,即不可遏止、不可预测的生命的冲动。对于生命及其冲动、创化,不能用理性分析、科学研究的方法,而要借助直觉、体悟,在自我与宇宙生命的契合之中,用心感受那磅礴融贯的生命之美。柏格森的这种哲学,在主张逻辑实证主义的罗素看来当然是荒诞不经的,充其量"是一种诗意作品,基本上既不能证明也不能反驳",[①]但对于从小浸淫于中国古典文化的方东美来说,柏格森的这种思维方式和哲学思想,实在是再亲切不过了。儒家的生生之德,道家的物化坐忘,佛教的圆融无碍,乃至中国的园林园艺、绘画音乐、各体文学都"一一深迥宛转,潜通密贯,妙合中庸和谐之道本"。[②] 在方东美看来,柏格森的生命哲学绝不是肤浅的"诗意作品",而是代表着生命的情感与理趣的智慧。所以,柏格森对于方东美是同道,是知音,是曲尽余意,是心有戚戚。难怪他的硕士论文《柏格森生命哲学之评述》写得酣畅淋漓,得心应手,令导师麦奇威教授看后击节称叹,交给众教授和学生们传阅。

其三是黑格尔。柏格森的生命哲学是一种典型的非理性主义的哲学,而理性恰恰是黑格尔哲学的主题。一种主张生命冲动和创化的哲学,和一种主张绝对精神以"正反合"的内在逻辑、严谨有序地变化生成的哲学,必然是水火不容的。批判黑格尔是柏格森的论题之一。方东美研究柏格森,看到不少批判黑格尔的言辞,他并没有轻信柏格森,而是抱持存疑的态度。时逢美国哲学界被新实在论、逻辑实证主义等风潮所笼罩,业内人士对黑格尔哲学大多有些讳莫如深,连方东美的导师麦奇威教授也是如此,他是黑格尔哲学的权威,师生也多次请他讲授黑格尔,但

---

① [英]罗素《西方哲学史》(下),马元德译,北京:商务印书馆1976年版,第402页。
② 方东美《生生之德:哲学论文集》,北京:中华书局2013年版,第116页。

他都予以谢绝,避而不谈黑格尔,这样的情形反倒更加激起方东美对黑格尔的兴趣,他申请转学俄亥俄州立大学,为期一年,跟随雷敦教授研究黑格尔。这一年的研究,让方东美对黑格尔哲学有了深入的了解。他认为,黑格尔哲学是一种"系统哲学",其特点在于"宇宙的结构是交融互摄、不可分割的整体","广大悉备的系统","流衍发舒、次等增进,最后乃能臻于纯真、完善与美妙"。① 对于黑格尔是"历史上僵萎的陈迹"的说法,他认为是"大谬不然"。② 在他看来,"不甚可信,但却可爱而又可憎,这便是黑格尔的系统哲学"。③ 黑格尔的哲学对方东美颇有影响,在哲学风格上,他同黑格尔一样,有一种旁通统贯、广大悉备的气势磅礴之感;在哲学进路上,他评价黑格尔是"引演理念,辗转变化,兜绕一个大圈子依旧回到原处",④"大圈套小圈之连环式哲学系统"。⑤ 而方东美自己的学生傅佩荣也如此评价:"方先生对于'哲学'这门学问,包括中国的、西方的、印度的,在他三十余岁的青年阶段就已经悟得清晰的定见。正是'得其环中,以应无穷',宛如同心之圆,其范围可以无限扩大,'万变不离其宗'。"⑥

方东美完成黑格尔哲学的研究之后,重返威斯康星大学,一年后完成了博士论文《英美新实在论之比较研究》。此番留学,给方东美打下了扎实的西学功底,加之此后方东美长期讲授西方哲学,令他在西学方面有极为深厚的造诣。唐君毅曾受教于方东美,他多次感叹道:"中国人中真正搞通西洋哲学的,只有方先生!""当世能通透东西哲学者,吾师以外亦无第二人。"⑦

---

①《生生之德》,第 130—131 页。
②《生生之德》,第 133 页。
③《生生之德》,第 202 页。
④《生生之德》,第 201 页。
⑤《生生之德》,第 203 页。
⑥ 傅佩荣《广大和谐的哲学境界——〈方东美全集〉校订版介绍》,方东美《生生之德》,第 1 页。
⑦ 转引自孙智燊《述小事,怀大哲:东美先生逝世三十周年纪念》,《传记文学》第 90 卷第 6 期,台北:传记文学出版社 2007 年。

(三)比较哲学论东西

自 1924 年回国之后,方东美先后任国立武昌高等师范大学副教授、东南大学教授、中央政治学校教授、金陵大学教授、中央大学哲学研究所所长、台湾大学教授等职。在 1927 年,方东美完成了第一本专著《科学哲学与人生》的前五章。这本书是对 1923 年科学与玄学论战的回应,也是系统性地梳理西方科学与哲学的源流和历史变迁,试图剖析科学与哲学的内在关系,并对人生给予启示。这是方东美对西方哲学的第一次总结,也是方东美第一次提出自己的哲学体系的基本范畴——理与情。此书虽然是处女作,但视域极其开阔,论辩鞭辟入里,尤其是立足历史材料,揭示科学与哲学的相互关系的流变的研究方法,早已超出了同时期一些论者以东西方民族文化心理为基准的见地。

1931 年,方东美在中央大学校刊《文艺丛刊》第一卷第一期发表论文《生命情调与美感》。这是一篇文辞华丽,兼具哲理与诗意的奇文,堪为方东美比较哲学的代表作。在这篇文章里,他先是以戏场为喻,从多个角度展示了希腊人、近代西洋人和中国人这三种生命情调。如"场合",希腊人是雅典万神庙,近代西洋人是哥特式教堂,中国人是深山古寺;又如"主角",希腊人是爱婆罗(今译阿波罗),近代西洋人是浮士德,中国人是诗人词客。[1] 接着又从宇宙、空间、时间等角度仔细分析这三种不同的生命情调。方东美说:"希腊人之宇宙,一有限之体质也;近代西洋人之宇宙,一无穷之体统也;中国人之宇宙,一有限之体质而兼无穷之'势用'也"。[2] 在分析了这三种生活情调之后,方东美接着又比较了道家、儒家与杂家的宇宙观,并指出儒道的宇宙观"多系于艺术表情之神思",[3]杂家之宇宙观"囿于阴阳五行之辙迹";[4]前者本形上,后者执形下;前者表显艺术神思之情蕴,是睿智大慧,后者如有科学,殊觉浅近庸俗。总体而

---

[1]《生生之德》,第 91 页。
[2]《生生之德》,第 101 页。
[3]《生生之德》,第 101 页。
[4]《生生之德》,第 101 页。

言,方东美颇为偏爱以儒道为主的中国人的生命情调,主张"于诗意词心中求之,始极其妙",①寓诸艺术神思,"苟有浓情,顿成深解"。而希腊人、近代西洋人的生命情调寄于科学理趣,贵在几微密察,必有数焉。从内在脉络来看,方东美仍然是延续《科学哲学与人生》的情与理的基本范畴,中国人重在情;希腊人、近代西洋人重在理。

1936 年,《科学哲学与人生》正式印行,与 1927 年手稿相比,多出了《生命悲剧之二重奏》一章。之所以谈起了悲剧,方东美说:"乾坤一戏场,生命一悲剧! 平时最服膺此两句名言。……前所称述之宇宙人生——'情理集团'——便是悲剧的合唱。"②也就是说,这里的悲剧不是指具体的戏剧,而是宇宙人生的情理矛盾纠缠,仍然是探讨科学、哲学与人生的关系。

此文比较了两种悲剧,"一种是不能从心所欲;一种是从心所欲"。古希腊虽然科学不及近代,但其是从心所欲的悲剧,因为古希腊人有波澜壮阔的生命情调,"不时以热情点染万类,使世界之存在呈露纯美的征象"。③ 而近代欧洲则是"不能从心所欲"的悲剧,因为近代欧洲"根本动机常是科学的,不免带些冷酷劖刻的意味",④蕴藏着一种"进取的虚无主义"的趋势,"人类无端掀起大惑昏念,猖狂妄行,处心积虑要鼓舞魔力来破坏宇宙,摧毁生命,结果宇宙真个倾覆幻灭,趋于虚诞,人生真个沈沦陷溺,廓落无容",⑤这一悲剧的典型就是浮士德。方东美说:"《浮士德》简直是近代欧洲生活的实录。……他所代表的就是近代人的全盘诱惑,千端万绪,百折入迷,醇酒、妇人、世宙的苦闷、超人的热望,几于无奇不有。……浮士德的悲剧乃是近代人的悲剧。唯理主义、怀疑主义、实在主义,展转递变,到头仍是悲剧。……理智是近代人所怀的鬼胎,他们的

---

① 《生生之德》,第 105 页。
② 方东美《科学哲学与人生》,北京:中华书局 2013 年版,第 173 页。
③ 《科学哲学与人生》,第 182 页。
④ 《科学哲学与人生》,第 182 页。
⑤ 《科学哲学与人生》,第 202 页。

致命伤也就是纯粹的理智。"①这篇文章延续了对近代西方文明的批判意识,对其负面性有更具体细致的剖析。

1931 年始,日军对中匡的威胁和侵扰日趋严峻。1937 年,日军吞灭中国的野心已暴露无遗,全民抗战即将发动。4 月,应国民政府教育部之邀,方东美先后八次,每次二十分钟,通过广播电台向全国中学生倾心谈论中国人生哲学。同年五六月由商务印书馆印成《中国人生哲学概要》,免费分赠全国中学生,这是方东美回国以后第一本以中国哲学为主题的著作。该书对中国的人性论、生命精神、道德观念、艺术理想、政治信仰做了简明扼要的介绍,并对现代中国青年提出了殷切的期望。在这本书里,方东美仍然采用比较哲学的方法,他指出,希腊的天人关系是部分和全体的配合和谐;欧洲的天人关系是二元或多端的敌对系统;中国的天人关系是"彼是相因"的交感和谐。② 在这三种哲学里,方东美对中国哲学盛赞不已。他认为,希腊人把天视为宇宙的全体,人视为宇宙的局部,人寄生于宇宙中,便自不能浃万化而生善行,所以希腊人要想趋向至善之境,非脱离现实的物质世界不可。③ 欧洲人是天人敌对,天之美德,人不能共有,人之善行,天不能同情,人生天地间,其善不能与天地继承不隔,这种观念更容易转移到人生上,引起人与人的抗衡、敌对,滋生纷争,消灭同情,引发许多霸道的观念。④ 至于中国人,"拿我们的学说来和希腊、欧洲的比较,我们不妨确实肯定地说:我们的宇宙是最好的宇宙,我们的生命是向善的生命。任何宗教的冥想,不能使我们舍弃宇宙的价值;任何科学的推论,也不能使我们否认人生的意义"。⑤ 尽管中国哲学弥足珍贵,方东美也指出:"古人的思想无论如何优美,只能拿来做种子,种子之可贵在发育新芽,生生无已。……中国目前学术文化所以极端贫

---

① 《科学哲学与人生》,第 203—204 页。
② 方东美《中国人生哲学》,北京:中华书局 2012 年版,第 33 页。
③ 《中国人生哲学》,第 38 页。
④ 《中国人生哲学》,第 39 页。
⑤ 《中国人生哲学》,第 39 页。

乏，就是因为数百年来，我们民族不自奋发，老是因循苟且，坐吃先哲的精神遗产，不肯日新旧德，努力创造，结果在学术文化上，竟由富家子弟的资格，一变而为思想的乞丐，这是何等可耻！"①青年人要守先待后，既要了解敌人的哲学，更须肯定自己的哲学，启发更伟大的哲学思想新潮，提升宇宙生命的价值和意义。

1937 年，方东美在南京出席中国哲学会第三届年会，会上发表《哲学三慧》一文，这是方东美最著名的比较哲学的代表作。这篇文章延续了《生命情调与美感》《生命悲剧之二重奏》的观点，但在文字形式上独树一帜，采用了类似佛经的风格，同时兼取莱布尼兹和维特根斯坦的写作手法。所谓哲学三慧，指的仍然是希腊人、欧洲人和中国人。方东美说："希腊人以实智照理，起如实慧"，"欧洲人以方便应机，生方便慧。形之于业力又称方便巧"，"中国人以妙性知化，依如实慧，运方便巧，成平等慧"。② 对于这三慧，方东美认为各有所长："希腊如实慧演为契理文化，要在援理证真。欧洲方便巧演为尚能文化，要在驰情入幻。中国平等慧演为妙性文化，要在挈幻归真。"③但也各有所短：希腊"遗弃现实，邻于理想，灭绝身体，迫近神灵，是以现实遮可能，觉此世之虚无，以形骸毁心灵，证此生之幻妄"；④欧洲"义取二元"，"不尚和谐"，"深中理智疯狂，劈积细微"；⑤中国"只图引归身心、自家受用，时或不免趋于艺术诞妄之说，囿于伦理锢蔽之习，晦昧隐曲，偏私随之"。⑥ 方东美把智慧看成一个整体，三家都是智慧之现行，正如佛教所说的种子与熏习的关系，各创智慧之殊相，并无高低贵贱之分。但"民族之气运有盛衰，哲学之潮流有涨落，盛衰涨落均非依稀怳惚，出于偶然。当其盛且涨也，人人服膺哲学之胜情至理；当其衰且落也，人人坠入无明之迷途。坐是之故，民族生活可

①《中国人生哲学》，第 68—69 页。
②《生生之德》，第 111 页。
③《生生之德》，第 112 页。
④《生生之德》，第 119 页。
⑤《生生之德》，第 119 页。
⑥《生生之德》，第 125 页。

划分哲学鼎盛期与哲学衰微期"。① 方东美的意思很清楚，哲学类似一个生命体，有其兴衰之周期。今日之东西文化，并非优劣之分，而是兴衰之别。即便处于兴盛期的欧洲文化，在方东美看来，其负面性也不容忽视。对于这三种文化，方东美主张"一者自救，二者他助"，②并呼唤超人的降临，"当以希腊、欧洲、中国三者合德所成就之哲学智慧充实之"，③体现出一种兼容并包、转化超越的精神。

抗战开始之后，方东美跟随中央大学迁至重庆，任中央大学哲学研究所所长，主要讲授西方哲学，被学生戏称为"当代黑格尔"。在 1944 年，印度派遣一支文教代表团来中国访问，领队是哲学家拉达克里希南博士。他来到中央大学，特意访问了介绍和讲授西方哲学多年的方东美。拉达克里希南博士提出了一个问题："请问从中国人的哲学立场来看，你们对目前西方所介绍的中国哲学是否感到满意？"这个问题引起了方东美的深思。他多年传播和研究西方哲学，力求精准、严谨，且国内研究西方哲学的学者也为数不少；西方虽说也有学者研究和介绍中国哲学，但由于对中国的思维方式、语言文字的理解尚不够妥帖，他们在介绍中国哲学时，总是隔了一层，"表面上看来都言之有物，令人目眩，对那些爱赶时髦的人尤具吸引力；然而真正的'中国心灵'却很少有人触及。……如果面对中国的慧心，西方世界只以俗眼来看，那自会视而不见，错误百出"。④ 方东美于是回答："西方学界介绍中国哲学的情况让人颇不满意！"拉达克里希南于是建议方东美不如自己亲自著述，以英文向西方世界介绍中国哲学。拉达克里希南的建议意味深长，方东美也有强烈的责任担当意识，他决定要以典雅的英文向西方世界传播中国哲学，这方面的成果就是他于 1956 年以英文写成的《中国人的人生观》以及 1976 年再度以英文写成的《中国哲学精神及其发展》。

---

① 《生生之德》，第 117 页。
② 《生生之德》，第 126 页。
③ 《生生之德》，第 127 页。
④ 《中国人生哲学》，第 79 页。

抗战胜利后,方东美返回南京,但此时的南京让他觉得纷纷扰扰。一是民众间的不和谐。抗战期间,留守沦陷后的南京的民众经受了国耻大辱,不得已受制于伪政府。但现在抗战胜利了,原本逃难于后方的人回到了南京,有些人不但不同情这些在沦陷区遭受屈辱的民众,反而以胜利者的姿态凌驾于沦陷区民众之上,动辄以"伪人民""伪学生"加以讥讽。方东美对此大为不满,怒斥这些人自己安居后方,罔顾沦陷区民众的屈辱,回南京后还伤害沦陷区民众的情感。二是新一轮的争权夺利。战火方息,四海未平,国民党的许多官员就开始结党营私,钩心斗角。三是内战的阴影。外敌已退,内战将至,国内的政治气氛日趋紧张,大有剑拔弩张之势。这样的南京,让向来坚持纯学术立场的方东美难以静心。

1947 夏,国民政府请方东美前往台湾巡回演讲,为期一个月。1948年 9 月,国民党在内战中急遽失利,方东美遂决定举家迁往台湾,后任台湾大学哲学教授。1955 年,方东美兼任台湾师范大学和台湾东吴大学教授。1959 年秋,方东美赴美讲学。1960 年,在美国密苏里大学任客座哲学教授时,应邀在欧波林学院之神学研究院作英文演讲《从比较哲学旷观中国文化里的人与自然》。这篇文章仍然是比较中西文化,不过较之以前的文章,对中国文化更为推崇。方东美认为,西方思想的特性是"逻辑化清晰的分离型",[1]使得人与自然、人与宇宙之间产生一种人为的分隔和对立,往往将自然视为物质素材、罪恶渊薮和机械秩序;而对于中国人的心灵来说,自然是最亲切的。当然,西方人也有近似中国哲学的观点,把自然当做拟人化的母亲,具有无限力量的无限本质。中国哲学是融贯主义,人与天地、性与道都是统一的,天具有无穷的生力,道是发挥生力的完美途径,性是具有无限的潜能。由于人参赞天地之化育,所以他能够体验天和道是流行于万物所共禀的性分中。[2]

回到台湾大学之后,方东美开始为学生系统地讲授中国哲学,在接

---

[1]《生生之德》,第 215 页。
[2]《生生之德》,第 225 页。

下来的几年里,讲授了原始儒家、原始道家、魏晋玄学、隋唐大乘佛学等课程。尤其是 1966 年 10 月起,方东美三度系统讲授中国哲学,对中国哲学进行了全面的总结。他提出中国哲学思想主要有四大传统——原始儒家、原始道家、大乘佛学和宋明理学。他对《论语》提出了批判性解读,反对仅仅以《论语》作为研究孔子思想的唯一可靠材料,主张儒家思想传统有二:一是《尚书·洪范》中的"皇极"构建了一套永恒哲学;二是《周易》提供了一套变易哲学。这两者较之《论语》更具有形上学的意味,既有本体论,也有价值论。方东美还旗帜鲜明地反对"道统",主张"学统","空喊道统,不能挽救国家的危亡。南宋如此,明代如此,今日亦复如此。真正能挽救国家的危亡、维护文化之传续的,是真正的学术精神及充实的学术内容。"①

总之,在动荡不安的 20 世纪,方东美是一位比较专注于学术的思想家。虽然蒋介石将他视为老师,但他对政治运动、党派纷争往往抱着超然态度,坚持在书斋中寻找自己的宁静。方东美的诗集名曰《坚白精舍诗集》,其中的"坚白"就取自《论语·阳货》"不曰坚乎,磨而不磷;不曰白乎,涅而不缁",意在坚持自己高洁的品行和操守,坚信独立思考不会受世俗的侵扰。方东美的精神历程由西方逐渐转回东方,由原始儒道哲学而通达整个中国哲学,既不拘于门户之见,也不囿于自我创识,倡导一种层层上跻、步步升进的趋越精神,充分践行了他所提倡的"学统"。方东美曾自我评价道:"在家学渊源上,我是个儒家;在资性气质上,我是个道家;在宗教欣趣上,我是个佛家;此外,在治学训练上,我又是个西家。"②刘述先说:"东美师最大的贡献是在给人一种精神上的提升和启迪。听他的演讲,读他的文章,一方面令人陶然忘我,趣入玄机,另一方面却也刺激人的思想,逼人作进一步的探索,不容停歇。"③在 20 世纪中国思想

---

① 方东美《新儒家哲学十八讲》,北京 中华书局 2012 年版,第 15 页。
② 方东美《中国哲学精神及其发展》,孙智燊译,北京:中华书局 2012 年版,代序第 2 页。
③ 景海峰编《儒家思想与现代化——刘述先新儒学论著辑要》,北京:中国广播电视出版社 1992 年版,第 325 页。

界,方东美有着重要的地位。从哲学方面来看,他的生命哲学以及由此生发的中西比较哲学是最具有独创性的成就。

二、生命哲学

比较哲学既是方东美哲学思想的主题,也是构建其哲学体系的方法。当然,方东美早期也是从具体个案入手,如 1920 年发表的《博格森生之哲学》《唯实主义的生之哲学》,1921 年发表的《詹姆斯底宗教哲学》,以及 1922 年的硕士论文《柏格森生命哲学评述》。从这些文章,我们都可以看出方东美治学的方法和兴趣是西方近现代哲学的具体个案。但是到了博士论文时,方东美就不满足于这种个案分析了,尽管今天我们无法看到他的博士论文的内容,但从题目《英美新实在论之比较研究》来看,他的治学的方法和兴趣已经是纵横比较了。

到了《科学哲学与人生》,这种比较的方法运用得更加娴熟,视野也扩展到从古希腊到近代的哲学史、艺术史和科学史;而到了《生命情调与美感》,方东美第一次突破西学研究的范围,将中国人与希腊人、近代西洋人并列,真正开启了中西比较哲学的治学之路。而此后的《哲学三慧》(1937 年)、《中国人的人生观》(1956 年)、《从比较哲学旷观中国文化里的人与自然》(1960 年)、《中国形上学中之宇宙与个人》(1964 年)、《中国哲学之精神及其发展》(1976 年)等,都或是采用中西比较哲学的方法,或是以中西比较哲学为主题。而要理解方东美在比较哲学中的褒贬立场,就要把握其衡量的标准,这就需要走进方东美的生命哲学。

方东美对宇宙人生有独特的看法,他将之概括为"宇宙人生是一种和谐圆融的情理集团"。[①] 在《哲学三慧》中,他开篇即明此态度:"太初有指,指本无名,熏生力用,显情与境。"[②]情境就是宇宙的表现,因此作为透悟宇宙人生的哲学,就必须面对情与境。而在《生命情调与美感》中,他

---

① 《科学哲学与人生》,自序第 1 页。
② 《生生之德》,第 110 页。

把心、情与宇宙、生命联系在一起:"宇宙,心之鉴也;生命,情之府也;鉴能照映,府贵藏收,托心身于宇宙,寓美感于人生,猗欤盛哉。"①在方东美看来,生命与情感直接相关,所谓"府贵藏收",意思很清楚,生命之可贵在于保藏情感;而人生于宇宙是追求两者,一是把身心与宇宙合一,二是追求以情为本的充盈美感。

对于生命,除了与人生关联在一起,方东美还从宇宙创化的本身来谈及其本体地位:"中国人的宇宙不仅是机械物质活动的场合,而是普遍生命流行的境界。这种说法可叫作'万物有生论'。世界上没有一件东西真正是死的,一切现象里边都藏着生命。"②"宇宙根本是普遍生命之变化流行,其中物质条件与精神现象融会贯通,而毫无隔绝。"③也就是说,没有纯粹的物质或精神,宇宙的存在和变化是普遍生命的流行,万事万物背后的究竟真实就是生命。

这种观点在方东美晚年的《中国哲学精神及其发展》中表述得更清楚:"宇宙太初原始阶段之'本体',实乃万有一切之永恒根本(寂然不动);然自宇宙生命之大化流衍行健不已而观之,'本体'抑又应感而动,元气沛发,遂通万有,弥赞一切,无乎不在,无时或已(感而遂通)。本体实性,则渗入功用历程(即用得体)。……如是,本体现象,契合无间,形上形下,澈通不隔。"④方东美这里说的"本体",就是"宇宙生命",它是宇宙万物的根本所在,无论发生什么变化,它都始终存有,故其一方面表现为永恒;它又不是静止不动的,它具有取之不尽用之不竭的元气,它会孕育万物,它周流不息,故其另一方面表现为变易。

这种普遍生命,方东美认为具有"五义":(甲)育种成性义,即生命的不断繁衍和更新;(乙)开物成务义,即生命不断创造新的意义与价值;(丙)创造不息义,即生命对理想境界奋斗不息,不断超越;(丁)变化通几

---

① 《生生之德》,第89页。
② 《中国人生哲学》,第18页。
③ 《中国人生哲学》,第19页。
④ 《中国哲学精神及其发展》,第22页。

义,即生命之变化是无穷无尽,富有机趣;(戊)绵延长存义,即生命是永无尽头的历程,总会重新发扬新的生机。① 这五义,归结起来,就是方东美特别推崇的《周易》的精神——生生之德。

普遍生命,除了是不断地生成创化的变化过程,还蕴含着价值理想。方东美说:"中国向来是从人的生命来体验物的生命,再体验整个宇宙的生命。则中国的本体论是一个以生命为中心的本体论,把一切集中在生命上,而生命的活动依据道德的理想,艺术的理想,价值的理想,持以完成在生命的创造活动中。"②一方面,方东美把宇宙万物看做是生命的创化流衍,另一方面,方东美反对把生命看做是中立的,认为其具有内在价值。在他的著作里,他多次批判近代西方的科学导致生命,尤其是人的生命的矮化、中立化。如他在《当前世界思潮概要》中归纳了近代西方的"四大打击":一是天文学的打击,把人类降为微不足道的地位;二是生物学的打击,把人类的祖先归之于禽兽,而不是所谓的灵长;三是心理学的打击,把人降为下意识里的本能与冲动;四是社会学的打击,通过阶级斗争,取消家庭乃至国家。③ 虽然方东美详述了这四大打击,但实际上远远不限于这些打击,他感叹道"做一个现代人真是无处不受打击,无处不成为问题"。④ 他引用怀特海的话说:"但是到了今天,有许多科学家好像存心蓄意的用尽他科学上面的一切研究来证明人生好像是没有意义的、没有价值的。……假使科学走上这一条路的话,那么不仅仅是人类的危机,而且连科学家本身存在的意义和价值也成了问题。"⑤

对于近代西方导致的这种生命价值的危机,方东美提出,不能从"平面心理学"看人,如此看到的人性"只被看成是新的原子构造的集结体,就是彷佛水下面这种沙,集结起来的一个机械的组合体,毫无意义,毫无

---

① 参见方东美《中国哲学精神及其发展》,第 108—109 页。

② 《原始儒家道家哲学》,第 146 页。

③ 参见《方东美先生演讲集》,北京:中华书局 2013 年版,第 193—197 页。

④ 《方东美先生演讲集》,第 197 页。

⑤ 《方东美先生演讲集》,第 197 页。

价值"。① 也不能从"深度心理学"看人,因为"是透过理性的光明表面去看他含藏在后面、见不得人的许许多多黑暗的层次、黑暗的本能、黑暗的冲动。……可以说,所谓人,从心理学的深度看起来,人还不如禽兽"。② 要看待生命,必须从"高度心理学"看人。这表现在中国古代文化中,如道家,老子的态度就是"天大、地大、人亦大",庄子的态度就是"博大真人""圣人""至人"。这种高度心理学,把人看做"屹立贯通在天地之间,顶天立地的一个大人物"。③《周易》则直接把人称作"大人",而且还是"与天地合其德,与日月合其明,与四时合其序,与鬼神合其吉凶",这样的人,从生命里发出来的光明,如同天上的日月;其生命不是卑躬屈膝,而是以一个主脑的地位来表现生命活动。"他的生命气魄,同天的大生之德、地的广生之德配合起来,他的精神,符合天地生物之心。"④而且这种生命精神,不是停留在个体自身,而是在自我践行的基础上再同情推广,让别人的生命也具有价值和意义。

方东美还进一步认为,生命的价值是层层上升的。这种上升,在方东美的生命哲学里有一个特殊的说法:"双回向"。首先是上回向,即将生命价值超越又超越,提升到最高的价值层次上来谈,不能向下看齐,把这些价值剥离掉,或者变得粗俗不堪。那样的做法是"从堕落的领域看人,在堕落的深渊中所表现出的丑陋人性,再由丑陋人性化为中立的物性。如此说来,就把世界变成一个堕落的世界"。⑤ 方东美多次提到,学哲学的第一堂课就是要去坐飞机,因为"平常由常识看法,吾人生在人间世,但对人间世并没有充分的了解。甚至生在此世,对世界也不知欣赏只知诅咒。稍不如意,便由痛苦经验去误解、诅咒世界,认定它为荒谬。在飞机上,由高空俯视,所谓黑暗痛苦的世界,却有许多光明面。……学

---

① 《方东美先生演讲集》,第 200 页。
② 《方东美先生演讲集》,第 200 页。
③ 《方东美先生演讲集》,第 201—202 页。
④ 《方东美先生演讲集》,第 202 页。
⑤ 方东美《华严宗哲学》(上),北京:中华书局 2012 年版,第 125 页。

哲学的人如果只认识此世之丑陋、荒谬、罪恶、黑暗，就根本没有智慧可言。应该由高空以自由精神回光返照此世，把它美化；在高空以自由精神纵横驰骋，回顾世界人间，才能产生种种哲学和智慧"。① 从这段引文可以看出，方东美认为，如果局限在现实的世界里，平面的世界里，而不往高处提升，那么就只能在黑暗的世界里自怨自艾。因此，就要坐飞机，从高处着眼，把鄙陋之心去除掉，也就是方东美常引用的张载的话"大其心则能体天下之物"，用方东美自己的话来说，就是一定要"上回向"，"使现实人类的生命活动，同最高尚的价值理想合而为一"。② 对此，方东美也常借助尼采哲学来诠释。他认为，平常大家对尼采的误解偏多，对于超人的观念往往只是从消极方面讲，认为"超人针对着所有的世界及所有的人类社会表现出最大的鄙视"。但实际上，这种鄙视不是消极的，因为"他不满意流俗的世界、流俗的思想，以及流俗思想里面的价值标准。由于他不满意，所以要表现出极大的鄙视。这极大的鄙视能够促使精神超升起飞，飞到宇宙的上层世界：高级的艺术世界、高级的道德世界、高级的宗教领域、高级智慧流行的境界"。③ 这些上层世界，就是方东美特别推崇的生命的价值世界。

但如果只做"上回向"的动作，并不是真正的层层上升。而且，在"上回向"这一点上，中国和西方并无差别。方东美认为，柏拉图、亚里士多德等西方大哲都懂得这个道理，并构造出了一个精美绝伦的理想世界。他说："柏拉图他晓得世界上面有一个最高的价值理想，他能够把真、善、美贯串起来，成为一个价值统会的最高理想。"④但是，西方哲学家在做"上回向"时，却往往遗忘了"下回向"，他们常常把宇宙分为两橛，一橛是理想，一橛是现实；一橛是物质，一橛是精神；一橛是灵魂，一橛是肉身；而中国哲学则认为两橛之分虽存在，但这种区分并非绝对，两橛理应相

---

① 《原始儒家道家哲学》，第 8 页。
② 《华严宗哲学》(上)，第 132 页。
③ 方东美《中国大乘佛学》(上)，北京：中华书局 2012 年版，第 17 页。
④ 《华严宗哲学》(上)，第 269 页。

济相融。对于这两者的不同,方东美将之归为中西的形上学的差异。他将西方哲学称为超绝的形上学,其特点就在于两分法和隔绝。他将中国哲学称为超越的形上学或内在的形上学,强调的是宇宙万物和个人之间没有间隔和对立,而是雍容浃化,完整统一。方东美说:"这种理想的境界并不是断线的风筝,由儒家、道家看来,一切理想的境界乃是高度真相含藏之高度价值,这种高度价值又可以回向到人间的现实世界中落实,逐渐使理想成为现实,现实成就之后又可以启发新的理想。"①

于是,从中国哲学的立场出发,不仅要做"上回向",而且更重要的是做"下回向"。方东美明确地说:"这种下回向就是说当你进入天国之后,并不滞留在天国的领域中,你还要回到现实世界上面来,甚至于还要深入到地狱里面去拯救地狱道中的众生,这样的了解才叫做'下回向'。"②对于"下回向"的必要性,方东美说:"当我们真正做了菩萨之后,我们还要做大菩萨,做了大菩萨之后,最后的目的便是在完成人性上面最高贵的佛性,也就是成正等正觉。……而大菩萨到达授记的这一种程度,他就要转回过头来,回向世界。假若他这时还看不起这个世界,甚至于还在那个地方诅咒,说这个世界是黑暗的,生命是痛苦的、烦恼的,假使他是持着这一种态度,那么他虽然是大菩萨,但是他仍然是孤家寡人一个,没有一点慈悲心。"③换言之,只有"上回向"而缺乏"下回向",虽然这种生命具有价值,但却是孤立和不完满的,无法真正体验到生命的意义。

方东美还借助尼采哲学来诠释"下回向"。他说,查拉图斯特拉不满意地球,觉得人间鄙陋,到处都是烟雾的世界,他要呼吸新鲜空气,就从平地走上高山,从高山上面看日出,而在此时,他对太阳说:太阳,假使没有物质世界,你的光明又照耀到什么地方去? 结果这样一想,他想通了。他这超人本身就是一个精神的太阳,他是光明,但是他的光明要有照耀的对象啊! 这样想通了之后,超人马上从山顶上一步步脚踏实地地下

---

① 《原始儒家道家哲学》,第 15 页。
② 《华严宗哲学》(上),第 218 页。
③ 《华严宗哲学》(上),第 268 页。

山,回到人间世来,接触现实的世界。① "上回向"与"下回向"是相辅相成的,空有"上回向",就如同只有太阳,没有大地,没有人间,这样的智慧只不过是孤芳自赏、凌空蹈虚罢了。而且,放弃"下回向",刻意地与"下层"隔离开来,生怕会沾染和坠落,这样执着的做法,反倒把个体的生命封闭起来,如同将自身关在一个光明美丽的囚笼里,既变成了对自我生命的戕害,也造成对他者的冷漠。所以,方东美笑话他们"变做为树枝头上的一只鸟雀,高高地在树顶上面,静静地来观察世界上面的种种生灭变化,但是却从来不下来参与这个生灭变化的世界"。②

时至今日,这种只顾自己的"上回向",确实也带来不少负面影响,尤其是演变成了"原子式个人主义"。杜维明曾谈到当代美国的个人主义:"你不干涉我,我不干扰你,但是,只要不犯法,我钱赚得再多,你再贫穷落魄,我们一点关系都没有,个人与个人是如此,整个社会有一小批,所谓5%的精英,他掌握了70%—80%的资源,他一点内疚都没有,认为这完全是天经地义。"③如此的孤立、冷漠,缺乏同情,已经背离了生命的价值。方东美批判道:"每个人都把他的头磨得尖尖的,钻到束缚的网里面去,然后沾到那个网上来肯定我们的存在,然后一切存在都成为情绪的烦恼,理智的烦恼,在那个地方过了一生。而过了一生都是昏念妄动的生活,最后一直活到老都是盲目的,没有生命的意义,没有生命的价值。"④

综上,方东美的生命哲学,已经确立了褒贬的依据:生命是宇宙万物的本体;生命是情理集团,理相关于"境的认识",情相关于"情的蕴发",生命不可无理,但更不可无情,"情理一贯故";生命离不开宇宙万物的创化不息,更离不开人所赋予的价值意义,决不能沦为机械物质的纯粹自然;生命的价值要"双回向","上回向"是提升和超越生命的价值意义,

①《中国大乘佛学》(上),第17页。
②《华严宗哲学》(上),第59页。
③ 哈佛燕京学社编《启蒙的反思》,南京:江苏教育出版社2005年版,编者手记第2页。
④《中国大乘佛学》(上),第262页。

"下回向"是"己欲立而立人,己欲达而达人",是"以先觉觉后觉",是"地狱不空誓不成佛"。

三、比较哲学

方东美的比较哲学贯穿他的学术生涯,但在不同时期,其比较哲学的侧重点不同,这既是思想体系逐渐走向成熟和深刻的必然结果,也是对时代变化的积极回应。据蒋国保、余秉颐的研究,方东美的比较哲学,早期的侧重点在于东西方智慧类型的相异性;[①]晚期的侧重点在于东西方哲学精神的根本差异。[②]

方东美的比较哲学最有代表性的著作是《哲学三慧》。《生命情调与美感》虽然对古希腊人、近代西洋人和中国人进行了比较,但其目的不是比较中西,而是透过比较中西来揭示"生命情蕴之神奇,契会宇宙法象之奥妙"。[③]《哲学三慧》则是直面希腊、欧洲和中国。方东美说:"觉哲学所造之境,应以批导文化生态为其主旨,始能潜入民族心灵深处,洞见其情与理,而后言之有物。"[④]《哲学三慧》就是比较三种文化生态,潜入三个民族的心灵深处。至于"情与理"则是延续了方东美在《科学哲学与人生》中所提出的生命哲学的架构。方东美说:"情理为哲学名言系统中之原始意象。情缘理有,理依情生,妙如连环,彼是相因。"[⑤]又说:"总摄种种现实与可能境界中之情与理,而穷其源、搜其真、尽其妙,之谓哲学。"[⑥]

尽管叫作"哲学三慧",名称上虽只有慧,但实际上是智慧兼备。智相关于知,是对境的认识,"知审乎情合乎理,谓之智";[⑦]慧相关于欲,是

---

① 蒋国保、余秉颐《方东美思想研究》,天津:天津人民出版社2004年版,第181页。
②《方东美思想研究》,第190页。
③《生生之德》,第87页。
④《生生之德》,第109页。
⑤《生生之德》,第110页。
⑥《生生之德》,第110页。
⑦《生生之德》,第110页。

对情的度量，"欲称乎情切乎理，谓之慧"。① 方东美说："智与慧本非二事，情理一贯故。知与欲俱，欲随知转，智贯欲而称情合理，生大智度；欲随知而悦理怡情，起大慧解。"②知、欲、情三者具有内在的关联，智与慧也是一体。这种智慧，生在个人，称作"自证慧"；寄于民族，称作"共命慧"。共命慧是根柢，自证慧是枝干。所以，哲学三慧，当以共命慧为主题。

世界上有多少种民族，相应地，也应该有多少种共命慧。比较民族的哲学智慧，方东美并不是第一人。此前就有现代新儒家梁漱溟的《东西文化及其哲学》，把中国、西方、印度列为三大系。此后，也有冯友兰把人类历史的各种人生哲学全部纳入"损道""益道""中道"三个系统之中。梁漱溟的比较标准是意欲的方向，向前是西方，向后是印度，调和持中是中国。冯友兰的比较标准虽也是人生道路的选择，但他突破了民族的限制，或者说，他认为民族虽有差异，但人生哲学的内核是相似的，所以落脚点是哲学本身，而不是以民族代表哲学精神。方东美的比较哲学更接近于梁漱溟的模式，但他选择的对象却不同，梁漱溟是两个东方和一个西方，方东美则是两个西方和一个东方。梁漱溟的选取标准简单明了，意欲就是根本；方东美的选取标准相对复杂，产生的差异也比较多。

首先是智慧本身不同。"希腊人以实智照理，起如实慧"，"欧洲人以方便应机，生方便慧"，"中国人以妙性知化，依如实慧，运方便巧，成平等慧"。③ 三者智慧不同，却不像梁漱溟的东西文化，各据一处，而是类似黑格尔的"正反合"的结构：中国人的智慧的"合题"意味明显，乃依希腊人的如实慧，运欧洲人的方便巧，成就自我的平等慧。其次，智慧种子不同。前文三慧，方东美依照佛教术语，将之称为"智慧现行"，并认为其背后有"种子"。因此，"太始有名，名孚于言；太始有思，思融于理，是为希腊智慧种子"；"太始有权，权可兴业；太始有能，能可运力，是为欧洲智慧

---

① 《生生之德》，第110页。
② 《生生之德》，第110页。
③ 《生生之德》，第111页。

种子";"太始有爱,爱赞化育;太始有悟,悟生妙觉,是为中国智慧种子"。[1] 这三段分别解释了三者智慧的由来。希腊智慧源自名言思理,偏向于求真;欧洲智慧源自权业能力,偏向于功业;中国智慧源自爱赞化育,悟生妙觉,偏向于诗意。这三句看似平淡,实际上暗藏褒贬。方东美都不称欧洲为"方便慧",而用一"巧"字,评价其"虽有精纯智慧,究属方便善巧",[2]言下之意其不能与希腊、中国的智慧相媲美;希腊和中国都是距离现实功利较远的名、言、思、理、爱、悟等,而欧洲却直接是功利性的权、能,这是对近代西洋的科学至上、物欲横流、机械分隔的观念批判。

种子变现,又创造出民族文化。"希腊如实慧演为契理文化,要在援理证真","欧洲方便巧演为尚能文化,要在驰情入幻","中国平等慧演为妙性文化,要在挈幻归真",在这里,再次照应前面的"正反合"的结构,中国的智慧将欧洲的"幻"和希腊的"真"统一起来。真可谓是"毫不含糊地宣示了一种文化认同上的东方取向"。[3]

方东美又进一步细化了这三种智慧。他认为,每一智慧又可分为三种精神。希腊民族生命分为:一、"大安理索斯",代表豪情;二、"爱婆罗",代表正理;三、"奥林坪",代表理微情亏;三者之中以"爱婆罗"精神为主脑。从这个划分可以看出,方东美是以生命哲学为判定标准,从情理关系入手来梳理希腊的精神。他称赞希腊早期的精神:"前六、五两世纪时代,独能以豪情运正理,故长恢恢旷旷,表现瑰奇伟大智慧,如悲剧诗人之所为者。"[4]这种欣赏的根基,正是情理融洽。至于"奥林坪",方东美批评其正是由于过度求理智,而忽视情感的态度,情理相悖,"苏格拉底之大错在以知识之唯一标准判断宇宙之真相、分析社会之构造、计量人生之美德。知识诚可以对镜照理、考核智符,但仅凭理智,不能生情,

---

[1]《生生之德》,第 111—112 页。

[2]《生生之德》,第 119 页。

[3] 黄克剑《百年新儒林——当代新儒家八大家论略》,北京:中国青年出版社 2000 年版,第 155 页。

[4]《生生之德》,第 118 页。

情亏而理亦不得不支离灭裂、渐就枯萎矣"。①

欧洲民族生命同样分为三种精神：一、"文艺复兴"，以艺术热情胜，"挥运灵奇深心感召宇宙幻美"。② 二、"巴镂刻"，以科学奥理彰，"理智作用就是文艺复兴以后巴镂刻文化的核心"，③之所以如此，方东美说："因心弦脆弱，不能忍受万象之震撼拨剌，终究流为艺术之诞妄，于是辗转推移，折入巴镂刻时代之科学理智"，④也就是以理智拯救文艺复兴时期浮游陷溺于艺术而产生的颓情。三、"罗考课"，情理相违，"此种理智又因驰骤空冥，援无证有，百折入迷，自毁其方法标准"。⑤ 很明显，方东美对欧洲智慧的划分，也是延续情理关系。

谈到中国的民族生命，方东美也以三家为代表：一、老，显道之妙用；二、孔，演易之元理；三、墨，申爱之圣情。中国的智慧是直接诉诸生命哲学的本体，不同于希腊、欧洲的智慧是围绕情理的关系而展开，且终不能摆脱情理的矛盾。老、孔、墨，这三者虽相异，但不相隔。因为三者都是生命哲学的不同方面。老子揭示生命哲学之道的体相；孔子演绎宇宙天地的生生之德；墨子推致生命哲学的博爱之情。方东美说："中国人知生化之无已，体道相而不渝，统元德而一贯，兼爱利而同情，生广大而悉备，道玄妙以周行，元旁通而贞一，爱和顺以神明。"⑥方东美还对中国哲学概括出六大要义：（一）生之理，（二）爱之理，（三）化育之理，（四）原始统会之理，（五）中和之理，（六）旁通之理，⑦这就是方东美推崇的生命哲学的核心意涵。所以，中国的智慧是最理想的智慧，兼具希腊和欧洲的智慧之长。"其理体湛然合天地之心，秩然配天地之德，故慧成如

---

① 《生生之德》，第 118 页。
② 《生生之德》，第 121 页。
③ 《科学哲学与人生》，第 215 页。
④ 《生生之德》，第 121 页。
⑤ 《生生之德》，第 121 页。
⑥ 《生生之德》，第 122 页。
⑦ 参见方东美《生生之德》，第 122—124 页。

实",①即兼有希腊智慧;"其智相辟宏天下之博,翕含天下之约,故善巧方便",②即兼有欧洲智慧。正因如此,方东美没有像分析希腊和欧洲智慧的内部演变来批判中国智慧,他说:"中国人悟道之妙,体易之元,兼墨之爱,会通统贯,原可轰轰烈烈,启发伟大思想,保真持久,光耀民族。"③言下之意,中国的智慧是完善的,应该是可以发扬光大、滋养和荣耀民族生命的。但历史事实却与这种完善的智慧的应然结果相违背。原因何在呢? 方东美并不认为是中国智慧本身的内容有问题,而是在于两个方面:政治、历史的因素和智慧的表现形式,且以前者为主。方东美给出了七种原因,前五种皆为政治、历史的因素:一、学术寄于官府,文化托于少数,虽有智慧,不能普及;二、战国纷争,秦王焚书,霸取天下,设官掌学,博士鲜能寡耻;三、典籍散失,士大夫承学,世守门户,破碎释经,只知守成,莫敢创造,谶纬流行,穿凿附会;四、科举制度以利禄熏人心,以权威约真理,历代均以政治统御文化,箝制思想自由。五、抱持师说,谬袭经生习法,不图依据逻辑原理建立精审方法。④ 后两者为智慧的表现形式的问题:一、天才每创新义,辄以短简直觉方式发舒名言、隐示至理,不事辛勤立量、绅绎理论效果,致令后人无法体验原有之真实证据;二、只图引归身心、自家受用,晦昧隐曲,偏私随之,无科学家坚贞持恒之素德,颇难贯串理体、巨细毕究、本末兼察、引发逻辑思想系统。⑤ 总体而言,方东美对中国智慧本身是青睐有加的,他所批判的,主要是外部因素,诸如政治、历史问题及治学方式、表现方式的问题。他在剖析三者智慧的缺陷的时候,也说:"希腊之失在违情轻生,欧洲之失在驰虑逞幻,中国之失在乖方敷理。"⑥希腊、欧洲的问题都是情理矛盾,中国的问题还是治学方式上缺欠逻辑、过于简略。后文也谈到"中国人之所以穿凿""中国之肤浅

①《生生之德》,第 122 页。

②《生生之德》,第 122 页。

③《生生之德》,第 124 页。

④ 参见方东美《生生之德》,第 124—125 页。

⑤ 参见方东美《生生之德》,第 125 页。

⑥《生生之德》,第 126 页。

蹈空",仍然属于这一类批评。

对于三慧,方东美给出了自救和他助的方案。不同于梁漱溟的"世界文化三期重现",把西方看做第一期、中国看做第二期、印度看做第三期,方东美虽认为民族生活有鼎盛与衰落,但并不认为希腊、欧洲、中国存在文化周期上谁先谁后的问题,也不存在谁应该在当下为主流的问题。他首先主张自救:希腊人应据实智照理而不轻生,欧洲人当以方便应机而不诞妄,中国人合依妙悟知化而不肤浅,是为自救之道。① 也就是让民族的智慧种子适度生发,少开旁支,忌走偏锋;其次主张他助:希腊之轻率弃世,可救以欧洲之灵幻生奇;欧洲之诞妄行权,可救以中国之厚重善生;中国之肤浅蹈空,又可救以希腊之质实妥帖与欧洲之善巧多方。② 也就是说,欧洲可以补救希腊,中国可以补救欧洲,希腊和欧洲又可以补救中国。

自救他助是针对民族智慧的历史发展结果而言,对于未来的智慧,方东美认为,不应局限于三慧之一,而应该效仿尼采超人之精神,重估一切价值,对希腊、欧洲、中国的智慧都要虚心欣赏,融通创化:"更当以希腊、欧洲、中国三方合德所成就之哲学智慧充实之,乃能负荷宇宙内新价值,担当文化大责任。目前时代需要应为虚心欣赏,而非抗志鄙夷,所谓超人者,乃是超希腊人之弱点而为理想欧洲人与中国人,超欧洲人之缺陷而为优美中国人与希腊人,超中国人之瑕疵而为卓越希腊人与欧洲人,合德完人方是超人。"③

《哲学三慧》是方东美标志性的比较哲学,到了晚期,方东美尽管以中国哲学为主题,但总会不时将中国哲学与西方哲学进行比较。这一时期的比较,因为意在阐释和宣扬中国哲学,所以跟《哲学三慧》略有不同:《哲学三慧》比较强调三者的并立,各有偏颇,虽暗含着以中国智慧为宗的意味,但更明确地主张三者之间的会通和超越。晚期的思想,则更强

---

① 《生生之德》,第 126 页。
② 《生生之德》,第 126 页。
③ 《生生之德》,第 127 页。

调中西哲学之间的差异,并屡屡批判西方哲学以及西方社会中的政治、经济、文化等多方面的负面现象,转而力主东方哲学,尤其是中国哲学的优越性,或隐或显地主张只有向中国哲学学习,西方哲学才能打破僵局,西方文明才能走出困境。这主要表现在两个方面:

1. 两种形上学

方东美认为,形上学是究极之本体论,而理想的形上学表现为情与理、个人和宇宙大全整体之哲学情调与激发创造生命之诗意灵感,艺术才情与哲学创造一体浑融,浃而俱化。这样的形上学,不独中国有,古典时期的希腊人、印度人,以及近代的尼采都具备。但并非西方哲学的主流,其主流乃是一种"超绝型态之形上学"。这种形上学把宇宙视为两橛二分状态,既对立冲突,又看低生命,"处处尽是二元对立,极不相容,循至绝对实有与绝对虚无之间,固形成有无二界之对反,而存在本身复又剖成真妄二界之对立;生命本身更与周遭世界之诸自然缘件相脱节,世人惟藉抵死,方践其生。……同理,人,就其作为某一个体而言,亦剖成灵肉两截,二者之间,抑又徒此互相冲突不已"。[1] 这一说法实际上延续了《哲学三慧》的观点,如其谈到奥林坪哲学时,也谈到了"生不如死",他说:"人生寄迹现实,如沉地狱,末由游心可能,契会善美,故哲学家之理想,生不如死,常以抵死为全生之途径。"[2] 又如其谈及欧洲哲学时说:"一切思想问题之探讨,义取二元或多端树敌,如复音对谱,纷披杂陈,不尚和谐。"[3]方东美说这种"超绝"形上学"对自然界与超自然界之和合无间性与赓续连贯性,显然有损,同时,兼对个人生命之完整性,亦有戕伤"。[4]方东美的生命哲学的立场则认为:"人,乃身心健全之结合体,寓健全之灵魂于健全之肉身,使二者浑融合一,于以形成完整之人格或健全之品

---

[1]《中国哲学精神及其发展》,第 20 页。

[2]《生生之德》,第 119 页。

[3]《生生之德》,第 121 页。

[4]《中国哲学精神及其发展》,第 21 页。

德。"①这自然使得西方哲学的二元对立的形上学成为他批判的对象。

方东美把中国的形上学称为"超越型态之形上学",对万物皆不看做是某种可以离开一切自然元素与变化历程的凝然神秘的独存者,也不把万物定在某一状态不可改变。中国的形上学认为"宇宙全体与生活其间之个人雍容浃化,可视为形成一大建筑学式之立体结构,完整统一,复依其种种密切相关之基本事素为基础,据以缔造种种复杂缤纷之上层结构,由卑至高,直至盖顶石之落定为止"。② 也就是说,个体生命与宇宙相互关联与渗透,又以现实要素为基础,可以在境界上次第上升。当然,这种形上学绝不只是上升,它是一种"双回向"。方东美说:"吾人得以拾级而登,层层上跻,昂首元天,向往无上理境之极诣。同时,再据观照所得之理趣,踞高临下,'提其神于太虚而俯之',吾人遂得以凭藉逐渐清晰化之理念,以阐明宇宙存在之神奇奥秘,与夫人类生命之伟大成就,而曲尽其妙。"③层层上升,自我觉悟之后,还要将宇宙之奥秘和生命之伟大以清晰的理念向他者阐释出来。这一观点在1964年第四届东西哲学家会议论文《中国形上学中之宇宙与个人》中表达得更清楚完整:"一方面深植根基于现实世界;另一方面又腾冲超拔,趋入崇高理想的胜境而点化现实。"如此一来,这种形上学,就迥异于西方的二元对立,一方面在本体现象上浃化融通,"本体现象,契合无间,形上形下,澈通不隔";④另一方面在个体生命上贯通天地,"夫人居宇宙之中心位置,兼天地之创造性与顺成性,自应深切体会此种精神,从而于全体宇宙生命创进不息生生不已之持续发展历程中,厥尽其参赞化育之天职。其特色也,端系乎一种对个人道德价值之崇高感,对天地万有一切内在价值之同与感,并藉性智睿明,洞见万物同根、天地一体之同一感"。⑤

---

① 《中国哲学精神及其发展》,第21页。
② 《中国哲学精神及其发展》,第21页。
③ 《中国哲学精神及其发展》,第22页。
④ 《中国哲学精神及其发展》,第22页。
⑤ 《中国哲学精神及其发展》,第26页。

2. 两种人性论

对生命的价值尤其是人生价值、人性善恶的讨论是生命哲学的重要内容,也是方东美晚期在中西哲学比较中热衷的话题。方东美认为,西方哲学在探讨人的价值、人生的问题上有两种倾向。

一是人性恶与原罪。方东美认为,古希腊哲学已经可以看出人性原罪说的痕迹,比如柏拉图笔下的苏格拉底强烈主张"归入寂灭"才是人生的正途。而亚里士多德也曾黯然神伤地回答:"不要出生,才是最好的出路,死亡远比生命要好。"[1]他们都把死亡看得比生命重要,并认为死亡是灵魂的一种解脱。而在希伯来传统和基督教中,原罪之说更是普遍存在,如圣保罗说:"这就如原罪是从一人入了世界,死又是从罪来的,于是死就临到众人,因为众人都犯了罪。"[2]而到了中世纪,当时的人"只看到人世的种种罪恶,死亡,以及最后审判的恐怖,几乎不知道世间还充满了良辰美景,更不知道生命本身即是一种恩赐。那时,美丽成了陷阱,乐趣就是罪恶,现在有如短剧,人生则是堕落的、迷惘的,唯一能肯定的只有死亡"。[3] 这样的观念主张贬抑人性,否定现世,背负原罪,"充满了阴郁与错误",因此只能通过走向宗教的觉悟来解决问题。

二是价值中立论。在近代物质科学发展起来之后,价值逐渐就被科学悬置起来。尤其是到了 18 世纪末期与 19 世纪,透过近代科学的唯物论,发展到近代的科学实证论,则把一切价值都悬置起来,连古典物理学所追求的真理这种价值都不保留,这种思潮"认为在物质世界里面只有事实,而根据事实所产生的理论,并非说要估计它的重要价值,而是要观察它能不能与事实相符合"。[4] 这样把真理转化为有效性,就是所谓的"价值中立主义"。这种观念产生之后,只要接受科学唯物论,那么"自然

---

① 《中国人生哲学》,第 135 页。
② 《中国人生哲学》,第 135 页。
③ 《中国人生哲学》,第 138 页。
④ 《中国人生哲学》,第 138 页。

对艺术不谈,对于道德不谈,对于宗教也没有法子谈"。① 至于人性及其价值,方东美在《中国哲学之通性与特点》的演讲指出,那在西方哲学的系统里是要化除掉的内容。他说:"中国哲学同西方的哲学,尤其近代西方哲学,有一个显著的差别。西方的思想要从思想的客观系统中设法子把人的性情品德情操化除掉,于是依据方法学或逻辑把它所要成立的思想,以客观的论证一层一层地显现出来。……中国哲学的中心是集中在生命,任何思想体系都是生命精神的发泄。这一生命精神一定要根据这位思想家的性情品格,才能够把他的真象全盘揭露出来。"②

中国哲学在以上两方面都迥然不同。首先,对于现世生命,中国哲学从不遗弃和否定,而是即现世即理想。尤其在生命思想上深受儒家、道家和墨家哲学所影响感召的纯正中国人,他们有一个中心思想:"生命之美就因根植于此世,所以能万物含生,劲气充沛,进而荣茂条畅,芳洁灿溢,蔚成雄浑壮阔的生命气象,令人满心赞叹,生意盎然。我们的理想世界就是将此现实世界提升点化为绝妙胜境,我们的理想德业就是在此现实世界脚踏实地奋发努力。"③

其次,对于人性,方东美首先指出,中国哲学史上关于本性的看法有五种学说:(1) 性善论,(2) 性恶论,(3) 性无善无恶论,(4) 性有善有恶论,(5) 性三品论。其次,他认为,中国哲学实际上真正成立的只有性善论。因为性恶论的代表人物荀子实际上是将性与情混为一谈,而情从逻辑上,应比性低一层,所以,名为性恶论,实为情恶论。至于性无善无恶说,性法自然说,从近代科学的立场来看,不无理由,但若落实到人生哲学上,缺点极大,"因为我们对于人生,必须从价值方面肯定其意义,而不能将价值漂白了变成中心"。④ 至于性有善有恶论、性三品论,方东美认为是从后天习气着想,强为分别,并不曾直透人性之本源。方东美认为,

---

① 方东美《华严宗哲学》(下),北京:中华书局 2012 年版,第 28 页。
② 《方东美先生演讲集》,第 70 页。
③ 《中国人生哲学》,第 135 页。
④ 《中国人生哲学》,第 144 页。

人性之善是中国哲学的精义，他说："所谓理义为性，实以天心贯人性，使人人诚意致知，循理格物，无有不善，所以据我看来，此乃中国哲学思想的根本精义。"①

最后，中国哲学反对价值中立主义。在中国哲学家看来，宇宙乃是普遍生命流行的境界，是伟大而美满的，绝不是机械的、物质的、纯然受因果律支配的。至于人，儒道佛都赋予崇高的价值。比如儒家追求大人的人格，大人有深厚的思想、高尚的情趣、极大的毅力，他不仅就他个人的生命来发泄这一种精神，而他的生命精神更大而化之，扩而充之，可以笼罩整个宇宙的全部真相与全体价值，"上下与天地同流"。道家也发挥圣人的精神，道家要讲公，"公乃全，全乃天"，于是把所有个别小的心灵都融会贯通起来，成为广大的心灵整体，然后再把这种广大的精神同宇宙配合起来。② 至于佛家则讲究法满，这种法满意味着把精神修养到智慧遍及于一切事物、遍及于宇宙全体、遍及于古往今来人生的各方面，在这个法满状态完成的生命，才是美满的生；特别是发展到唐代、宋代，中国的佛家透过般若智慧，向为追求完满的佛性，才晓得这一个佛性不过是不同的名称，代表人类尽善尽美的人性。③ 总之，中国哲学追求人性的美好，追求真人、至人、完人、圣人，把人视为与天地一体的存在，从而"摄取宇宙的生命来充实自我的生命，更而推广自我的生命活力，去增进宇宙的生命，在这样的生命之流中，宇宙与人生才能交相和谐、共同创进，然后直指无穷，止于至善！这就是中国民族最可贵的生命精神"！④

方东美的思想正如他所提倡的中国智慧一样，旁通统贯，浃化雍容。他迥异于大多思想家的学术风格，他既无意在某一个领域上做掘井及泉式的研究，也无心构建一个线索清晰、主次分明的形上学体系。1959 年，方东美曾写《简要自述》，他在文中引述了三位朋友的评语：（一）伍叔傥

---

① 《中国人生哲学》，第 144—145 页。
② 《方东美先生演讲集》，第 72 页。
③ 《方东美先生演讲集》，第 79 页。
④ 《中国人生哲学》，第 172 页。

尝言:方东美之简朴幼稚,可资送幼稚园一年级以熏陶;(二) 全增嘏曾评他所写的哲学文字,"颇似桑他亚那(George Santayana)之流美";(三) 梅贻宝曾告知美国韩路易教授(Lewis E. Hahn):"中国近数十年之哲学师资,多出方东美门下。"①这三个不同的评价,各有侧重。伍叔傥是以风趣幽默的口吻,戏说方东美的性情;全增嘏是点评方东美的文字功夫;梅贻宝则是说明方东美的事业之成功,桃李满天下。在这性情、文字、事业三种评价里,方东美认为对性情的点评最恰当,他说:"以上三者,余尤欣赏伍叔傥先生之仍模语,真可谓字字落实也。"②"幼稚园一年级"的方东美,意味着真诚、善良、美感、玄思。他的思想,以生命哲学为根基,高扬生生之德,提倡"双回向",是真诚和善良的流露;以比较哲学为纵横,将中国的儒道佛传统与古希腊、近代欧洲的文化思想梳理比较,或以戏场为比喻,或以佛经为文体,或以诗歌为统摄,洋溢着生命的情调与美感,闪耀着智慧的光芒与神秘,实为"挟生命幽情,以观感生命诗戏",不愧为"一代诗哲"!

第四节　贺麟的理想唯心论

一、生平著述

贺麟(1902—1992),字自昭,出生于四川省金堂县五凤乡杨柳沟村一个士绅家庭,父亲贺松云是晚清秀才,曾任金堂中学校长和县教育科长。贺麟 8 岁入私塾,不久就随当教师的姑丈到镇上读小学,13 岁小学毕业,但因体弱,至 16 岁才入省立成属联中——石室中学继续学业。优良的家庭生活教育和中小学学习,培养了少年贺麟厚实的传统人文素养,为以后的精神成长打下了坚实的基础,他在晚年回忆道,"从小深受

---

① 《中国哲学精神及其发展》,第 480 页。
② 《中国哲学精神及其发展》,第 480 页。

儒家熏陶","特别感兴趣的是宋明理学"。①

　　1919年中学毕业后,贺麟考入清华学校,开始了长达7年的清华学习经历。在此期间,他逐渐找到了自己终身志业的方向,即阐发中国哲学和翻译西方哲学。当时,在中国哲学的研究方面,贺麟受到了梁启超的指引,他仔细研读戴震、焦循的著作,写成《戴东原研究指南》和《博大精深的焦理堂》,分别发表在《晨报》副刊和《清华周刊》上。同时,在梁漱溟暂住清华期间,贺麟多次前去拜访,得到了读书指导:"只有王阳明的《传习录》与王心斋的书可读,别的都可不念。"②而在西方哲学的翻译方面,贺麟深受吴宓的影响。在吴宓的指导下,他勤习翻译,并阅读严复的译作,撰成《严复的翻译》一文,发表于《东方杂志》。他打算"步吴宓先生介绍西方古典文学的后尘,以介绍和传播西方古典哲学为自己终身的'志业'"。③

　　到了1926年夏,贺麟从清华毕业,抱着融会中西哲学的志向远涉重洋,前往西方继续求学。他先到美国的奥柏林大学学习。在这里,贺麟遇到了引他进入斯宾诺莎、黑格尔哲学之门的耶顿夫人。在纪念斯宾诺莎逝世250周年之际,耶顿夫人在课外组织了斯宾诺莎和黑格尔哲学的读书会,贺麟是读书会成员之一。经过耶顿夫人的指导,贺麟写下了平生第一篇关于斯宾诺莎的论文,试图找寻斯宾诺莎哲学与宋儒思想的相似之处,还以"齐物我,一天人"的中国传统观念剖析斯宾诺莎哲学。④ 在贺麟看来,斯宾诺莎体现了朱子的"圣人与理为一"的人生境界,其所说的自然或上帝,正是"天",其主张知神而爱神,正是"知天而行天理",其主张知识克服情感,正是"以天理制情欲"。⑤ 在奥柏林大学读书的经历为贺麟后来研究黑格尔和斯宾诺莎哲学确定了

① 贺麟《康德黑格尔哲学东渐记》,《中国哲学》第2辑,北京:三联书店1980年版,第376页。
② 张祥龙《贺麟传略》,《晋阳学刊》,1985年第6期。
③ 贺麟《康德黑格尔哲学东渐记》,《中国哲学》第2辑,第376页。
④ 张祥龙《贺麟传略》。
⑤ 洪汉鼎《贺麟先生与斯宾诺莎哲学》,《客居杂忆——哲学人生问答录》,北京:中国人民大学出版社2016年版。

方向并奠定了基础。①

1928年2月,贺麟从奥柏林大学提前毕业,获得学士学位,接着入芝加哥大学读研究生,但不久,他"不满于芝加哥大学偶尔碰见的那种在课上空谈经验的实用主义者",就转到了更为重视古典哲学的哈佛大学,"目的在进一步学习古典哲学家的哲学"。② 在哈佛大学,贺麟选听了路易斯的"康德哲学"、霍金的"形而上学"、怀特海的"自然哲学",课下又大量阅读美国新黑格尔主义哲学家鲁一士的著作,写下了《道德价值与美学价值》《论自然的目的》等论文。在哈佛大学的学习让他愈来愈倾心于德国古典哲学。于是,在获得硕士学位后,为了学习真正的康德、黑格尔哲学,1930年夏,贺麟从美国前往德国,入柏林大学。在德国留学期间,贺麟阅读了大量的黑格尔研究著作,他对哈特曼的《黑格尔》、格洛克纳的《黑格尔哲学的渊源》、狄尔泰的《青年黑格尔的历史》等尤为看重,认为这几本黑格尔研究的著作"既不抽象附会,又不呆板乏味,而著者又皆能负荷黑氏哲学,有独立思想,在哲学史上占相当地位的哲学家。而且他们皆将全部哲学史烂熟胸中,明了黑格尔的时代、背景、个性,将其全部思想融会于心,而能以批评的眼光、自己的辞句、流畅的文字表达出来","不仅可以引导我们认识黑格尔,而且可以引导我们认识什么是真正的哲学"。③ 贺麟在研读黑格尔哲学的同时,仍旧潜心于斯宾诺莎、康德哲学的研究,也致力于中西哲学的比较融会。他一方面开始翻译斯宾诺莎的《伦理学》,结识了德文、拉丁文版的《斯宾诺莎全集》编辑者格布哈特,并在其介绍下加入了国际斯宾诺莎学会,一方面完成并发表了论文《朱熹与黑格尔太极说之比较观》,这篇论文"想从对勘比较朱熹的太极和黑格尔的绝对理念的异同,

---

① 关于在耶顿夫人指导下阅读斯宾诺莎和黑格尔哲学的经历,贺麟晚年回忆说:"她在课外还给我们几个同学讲黑格尔和斯宾诺莎哲学。由于她的启发,奠定了我后来研究黑格尔和斯宾诺莎哲学的方向和基础。所以她是我永生难忘、终生受益的老师。"贺麟《哲学与哲学史论文集》,商务印书馆1990年版,第2页。
② 贺麟《现代西方哲学讲演集》,上海:上海人民出版社1984年版,第161页。
③ 贺麟《黑格尔》译序,商务印书馆1936年版,第3页。

来阐发两家的学说",正式标志着贺麟在学术研究特点上"要走中西哲学比较参证、融会贯通的道路".[①]

经过 5 年的西方求学历程,1931 年 8 月贺麟回到国内,即由数学家杨武之推荐,到北京大学哲学系任讲师,1932 年受聘为副教授,1935 年升任教授,直到 1955 年离开北大调入中国科学院社会科学部哲学研究所.[②] 在北大执教期间,贺麟主讲西方现代哲学、哲学问题、伦理学等课程,同时也在清华大学开课:讲授西洋哲学史、斯宾诺莎哲学。

回国后的贺麟进入了哲学创作的黄金时期。他融会中西哲学,不断有创见性卓识发表,其中具有代表性的有:1934 年发表《近代唯心论简释》,简明扼要地初步提出了"逻辑的心即理"的理想唯心论主张,标志着他的哲学思想的诞生;1936 年发表《宋儒的思想方法》,提出理智与直觉互补的方法论;1938 年发表《知行合一新论》,综合古今中西哲学家的知行观,对知行合一做出自然与价值的两层区分;1940 年发表《五伦观念的新检讨》,创造性地揭示出传统伦理观念中的现代精神,同年又发表《时空与超时空》,从康德的时空观出发,提出"时空是理"的新见解;1941 年发表《儒家思想的新开展》,昭示新儒家的艺术化、宗教化、哲学化发展路径。贺麟将发表的系列文章结集,加以补充,先后形成了三本著作,即《近代唯心论简释》(1942)、《当代中国哲学》(1945)、《文化与人生》(1947)。其中,《近代唯心论简释》是他的第一本论文集,集中反映了他的理想唯心论思想,在抗战时期,这一思想与熊十力、冯友兰、金岳霖的哲学创作交相辉映,引起学界的普遍关注,胡绳、徐梵澄、谢幼伟、陈康等纷纷撰文,予以评析、讨论。而《当代中国哲学》评述了现代中国哲学的调整与发扬,西方哲学的绍述与融会,时代思潮的演变与批判。《文化与

[①] 贺麟《五十年来的中国哲学》,沈阳:辽宁教育出版社 1989 年版,第 119 页。
[②] 抗战期间,北京大学与清华大学、南开大学先是合并为长沙临时大学,后又合并为西南联合大学,抗战结束后,三校复员,贺麟亦随校分合、迁移。此间贺麟于 1938 年到中央政治大学任教一年,1940 年又被借调至中央政治学校任教半年。详见彭华《贺麟年谱新编》,《淮阴师范学院学报》2006 年第 1 期。

人生》汇集了他在全面抗战八年中关于文化和人生问题的文章,虽然各篇主题不同,但表现出一致的态度和一贯的主张,即以自身的体验吸收西方思想,发扬传统文化。可以说,这三本著作同条共贯,确立了贺麟在现当代中国哲学、特别是现当代新儒学思潮中的重要地位。

贺麟在进行哲学创作的同时,依然不忘致力于西方哲学的翻译和介绍。1933 年,他发表《斯宾诺莎的生平及其学说概要》《黑格尔之为人及其学说概要》;1936 年翻译开尔德的《黑格尔》和鲁一士的《黑格尔学述》,由上海商务印书馆出版;1937 年当选为中国哲学会西洋哲学名著翻译委员会主任,组织翻译、出版了一批高质量的西方哲学译作;1941 年开始翻译黑格尔的《小逻辑》,至 1949 年完成,1950 年由上海商务印书馆出版;1945 年翻译斯宾诺莎的《致知篇》,由重庆商务印书馆出版。贺麟在翻译的过程中,形成了自己的翻译思想。在《黑格尔学述》译序中,他提出谈学、作文、翻译的原则,说:“(一) 谈学应打破中西新旧的界限,而以真理所在实事求是为归。(二) 作文应打破文言白话的界限,而以理明辞达情抒意宣为归。(三) 翻译应打破直译意译的界限,而以能信能达且有艺术工力为归。”[1]另外,在《康德名词的解释和学说的大旨》中,针对译名问题,他说:“在哲学的领域里,正是厉行‘正名’主义的地方,最好对于译名的不苟,是采取严复‘一名之立,旬月踟蹰’的态度。尤其是中国现时之介绍西洋哲学,几可以说是草创时期,除了袭取日本名词外,几乎无‘定约’无‘成俗’可言,所以对于译名更非苦心审慎斟酌不可了。”[2]在贺麟看来,要想把西方哲学完整掌握,使之中国化,必须认真负责地翻译西方哲学。

1949 年中华人民共和国成立,贺麟拒绝国民党再三赴台邀请,接受了共产党的挽留,他说:“我不愿意提个小皮包,象罪犯一样跑掉,也不愿意再与蒋介石有联系,就是到美国去也不会如学生时代那样受优待,何

---

[1]《贺麟全集》第 10 卷,上海:上海人民出版社 2012 年版,第 155 页。
[2]《贺麟全集》第 3 卷,上海:上海人民出版社 2009 年版,第 139—140 页。

况我的爱人和女儿决不做白俄。"①贺麟自问自己与国民党的关系清清白白,无须为此不安。他继续执教于北京大学。但不久,知识分子的思想改造运动开始,他的生活与学术研究环境发生了重大变化。1950年底,贺麟到陕西长安县参加土改运动,1951年4月在《光明日报》发表《参加土改改变了我的思想——启发了我对辩证唯物论的新理解和对唯心论的批判》,表示自己"改变了从前认唯物论只重视外在现象,不能深入认识事物的本质的错误看法",现在"已亲切体会到惟有辩证唯物论才能深入认识事物的本质、核心和典型",同时"否定了离开事实,离开群众,离开实践而改造思想、改造自我的唯心论观点,而真切体会到植基在辩证唯物论上面的改造思想与搞通思想的真实意义"。② 同年,他又到江西泰和县参加了半年的土改运动。

　　经过知识分子的思想改造运动,贺麟虽然公开对自己的唯心论进行了批判,也参与了对胡适、梁漱溟的批判,但仍然主张要有宣传唯心主义的自由,他认为"唯心主义中有好东西","对唯心主义否定过多不恰当"。③ 这在当时的社会政治环境中表现出可贵的勇气和学问的真诚,但显然不合时宜。因此,自1957年在反右运动中受到批判后,贺麟主要埋首于西方哲学的翻译工作,基本停止了自己的哲学创作。"文革"中,他"家被抄三次,房屋被占,东西被拿走,还被关起来近一年,后来发遣到河南两年,名为干校劳动,实际上他毫无行动自由"。④ "文革"结束后,贺麟获得"解放",恢复了正常的生活与学术研究,出版了《哲学史讲演录》(第四卷)、《小逻辑》(新版)、《精神现象学》、《法哲学原理》、《黑格尔早期神学著作》等译作以及《现代西方哲学讲演集》、《黑格尔哲学讲演集》、《哲学与哲学史论文集》等著作。晚年,他"一再表示他的兴趣在中国哲学史,企盼回到中国哲学之重建和中国哲学史的研究中来,可惜时势所限,

---

① 《贺麟传略》。
② 贺麟《哲学与哲学史论文集》,北京:商务印书馆1990年版,第445页。
③ 《哲学与哲学史论文集》,第524页。
④ 《贺麟传略》。

生也有涯，这位哲人的智慧未能得到充分的施展"。① 在学术研究之余，贺麟还担任了全国政协委员、民盟中央委员、中华全国外国哲学史学会名誉会长等社会职务。1982年，他加入了中国共产党，1992年9月23日，在北京逝世。

贺麟一生学而不厌，孜孜求索于消化西方哲学、创造新的中国哲学的道路，虽然时势有限，但依然取得了宏富的学术成果。这些成果，尤其是对黑格尔哲学的翻译、绍述，极大地影响了中国现当代学术的发展。1986年10月，中国社会科学院哲学研究所与北京大学哲学系等联合举办了规模盛大的"贺麟学术思想讨论会"，约有300名国内外学者参会。同年，在国家社科"七五"规划重点课题"现代新儒学思潮研究"中，贺麟被公认为现代新儒家之一，他的思想成为持续研究的对象。1992年9月，中国社会科学院哲学所、中华全国西方哲学史学会、民盟中央等联合举办"贺麟学术思想讨论会"，约有200名专家参会。2002年12月，中国社会科学院哲学研究所举办了纪念贺麟先生百年诞辰，共百余人参会。近年来，关于贺麟及其思想的研究仍在进行，且有青年学者为继，如2017年，在贺麟故居所在地金堂县，中国社会科学院哲学研究所主办了首届贺麟青年哲学奖评审会议。贺麟及其思想的影响力，于此可见一斑。

纵观贺麟的思想著述历程，大致可分为三期。留学归国前，为思想的萌芽阶段，逐渐走上了融会中西哲学的道路；20世纪30、40年代为思想的勃发时期，"融合从柏拉图、亚里士多德到康德、黑格尔的理性派哲学及辩证法，以及新黑格尔主义、唯意志主义和我国宋明理学中的程朱、陆王两派，试图建立一个理想主义和理性主义相结合的哲学体系，确立了他在现当代新儒学思潮中的重要地位"；②中华人民共和国成立后，主要致力于西方哲学的翻译和研究。在这三期思想中，如果仅从哲学创作来看，无疑是20世纪30、40年代的理想主义的唯心论尤见光彩，格外值

---

① 郭齐勇《现当代新儒学思潮研究》，北京：人民出版社2017年版，第193页。
②《现当代新儒学思潮研究》，第193页。

得珍视。

二、逻辑的心本体论

贺麟从阐扬中国哲学的立场出发，融会中西哲学，特别是斯宾诺莎、康德、黑格尔和朱熹、陆九渊、王阳明的思想，主张一种理想主义的唯心论哲学。这一主张虽然没有形成完备的理论体系，但有一以贯之的哲学见解。或者说，没有完备的体系正是贺麟的哲学思想的独到之处。他在《文化与人生》的序言中说："我并不企图讨论专门系统的哲学问题，然而我个人的哲学见解均已在浅近的方式下散见于各篇中，因此希望对于会心的读者能多少引起他的哲学的兴趣并启发他自己的哲学思想。"[1]思想有了固定的结构，便可能会形式化、机械化，减损它的生动性。因此，理解贺麟的哲学思想的最好方式是直接研读他的著述，与他的精神哲学作历程性的动态交流。不过，为了集中清晰地展现贺麟哲学思想的基本样态，在此还是以体系化的方式依次论述其本体论、方法论、认识论与人生观。

（一）本体的含义

本体在中西哲学中的含义不同，大致而言，其在中国哲学中，与"用"不离不杂，为万有之源，而在西方哲学中，与"现象"相对，为万有的存在根据，可以说，"体与用""本体与现象"体现了中西哲学思维方式的根本区别。贺麟在哲学思想上致力于走中西哲学比较参证、融会贯通的道路，必然要对本体作出自己的解释。因此，在论述他的本体论、指出何为本体之时，有必要先弄清楚他对本体的看法。

关于何谓本体，贺麟并没有作专门系统的论述，但他在论说"文化的体与用"的时候，集中对"体用观"予以澄析，明确了本体的含义。首先，贺麟认为，必须区分开常识、科学与哲学层面的体用。常识层面的体与用大都是主与辅的关系，两者相对而言，以个人需要为准，没有逻辑的必

---

[1]《贺麟全集》第 4 卷，上海：上海人民出版社 2011 年版，第 9 页。

然性。而哲学层面的体用之间有必然联系,但这一联系又不是科学层面的因果联系,因为"科学上的因果,都同是形而下的事物,无价值的等级或层次之别,而哲学上的体属形而上,用属形而下,体在价值上高于用"。① 其次,贺麟认为,哲学层面的体用观有两种。一种是绝对的体用观,或称为柏拉图式的体用观,"体指形而上的本体或本质,用指形而下的现象。体为形而上之理则,用为形而下之事物"。而另一种是相对性或等级性的体用观,又可称为亚里士多德的体用观,其"将许多不同等级的事物,以价值为准,依逻辑次序排列成宝塔状的层次。最上层为真实无妄的纯体或纯范型;最下层为具可能性、可塑性的纯用或纯物质。中间各层则较上层以较下层为用,较下层以较上层为体"。② 简言之,绝对的体用观以"本体与现象"言体用,相对性的体与用是"范型与材料"的关系。将这两种体用观加以比较,相对性的体用观可以包括绝对的体用观,其"除以本体现象言体用外,又以本体界的纯范型作标准,去分别现象界个体事物间之体用关系"。③

贺麟在解释哲学层面的体用观时,虽然以柏拉图和亚里士多德的名字命名,但他所说的体用观并不专属于西方哲学。他以朱子和周敦颐的思想为例说:"朱子持理气合一之说,认理为体气为用,则近于此处所谓绝对的体用观。而周子则无极而太极,太极而阴阳,阴阳而五行,五行而万物,似以无极为太极之体,太极为无极之用;太极为阴阳之体,阴阳为太极之用;阴阳为五行之体,五行为阴阳之用;五行为万物之体,万物为五行之用。似分为五个层次的相对的体用观。但若从绝对的体用观来看,则无极太极皆系指形而上之理言,为体;而阴阳五行万物皆系形而下之气言,为用。"④在贺麟看来,中西哲学中均有绝对性的体用观和相对性的体用观,而相对性的体用观在解释体用关系上更为完备。因此,在贺

---

① 《贺麟全集》第 3 卷,第 194 页。
② 《贺麟全集》第 3 卷,第 193 页。
③ 《贺麟全集》第 3 卷,第 194 页。
④ 《贺麟全集》第 3 卷,第 193 页。

麟的哲学思想中,本体即为相对性的体用观中的本体,它既是本质、理则,又是价值标准。

贺麟对本体的解释,明显受到黑格尔的影响。黑格尔说:"一切问题的关键在于,不仅把真实的东西或真理理解和表述为实体,而且同样理解和表述为主体。"①黑格尔认为,绝对精神既是绝对的实体,也是能动的主体。贺麟借用这一说法,认为体与用不可颠倒,同时又不可分离,必然合一。他说:"凡用必包含其体,凡体必包含其用,无用即无体,无体即无用。没有无用之体,亦没有无体之用。"②本体既然与用合一,即用显体,那么,本体就不可能只是抽象的概念,或外在于世界的死静之物,而是活动的主体。也正是由于本体是主体,所以本体既是本质,又是价值标准。

(二)逻辑的心即理

贺麟援引中西哲学解释本体,当然不是简单地重复中西哲学史中已有的本体观,他最终的目的是要吸收、消化西方哲学而阐扬、创造中国哲学。他援引中西哲学家的思想,比较中西哲学的体用观,不仅指出两者的相同之处,还深刻反省中国哲学的体用观,并试图提出"逻辑的心即理"这一命题,以改造、创新中国哲学。

贺麟在解释哲学意义上的两种体用观时,主要指出了中西哲学体用观的类似之处,但这并不是说他认为中西哲学的体用观没有差别。那么,两者的差别是什么呢? 在比较朱熹与黑格尔的本体思想时,贺麟以太极指称本体,认为朱熹与黑格尔的太极有不少吻合处,但主要差别也非常明显,即"黑说较注重知识的来源,而朱说则较重道德的自主","黑格尔在西洋实际影响之大几全在他注重于太极之表现于社会理想,而朱学在中国影响之大乃在其注重自个人内心涵养而得之太极。所以朱子有'一物一太极'之说","而黑格尔太极只能承认凡物皆太极的表现,而不承认一物一太极的说法了"。③ 对此,他还形象地比喻说:"黑格尔的太

① 黑格尔《精神现象学》上卷,贺麟、王玖兴译,北京:商务印书馆1979年版,第10页。
②《贺麟全集》第3卷,第197页。
③ 张学智编《贺麟选集》,长春:吉林人民出版社2005年版,第219—220页。

极是向外征服恶魔的战士,而朱子的仁心是向内克治情欲的警察。""朱子的太极是仙佛境界,黑格尔的太极是霸王威风。朱子的太极是光风霁月,黑格尔的太极是洪水猛兽。朱子是代表东方文化的玄学精,黑格尔是代表西方精神的玄学鬼。"①另外,在疏解黑格尔的精神现象学时,贺麟说:"意识经过矛盾发展过程,达到它的现象和本质的同一。而人们研究、描述、分析意识由现象达到与本质的同一的过程,亦即由现象到本质的过程的学问就是精神现象学。用中国哲学的术语来说,这就是'由用求体'的方法。'用'指现象,'体'指本质。中国哲学著作中有所谓'格物穷理','物'是现象,'理'是本质,'格物穷理'就有由现象穷究本质的现象学的素朴意义。……只是中国哲学家谈体用关系很少认识到由现象经过矛盾发展达到本质的辩证过程。"②总之,贺麟认为,中国哲学之体用偏重于道德,西方哲学之体用格外注重逻辑知识,相比于西方哲学,中国哲学在即用求体的时候,对于逻辑知识不够重视,甚至缺乏。

基于这一点,为了加强、扩充中国哲学之道德本体的逻辑知识向度,贺麟吸收康德、斯宾诺莎的哲学思想,综合程朱、陆王的理学思想,创造性地提出了"逻辑之心即理"的本体论命题。考察这一命题的构成,显然其由"心即理"发展而来,是将"心即理"之心作了"逻辑"的规定而形成。因此,理解这一命题,可以先从贺麟对"心即理"的理解出发。

"心即理"是陆王心学的命题,对这一命题的含义,贺麟有清晰的认知。他在概括地比较程朱与陆王的思想区别时说:"程朱陆王都同是要讲身心性命格物穷理之学,所不同者只是程朱主张先格物穷理,而后明心见性,先今日格一物,明日格一物,而后豁然贯通,吾心之全体大用无不明。陆王主张先发明本心,先立乎其大,先体认良知,然后致吾心之良知于事事物物。所以程朱比较注重客观的物理,陆王比较注重主观的心性。一由用回到体,一由体发展到用。"在贺麟看来,程朱和陆王只是工

---

① 《贺麟选集》,第 221—222 页。
② 黑格尔《精神现象学》上卷,译者导言第 10 页。

夫不同,他们有共同的问题意识和致思趣向,两派心同理同,同大于异,如果存异求同,程朱陆王皆偏重道德,偏重于求得道德主体之自觉。据此,贺麟认为,程朱所说的太极或理,是与心合一之理,理即心,"理已非抽象静止之理矣",[①]此理此心,乃是"主乎身,一而不二,为主而不为客,命物而不命于物"的主体。[②]

贺麟认为,程朱与陆王心同理同,他们的道德本体——主体说,与西方哲学也有相通之处。换言之,"心即理"虽然是陆王的哲学命题,但不专属于陆王,而有中西哲学史的普遍意义。在从哲学发展的趋势论证"时空是理"时,贺麟认为,由"物者理也""天者理也""性者理也"发展到"心者理也"的思想,既是中国哲学史发展的必然次序,也是西方哲学史发展的必然历程。关于中国哲学思想的发展,他认为,"物者理也、天者理也、性者理也、心者理也"的思想,"已在先秦的儒家典籍中,隐约地、浑朴地、简赅地通通具备了,到了宋儒才将这些伟大哲学识度重新提出来,显明地、系统地、精详地加以发挥",尤其是陆九渊,直接揭示出"心即理也",创立了"宇宙即是吾心,吾心即是宇宙"的伟大见解,指明"以理解自己的本心,作为理解时空事事物物的关键的先决问题"。而关于西方哲学思想的发展,贺麟认为,"物者理也、天者理也、性者理也、心者理也"的种种见解,也"已隐约地、浑朴地、平正地、美妙地、简赅地通通具于从苏格拉底到亚里士多德时期的正统哲学思想中了",到了近代,欧洲唯理主义和经验主义的哲学家对这些问题加以深入的辩难,至康德集其大成,康德"一方面把握住理性派的有普遍必然性的理,一方面又采取了经验派向内考察认识能力的方法","成立了他的即心即理亦心学亦理学的批导哲学或先天哲学",指出"要了解宇宙须批评地从了解自我的本性、认识能力着手,不然便是无本的独断,无根的玄谈"。[③] 通过对中西哲学史的考察,贺麟认为,中西哲学家"心同理同",中西哲学在各自的历史发展中,

---

① 《贺麟全集》第 3 卷,第 246 页。
② 《贺麟全集》第 3 卷,第 3 页。
③ 《贺麟全集》第 3 卷,第 23—25 页。

都走向了"心即理"的命题。如果对中西哲学中的"心即理"命题只进行求同，可知其同在于开辟了哲学研究的新方向和知识论基础，即由内以知外，以心为宇宙万有的主体。至此，贺麟完成了中西哲学本体论的统一、贯通。

中西哲学有统一、贯通之处，但两者的差异也不容忽视，正如程朱与陆王的差异不容否认。不过，找到了中西哲学的相通之处，再来看两者的差异以及各自内部的差异，就可以在统一的前提下，融会中西哲学，进而吸收西方哲学，阐扬中国哲学。如果以贺麟的相对性的体用观来看程朱陆王、中西哲学的异同，可知程朱陆王之异是用，程朱陆王之同是体；中西哲学之异是用，中西哲学之同是体。程朱陆王、中西哲学之异中求同、同中见异，正是贺麟哲学思想的创造之处。因此，通过对程朱陆王的存异求同，以及对中西哲学的存异求同，贺麟在不断略去"心即理"的特殊性的同时，不仅凸显了它的普遍性，还为它扩充了特殊的内容。具体而言，"心即理"成为具有中西哲学普遍意义的命题之时，中国哲学旧有的"心即理"命题扩充为：心即理，本体即主体，心即逻辑之心，"乃一理想的超经验的精神原则，但为经验、行为、知识以及评价之主体。此心乃经验的统摄者，行为的主宰者，知识的组织者，价值的评判者"。①

"心即理"扩充为"逻辑的心即理"，"逻辑"成为其中的关键。那么，什么是逻辑呢？贺麟说："若没有逻辑——概念的次序、语言文字的理则，则人与人之间思想上无共同的方式或范畴，彼此不能以理相喻，彼此不能相互了解，换言之，精神上不能交通。……所以，我说逻辑是精神的交通与精神上斗争的利器。再说明白一点，逻辑即是精神生活的命脉，同时也是物质文明的本源。"②显然，贺麟所说的逻辑不是指逻辑的字面意思，而主要指一种精神的法则。对于这一法则的根本含义，他认为，可以借用斯宾诺莎的"据界说以思想"和康德的"依原则而认知"予以说明。

---

① 《贺麟全集》第 3 卷，第 3—4 页。
② 《贺麟全集》第 3 卷，第 95 页。

斯宾诺莎和康德的思想同条共贯,以斯宾诺莎为例,贺麟说:"据界说以思想就是根据对于一物的本性的知识以思想,而事物的内在本性乃是固定永恒的贡献,也可以说是深藏于事物之中,为事物所必遵循的律令,……这样看来,据界说以思想即是据共相、概念、律令以思想。"他又说:"据界说以思想亦即是以真观念甚或依对于实体的观念以思想。又此心获得的真观念愈多,则愈知自然,同时亦愈知其自身的力量,此心愈能自知其力量,则愈能自立规律,指导自身,以作求治之补助。因此可以认为'此心循律令而活动,有似精神的自动机'。"①可见,贺麟用于规定"心即理"之心的逻辑,主要是在强调心为认知之心,是依自不依他的认知主体。他认为,此"逻辑"是西方哲学的精华,也是中国哲学未能发展充分而欠缺的。因此,在解释作为主体之心时,他将知识主体与评价主体并列,试图"用西方哲学表现的较为充分的逻辑理念法度、普遍规律和知识系统之心加强中国哲学表现得较为充分的道德行为、价值评价之心"。②

(三) 心物合一

在贺麟的理想唯心论中,逻辑的心即理是第一要义,但他说:"心有二义:(1) 心理意义的心;(2) 逻辑意义的心。逻辑的心即理,所谓'心即理也'。心理的心是物,……其色相皆是意识所渲染而成,其意义、条理与价值,皆出于认识的或评价的主体。"③这表明,逻辑的心即理,只是他的本体论的主要部分,而另一不可或缺的部分,是逻辑之心与心理之心的合一,即心物合一。或者从体用合一来看,逻辑的心即理,其结构为:逻辑的心→物→理。

贺麟认为,心与物是不可分割的整体,心与物的合一关系分为两个内容,即心物平行和心体物用。他说:"严格来讲,心与物是不可分的整体。为方便计,分开来说,则灵明能思者为心,延扩有形者为物。据此界

①《贺麟全集》第 3 卷,第 100 页。
②《现当代新儒学思潮研究》,第 202 页。
③《贺麟全集》第 3 卷,第 3 页。

说，则心物永远平行而为实体之两面：心是主宰部分，物是工具部分。心为物之体，物为心之用。心为物的本质，物为心的表现。故所谓物者非他，即此心之用具，精神之表现也。"①贺麟认为，心物平行是科学研究的前提，"依心物平行之理，则心不影响物，物不决定心，如是则心为心因，物为物因，以心释心，以物释物，各自成为纯科学研究之系统"。而心体物用，即心主物从，是唯心哲学的真正看法，其表明"逻辑上物永远为心所决定，意即指物之意义、价值及理则均为心所决定"。②

表面上看，贺麟一方面主张心物平行，一方面主张心体物用，两者相矛盾，如谢幼伟在评论《近代唯心论简释》时认为，贺麟所说的心物关系实为体用合一论，而非平行论，如果既说心物体用合一，又说心物平行，将造成不能调和的逻辑矛盾。贺麟在回应这一批评时，认为心物平行说和体用说并不冲突，但他也承认将两者综合，存在很多困难，自己的说法"也许尚未成功，而方向大概如此"。③ 其实，心物平行和心体物用的冲突只是表面的，从深层来看，两者并不冲突，是心物合一的应有之义。贺麟将心物平行作为科学研究的前提，且以之为心物合一的内容，并不是要在哲学的论述中掺杂科学的内容，而是在强调心物合一的知识向度，换言之，物虽然是心理之心，由逻辑之心所统摄，但不容否认其为"漆黑一团"的材料，因此在强调逻辑之心的本体、主体地位之时，也必须对物予以肯定。同时，贺麟始终强调本体即主体，主体不可能离开物而活动，不然，将陷于离用而求体、离物而求心的抽象玄谈。

基于这一点，贺麟特别强调他的"逻辑"不能离开实际生活，不能离开文化生活、社会生活、日常生活而谈"逻辑"，而他的唯心论不能离开文化或文化科学而空谈抽象的心，"注重神游冥想乎价值的宝藏，文化的大流中，以撷英咀华、取精用宏而求精神的高洁与生活之切实受用"，④如

①《贺麟全集》第3卷，第4页。
②《贺麟全集》第3卷，第296—297页。
③《贺麟全集》第3卷，第297页。
④《贺麟全集》第3卷，第5页。

此,唯心论则不落于戏论的诡辩、支离的分析、骛外的功利、蹈空的玄谈。贺麟认为,他的唯心论,既可称为唯性论,又可名为理想主义,"就知识之起源与限度言,为唯心论,就认识之对象与自我发展的本则言,为唯性论,就行为之指针与归宿言,为理想主义"。① 所谓唯性,一方面指心之本性即理,一方面指"凡物无论怎样活动发展,终逃不出其性之范围",而所谓理想主义,是指心之本性,虽然是已有的本体,但又是需要实现的理想。

逻辑的心本体论是贺麟比较、融会中西哲学的成果,其为中国哲学、特别是儒家思想哲学化的发展做出了有益的尝试。在本体观,他主要比较朱熹和黑格尔的思想,提出"本体即主体"的论断;在本体论,他主要消化斯宾诺莎和陆九渊的思想,提出"逻辑的心即理"、心物合一的命题。这一本体论说可能存在诸多问题,如他自承在比较、融会中西哲学,主要致力于求同存异,较少深入辨析差异,不免牵强附会,但其贯通中西而阐扬中国哲学的理路已成为现当代新儒学的致思之途,值得进一步肯定和继承。

三、直觉与辩证法相贯通

关于哲学方法,贺麟认为,任何哲学家都离不开三种方法,即"形式的分析与推论""矛盾思辨法"和"直觉",但每位哲学家在使用这三种方法时,各有偏重。"形式的分析与推论"即形式逻辑,"矛盾思辨法"即辩证法。以此观之,贺麟在创建他自己的哲学思想时,也是有偏重地使用了这三种方法。关于他对逻辑方法的看法,已在上文述及,不再赘言,这里集中论述贺麟对直觉法与辩证法的阐发,这两种方法是他在强调方法的自觉时尤为看重的。

相比而言,直觉法是中国哲学方法的主要特色,辩证法是西方哲学方法的主要特色,与在本体论上融会中西哲学的创见相应,贺麟致力于

①《贺麟全集》第3卷,第6页。

贯通这两种方法，一方面发明理智与直觉互补，提出亦经验亦方法的"后理智的直觉"，一方面区分辩证观与辩证法，提出亦理性亦经验的辩证直观，从而主张直觉法与辩证法统一。

（一）后理智的直觉

一般认为，直觉只是一种不可言说的神秘体验，虽然有一定的价值，能偶然地帮助人直接洞彻事物的全体，透视本质，但其终究不是理性的，没有严谨的逻辑形式，所以不可能作为一种获得真理的可靠方法；甚至还有人认为，直觉与理智是相反的，直觉是反理性、反理智的。这样的看法，无疑是将直觉归于狂诞的反理性主义了。贺麟经过长时间的思索，对此予以反驳。他认为，直觉是一种经验，也是一种方法。他说："所谓直觉是一种经验，广义言之，生活的态度，精神的境界，神契的经验，灵感的启示，知识方面突然的当下的顿悟或触机，均包括在内。所谓直觉是一种方法，意思是谓直觉是一种帮助我们认识真理，把握实在的功能或技术。"[1]贺麟肯定一般对直觉的经验性看法，但在他看来，仅从经验看直觉是不够的。具体的人在具体的情景中使用某一方法而形成经验。经验性的直觉作为一种不可否认的事实，虽然为个人所独有，但其展现出来的好坏、高下、真妄的等差，表现了直觉经验中有一种普遍意义的直觉方法或直觉工夫。因此，透过特殊的直觉经验，可以肯定在人们认识的过程中普遍存在一种直觉方法，"不能因为不采用直觉方法，便根本否认直觉之为方法，一如我们不能因为自己无有直觉的经验，便根本否认直觉经验的事实"。[2]

既然直觉作为一种方法不容被否认，那么，其与理智方法同为方法，必然有相通之处。贺麟认为，这一相通之处在于直觉与理智的辩证互补。为了说明直觉与理智在认识过程的辩证互补关系，贺麟借用康德的思想，认为从感性到知性、再到理性的认识阶段，即依次为直觉、理智、直

---

[1]《贺麟全集》第 3 卷，第 73 页。
[2]《贺麟全集》第 3 卷，第 73 页。

觉发挥主要作用的阶段，由此而有感性经验、科学知识、哲学知识。理智发挥作用，以直觉发挥作用为前提，同时又为直觉在更高的程度上返回自身提供材料。以逻辑分析为例，分析必以事物的整体印象为前提，同时又以达到对事物的整体认识为目的。据此，贺麟说："足见直觉与理智乃代表同一思想历程之不同阶段或不同方面，并无根本的冲突，而且近代哲学以及现代哲学的趋势，乃在于直觉方法与理智方法的综贯。"①

依照直觉与理智在认识过程中的辩证互补次序，贺麟进一步认为，直觉一方面是先理智的，一方面又是后理智的。他说："先用直觉方法洞见其全，深入其微，然后以理智分析此全体，以阐明此隐微，此先理智之直觉也。先从事于局部的研究，琐屑的剖析，积久而渐能凭直觉的助力，以窥其全体，洞见其内蕴的意义，此后理智的直觉也。"②这里需要注意的是，贺麟所说的先理智的直觉与后理智的直觉是同一直觉的不同表现，并非有两个直觉。由于直觉在经过理智的洗礼后，使自身更加清晰，能见其全，因此贺麟认为，可以借用斯宾诺莎的思想，即认识的正确观念越多，求知的方法就越完善，相应地可以说，"直觉的方法是不断在改进中，积理愈多，学识愈增进，涵养愈醇熟，而方法亦随之逐渐愈完善"。③

通过对直觉与理智的辩证互补关系的厘清，贺麟总结说："可以简略地认直觉为用理智的同情以体察事物，用理智的爱以玩味事物的方法。"④直觉在与理智的辩证互补中，使真理全体显现出来，这样的直觉正是求得本体的不二法门，一如本体也是在自身作为主体的活动中显现为本体。因此，从契合本体的完满程度看，贺麟倾向于将直觉称为"后理智的直觉"，以之为真正的哲学方法。

贺麟以他对直觉方法的理解来看宋儒的思想方法，认为程朱理学和陆王心学都采用的是哲学直觉法，但同时，程朱与陆王又有区别，即前者

---

① 《贺麟全集》第 3 卷，第 77 页。
② 《贺麟全集》第 3 卷，第 74—75 页。
③ 《贺麟全集》第 3 卷，第 74 页。
④ 《贺麟全集》第 3 卷，第 77 页。

注重向外观认而为透视式的直觉,后者偏重向内反省而为反省式的直觉。具体以朱熹和陆九渊为例,贺麟说:"陆象山的直觉法注重向内反省以回复自己的本心,发现自己的真我。朱子的直觉法则注重向外体认物性,读书穷理。但根据宋儒所公认的'物我一理,才明彼,即晓此,合内外之道也'一原则,则用理智的同情向外穷究钻研,正所以了解自己的本性;同样,向内反省,回复本心,亦正所以了解物理。其结果亦归于达到心与理一,个人与宇宙合一的神契境界,则两者可谓殊途同归。"①如果结合先理智的直觉与后理智的直觉,透视式的直觉近于后理智的直觉,反省式的直觉更近于先理智的直觉。

贺麟虽然认为朱陆殊途同归,但正如后理智的直觉比先理智的直觉更为完满,他认为,朱子的透视式的直觉法更为完备。他说:"陆象山注重向内反省以回复本心,朱子注重向外体认以穷究物理。但象山所得力的各点,朱子亦兼收其所长。"②更为重要的是,朱子"以回复本心为学问思辨格物穷理方能达到的高远的最后理想",为理智、逻辑知识在求得本体中的重要作用予以肯定。因此,贺麟特别表彰朱子的格物工夫,说:"朱子格物的工夫所欲达到的,非与物相接或与物一体的先理智的神秘的感性的直觉境界,而乃是欲达到心与理一的后理智的理性的直觉境界。"③

贺麟还将朱子的直觉法与西方哲学家斯宾诺莎、狄尔泰、柏格森的直觉法相比拟,认为朱子的直觉法兼具而有:第一,以价值为对象,以文化生活的充实丰富为目的;第二,以生命为对象,以生命的自由、活泼、健进为目的;第三,以形而上的真理为对象,以生活的超脱高洁,以心与理一、心与道俱为目的。④

贺麟对直觉的阐发,与他的本体论说相一致。他肯定直觉亦经验亦

---

① 《贺麟全集》第 3 卷,第 78 页。
② 《贺麟全集》第 3 卷,第 84 页。
③ 《贺麟全集》第 3 卷,第 90 页。
④ 《贺麟全集》第 3 卷,第 71 页。

方法,看重后理智的直觉和朱子的透视式的直觉,即为肯定、强调"心即理"之心是逻辑的心,逻辑的心与物合一;他在直觉与理智的辩证互补中,高扬直觉的主导地位,即为肯定本体即主体;他借用斯宾诺莎、康德、黑格尔等西方哲学家的思想,与朱陆思想相比拟,论断直觉与理智的互补,即为致力于融会中西哲学。

(二) 亦理性亦经验的辩证法

贺麟在肯定直觉法为哲学方法的同时,又明确主张辩证法是哲学家共用的方法。那么什么是辩证法呢? 简言之,他说:"辩证法就是思辨法,也就是思辨哲学的根本方法。"[1]

对于这种思辨法,贺麟认为,其最原初的意思就是以子之矛攻子之盾,即总是处于矛盾之口。其次,这种思辨的矛盾不是陷于怀疑和诡辩,而是使人回思反省,在自己陷于矛盾之中的时候,能够不断修正自己,一如苏格拉底的辩证法"不是消极地使人丧然若失,不知所可,无所适从,乃欲使人自己去寻求德性之知而且昭示人此种德性之知识可用辩证法的启发而寻到的"。[2] 再次,思辨在矛盾中不断推翻自己、修正自己,即在对立中见统一,不断地由形而下的现象界上升到本体界,最终完成最高的统一,达到至善。最后,达到至善的思辨在自己整个的运动历程中完成自己、显现自己。对照西方哲学的发展历史,贺麟认为,芝诺、苏格拉底、柏拉图和黑格尔的辩证法分别对应真正的辩证法的四个层次。而这四层在内容上,又分别对应形式逻辑、内省的道德、纯理性的知识和文化历史,且每前一层次都为后一层次所包含。因此,在贺麟看来,真正的辩证法即黑格尔的辩证法。它既超越又内在,亦经验亦理性,在矛盾中完成其自身,突破无限的对立而走向绝对的统一。

由此,贺麟认为,真正的辩证法自身就是矛盾的统一。他说:"辩证法一方面是方法,是思想的方法,是把握实在的方法。辩证法一方面又

---

[1]《贺麟全集》第 3 卷,第 104 页。
[2]《贺麟全集》第 3 卷,第 108 页。

不是方法,而是一种直观,对于人事的矛盾、宇宙的过程的一种看法或者直观。"①他还说:"辩证法一方面是求形而上学知识的思辨方法或理性方法,但一方面忠于客观事实的经验方法或体验方法,它是理性方法与精神生活的统一。"②辩证法要在矛盾统一中达到最终的全体大用,直观体验即认识全体,相比而言,两者在认识的过程上分别处于始终两端,然而实际上,在全体大用中,始点又是终点。辩证法与直观的统一在两者的区分中实现,因此,在方法和直观的统一中,贺麟对辩证法和辩证观加以区别,特别强调了辩证直观的知识向度,他说:"理智的直观,每为大诗人、小说家、戏剧家、政治家、宗教家所同具,且每于无意中偶然得之。……而哲学家的特点,就是不单是从精神生活或文化历史的体验中,达到了这种辩证的直观或识度,且能慎思明辨,用谨严的辩证方法,将此种辩证直观,发挥成为贯通的系统。"③在这种强调中,贺麟完成了辩证法与直观的互释。

贺麟认为,宋儒格物穷理的直觉法与辩证法相通。他说:"辩证法是观认万殊归为一理,一理统贯万殊的方法,就此法之多中见一言,可谓为格物(多)穷理(一);就此法之为一中见多言,可谓为以理观物。"④直觉法与辩证法,都是对本体的整体性认识方法,其所不同的地方在于,直觉法是"用理智的同情去体察外物,去反省自己",宋儒多以之为一种道德修养方法,强调主体的地位和作用,而辩证法注重对自身和外物建立知识系统,更为强调主体的活动不离开客观知识。

本体论中,贺麟在强调逻辑的心的主体性时说:"此心乃经验的统摄者,行为的主宰者,知识的组织者,价值的评判者。自然与人生之可以理解,之所以有意义、条理与价值皆出于此心即理智信。故唯心论又尝称

①《贺麟全集》第 3 卷,第 104 页。
②《贺麟全集》第 3 卷,第 114 页。"但一方面忠于客观事实的经验方法或体验方法"似缺谓语,原文如此。
③《贺麟全集》第 3 卷,第 105 页。
④《贺麟全集》第 3 卷,第 109 页。

为精神哲学，所谓精神哲学，即注重心与理一，心负荷真理，理自觉于心的哲学。"①逻辑的心是本体即主体的精神，其与理合一有两个方面，即"心负荷真理"和"理自觉于心"，心与理的双向互动，既是后理智的直觉活动，又是辩证的直观境界。

四、自然的知行合一观

知行关系是中国哲学中历久弥新的认识论命题，王阳明主张的知行合一是对这一问题的一大发明，贺麟在提出他的哲学主张时，也深入剖析了这一问题，并对王阳明的主张予以回应。贺麟认为，在探究本体之时，关于这一命题的认识不可或缺，尤其是在中国哲学偏重于道德本体讨论的情况下，如果缺少对知行问题的研究，必然陷于武断的伦理学。为此，他吸收西方哲学，特别是斯宾诺莎和格林的哲学思想，并解释、发挥朱熹和王阳明的知行合一观，创造性地提出了自然的知行合一观，对知行的自然合一与价值合一加以区分，以之作为理想唯心论的认识论的主要内容。

（一）知与行的自然合一

贺麟认为，要想将知行问题说清楚，首先要对知与行的概念有清晰的界定。关于知与行的概念，他说："知指一切意识的活动。行指一切生理的活动。任何意识的活动，如记忆、感觉、推理的活动，如学问思辨的活动，都属于知的范围。任何生理的动作，如五官四肢的运动固属于行，就是神经系的运动，脑髓的极细微的运动，或古希腊哲学家所谓火的原子的细微运动，亦均属于行的范围。"②在贺麟看来，知与行都不应从完成意义上界定，而要从生成意义上来看。知不是知识，不是指认知的结果，而是指认知活动，同样，行也不是行动的效果，而是指行为活动。

明确了知与行的含义范围，知与行的同异就显然可见了。贺麟说：

---

① 《贺麟全集》第 3 卷，第 4 页。
② 《贺麟全集》第 3 卷，第 45 页。

"知行虽是两种性质不同的活动,但知与行皆同是活动。因此我们不能说,行是动的,知是静的。只能说行有动静,知也有动静。"①他认为,知与行既然各有所指,那么,两者的性质绝对不能混同,"知"属于意识或心理,而"行"属于生理或物理;但知与行又同是人的活动,因此,知与行又有相同之处。从同是人的活动来看,知与行都处于不断生成中,而生成的内容各式各样,由此,贺麟没有在知与行的具体内容上多作解释,而是从心理事实的角度,采用"显"与"隐"的概念,对知与行作形式上的等级区分。他认为,不管是意识活动的知,还是生理活动的行,都有或显或隐的等级差别,譬如动手动足的行为是显著的生理之行,静坐是不显著的隐行,沉思推理是显著的意识之知,本能的意识为隐知,如此一来,最隐之行好像是无行,最隐之知好像是无知,或者可以更进一步说,最隐之行与显知表现为一回事,最隐之知与显行表现为一回事,如沉思既可以看做是隐行,又可以看做是显知。

从知与行的同异之分来看,知与行就是人们为了认识自身的认识活动而做出的形式上的抽象区分,因此,贺麟认为,分辨知行关系,既不能将知与行直接看做合一不分,也不能把知与行看做有分无合,而要"看出知行关系的分中之合,又要看出知行关系的合中之分"。②他说:"持知行合一说的人,既不一味说知行是合一的或混一的,亦不一味说知行是对立的、二元的。"③贺麟特别强调,用"合一"概括知行关系的时候,"合一"绝不是"混一",知与行不容混淆不清。那么,"合一"指什么呢? 他认为,"合一"首先是同时发动之意,也即是说,知行没有时间上的先后,人的心理活动与身体的动作是同时发生的,不存在先知后行或先行后知。其次,既然知行是同时发动的人的活动,则可以说两者是同一活动的两面。再次,知行作为同一活动之两面,同时发动,而两者性质不同,这说明知行是平行的,即两者同时并进,又不能交互影响。贺麟以"合一"概括知

---

① 《贺麟全集》第 3 卷,第 45 页。
② 《贺麟全集》第 3 卷,第 46 页。
③ 《贺麟全集》第 3 卷,第 46 页。

行的同异关系,最终将"合一"解释为"平行",显然更为看重知行的相同之处,即认为知行本来合一,在合一中有分别,而分别不是相背而行,其以合一为归宿。

贺麟以"平行"解释"合一",明显受到斯宾诺莎和格林的影响。在贺麟看来,斯宾诺莎主张身心平行,认为身心是同一实体的两面,相应地,知识与行为也是齐头并进,譬如"知的方面只是些糊涂的经验、混淆的观念,行的方面便是被动,便是情欲的努力"。[①] 而格林主张,有观念的知识与有动机的行为是一致的,如印象活泼有力,相应地,行为就直接冲动。贺麟借用他们的说法,认为在实然层面,知与行是同一活动的两面,两者在时间上没有先后之别,不能交互影响,知为知因,行为行因,知与行各不逾越范围,知不能使身体发生动作,行不能使知识增进。值得注意的是,贺麟对斯宾诺莎和格林的主张的借用并不是原样复述,他对知行的界定与斯宾诺莎、格林的主张不同。贺麟并不把"知"限定为知识,也不把"行"限定为行为,他主要是想从知与行的活动表现中抽象出知与行的逻辑关系。更为重要的是,贺麟的最终目的在于说明知行是合一的,因此他说:"任何一种行为皆含有意识的作用,任何一种知识皆含有生理作用。知行永远合一,永远平行,永远同时发动,永远是一个心理生理活动的两面。"[②]在贺麟看来,知行永远合一、平行,这是知行活动的自然事实,换言之,知行本来在自然层面上合一,在事实上合一。基于此,贺麟称知行合一为"自然的知行合一"。

贺麟虽然从自然事实层面对知行合一加以解释,但他主张的"自然的知行合一观"并不是想要将知行合一局限于自然事实层面。他说:"自然的知行合一论则认为知行合一乃是'是如此'的自然事实。知行本来就是合一的,用不着努力即可达到,因此单就知行合一的本身言,并无什么价值,虽然有高级的知和低级的知的知行合一之别,但以知与行的内

①《贺麟全集》第 3 卷,第 48 页。
②《贺麟全集》第 3 卷,第 49 页。

容为准。"①以内容为准,就会失去逻辑的必然性,知或行都可以为主或为从,知行关系将陷入相对主义,无法显现出价值意义。那么如何才能在知行合一的自然事实基础上,确定知行二者孰为主,孰为从,从而发现知行在价值层面上的合一呢? 这就涉及自然与价值、事实与理想的区分。价值与理想从来不是从自然、事实中推导出来的,换言之,自然事实不决定价值与理想,而是价值与理想决定自然、事实。贺麟在解释知行的自然合一的时候,认为知与行各自有显与隐的等级差别,知有显知、隐知,行也有显行、隐行,那么,是不是可以认为,在知与行的各自内部,显知与隐知相比,显行与隐行相比,其中一个应该具有更高的程度或优先性?如果可以这样推论,知与行各自内部就会有主从之分,主从之分即价值之分,也即是说在知与行的各自内部自然事实中,潜在地同时具有价值上的区分。但这样的推论是实然决定应然,是贺麟无法认同的,在理想唯心论中,逻辑的心才是主体,应然决定实然。因此,贺麟认为,知道了知行有显隐的区别,可以在知行的合一中辨别知行的主从,"亦应辨别主从,且事实上任何二者联合之合一体中,实有主从的关系"。② 但他又明确地说:"我的意思,要主从的关系的区别有意义的话,不能以事实上的显与隐或心理上的表象与背境定主从,而当以逻辑上的知与行的本质定二者之孰为主,孰为从。"③可见,贺麟在主张知行的自然合一的时候,认为必然要同时主张知行的价值合一,但知行的"价值合一"不由"自然合一"决定,而是以之为基础,同时又决定自然的合一。

(二)知与行的价值合一

贺麟主张自然的知行合一,不仅指知行有自然上的合一,还指知行

①《贺麟全集》第 3 卷,第 50 页。
②《贺麟全集》第 3 卷,第 53 页。
③《贺麟全集》第 3 卷,第 53 页。

有价值上的合一。[1] 他认为，知行的价值合一是在逻辑上对知与行的本质分出主从，但同时需要注意的是，当从价值层面看知行合一时，不能完全抛开知行的自然合一，与之相背离。价值或理想以改造自然事实为基础，不是离开自然事实的空谈。因此，贺麟认为，在从价值层面看知行的时候，必然要承认知与行是同时发动，永远平行的，但在探讨知行的价值关系时，需要重新界定知与行的含义。在价值层面上，知不是纯粹的意识活动，而是显知隐行；行不是纯粹的生理活动，而是隐知显行。

　　在贺麟看来，价值层面的知行关系是从知行合一体来看"显知隐行"与"隐知显行"的关系，而不是纯知与纯行的关系。将显知隐行与隐知显行加以比较，可知两者不会同时发动，有时间上的先后，如果想要两者合一，即求两者突破时间限制而达到"兼有"的状态。那么，如何"兼有"呢？贺麟说："对于知行合一或'兼有'的努力追求，可以分为两个途径。一是向上的途径，即是由行（显行隐知）以求与知（显知隐行）合一的途径。一是向下的途径，即是由知（显知隐行）以求与行（显行隐知）合一的途径。向上的途径是要超越不学无术的冥行，而寻求知识学问的基础，可以说是学术化的途径。向下的途径是要救治空疏之知、虚玄之知，力求学术知识之应用，俾对社会国家人类有实际的影响和裨益。可以说是求普及化、社会化、效用化的途径。"[2]他认为，不管是向上或向下的途径，显知隐行都是本质之体，而隐知显行是表现之用，显知隐行永远决定隐知显行。

　　贺麟认为显知隐行是比隐知显行更高一级的知行合一体，与他对人的活动的进一步界定有关。他说："任何人的活动都是一个求知的活动。科学家种种实验观察、旅行调查的行为，是求知'是什么'的历程。哲学

---

[1] 贺麟对自然一词有实然与应然的意义区分，如在《论人的使命》中，自然分为客观的自然事物和精神意义上的美化自然，在《自然与人生》中，自然分为与人生相对的外界自然和与人生合一的自然。因此，在他的知行合一论中，自然的知行合一与知行的自然合一是有区别的。知行的自然合一指事实层面的知行平行，而自然的知行合一强调价值的知行合一必须重视事实层面的知识。也正是有此区别，他才主张自然的知行合一观为朱熹、王阳明的知行合一观奠立了学理基础，是程朱到阳明讨论知行问题发展所必有的产物。

[2]《贺麟全集》第3卷，第51页。

家种种推论、分析、批评、怀疑的活动乃是求知'为什么'努力。道德的知识是关于'应作什么'的知识，道德家的行为是为'应作什么'的理想或价值之知所指导所鼓舞而产生的行为。他如军事家、政治家、工程师等，表面上好象以作战胜利、改革政治、发展自然等实际行为为主要目标，而以知识为附从手段。其实深一层观察，任何伟大的军事家、政治家、工程师，他们最后的目的仍是求知，他们整个生活仍是求知的生活，不过他们所求的知识，主要的乃是关于'如何做'的知识罢了。"[①]知与行都是人的活动，两者永远平行，显知隐行与隐知显行是对人的活动的进一步细分，而这里贺麟又将人的活动解释为求知的活动。显然，知行中的"知"与"行"相对，而求知活动中的"知"超越了知行相对，因此可以说，在将显知隐行与隐知显行作比较的时候，贺麟是将"知"的超越意义附加在了"显知"和"隐知"上，由此不论是显知隐行，还是隐知显行，当"知"有了超越意义，那么知主行从，显知隐行为主，隐知显行为从，就是理所当然的了。

贺麟以他主张的知行合一来衡量朱熹和王阳明的知行合一，认为从朱熹的主张到阳明的主张，再到他的主张，是讨论知行问题的必然发展产物。他认为，朱熹和王阳明的知行合一，都是价值层面的知行合一，两者都可以与自然的知行合一相印证。但不同的是，朱熹的知行合一是理想的价值知行合一，而王阳明的知行合一是直觉的知行合一。具体而言，朱熹一方面主张知先行后，知主行从，一方面主张知行应该合一，但他主张的知行合一完全没有涉及自然的知行合一，只是从理想来看知与行何以合一、如何合一。王阳明也主张知主行从，他在讲知行本来体段时，认为一念发动处便是行，这与自然的知行合一相契合，但王阳明的知行合一局限于道德心性领域，只能称之为"直觉的或率真的价值的知行合一观"。而自然的知行合一既是理想的、价值的，又是自然的、事实的，因而不仅不与朱熹、王阳明的知行合一观相冲突，反而能为他们的知行合一观奠立学理基础，即能充分地将理想与现实、自然与价值相融合，达

---

① 《贺麟全集》第 3 卷，第 54—55 页。

到以自然现实为基础,用理想价值改造自然现实的目的。于此可见,贺麟提倡的自然的知行合一虽然受到朱熹、王阳明的影响,但却想要包括甚至超越朱王。由此,贺麟在认识论上保持了他的理想唯心论的一贯主张,即要以逻辑知识补充道德心性,强调本体即主体,主体不仅是价值的评判者,更是知识的组织者、行为的主宰者、经验的统摄者。

五、现代新儒者的人生观

哲学思想并非戏论的诡辩、蹈空的玄谈,它与生活不可分离,为生活的指导,而生活为哲学思想的寄托。贺麟的唯心论既是唯性论,又是理想论,性一方面是已具的本质,一方面又是需要实现的理想,而理想一方面是事实和现实的反映,一方面又是驾驭事实、改造现实的指针,其具体到人生领域,则为在人的使命中发挥人性而养成人格,如果再具体到现代中国,这一使命则为吸收、消化西方文化而促成儒家思想的新开展,这一人格为现代新儒者人格。

（一）人的使命

贺麟认为,人有错综复杂的多方面的生活,要想建立健全合理的人生观,就要格人生之物,穷人生之理,以之作为生活的指导,而在人生的格物穷理中,首先需要弄清楚的问题就是人的使命,也即人生的理想或目的。他说:"假使一个人永久不去追问人的使命,就好象无舵之舟,漂在海上,只能随波逐流,与世浮沉,那么岂不是生活无意义无价值? 进一步说,人没有人的使命,人就没有人格,不能算是真正在做人。"①在贺麟看来,人之所以为人,就在于人有自觉的使命,这是人禽之别,是人特有的理性功能。这里,"使命"具有本质意味,是从理想看人性,表现出贺麟探讨人生观问题时的理想唯心论的最大特色。

那么,人的使命是什么? 贺麟说:"要想知道什么是人的使命,先要

①《贺麟全集》第4卷,第86页。

知道什么是人。先知道了人的本质,就知道什么是人的使命了。"①人的使命即为理想的人性,从什么角度来将人性指示出来,成为理解人的使命问题的关键。对此,贺麟认为要了解人生,就要超出人生。在贺麟看来,只有超出人生,从非人生开始认识人生,才能将人生作为外在的认识对象,对之形成整体的客观知识。

从超出人生而认识人生的视角,贺麟将人与物、天并列,提出了认识人的本质的两条原则,即"欲知人不可以不知物"和"欲知人不可以不知天"。关于知物,他认为,物有三义,即自然之物、实用之物和文化之物,其中,人是自然之物的一部分,受自然律令的支配,而实用之物和文化之物,皆由人运用理智和精神创造出来,人通过知物、用物,征服自然而创造实用之物、文化之物。关于知天,贺麟也将天分为三义,即美化的自然、天道和人格价值之源,其分别对应艺术家直觉之知天、哲学家理智之知天、道德家与宗教家践行信仰之知天,人通过知天、希天,与天为一而与神为侣。可见,在贺麟看来,相比而言,知物是人性之知识表现,知天是人性之价值表现,两者平列进行,同时又以知天为体,知物为用。由此,对人而言,知物与知天不仅不与人无关,反而是人性分别向外、向内实现自我的必然环节。贺麟说:"人是以天为体,以物为用的存在。所以人之知天知物,人之希天用物,即是人的使命、人的天职。这种使命,乃基于人的本性之必然。"②每个人与天、物相对,因此知天知物、希天用物,是每个人的普遍意义的本质和使命。

普遍意义体现在特殊事物之上,人的普遍本质和使命由具体的个体来表现,贺麟所说的知天知物、希天用物,不仅是人的抽象本质和使命,也是"某时某地的特殊个人的特殊使命"。这一使命表现于现实之中,"就是个人在全体人类社会中的使命、位分、生平工作和最大可能的贡献,即为此人所作、所应作、所不能不作、所鞠躬尽瘁、用全副精力以从事

---

① 《贺麟全集》第 4 卷,第 86 页。
② 《贺麟全集》第 4 卷,第 88 页。

的工作"。① 贺麟认为,作为个人使命的工作,不是一时一地的工作,也与职业分工无关,而是终身的事业,其一方面由自己考察、选择、担负,与个人的性情、才能有关,另一方面与环境、家庭、朋友、国家需要有关,由时代所赋予,师友所提醒。

值得注意的是,贺麟在指出个人要承担其终身工作时,特别强调这一终身工作具有公共性、永久性,必是可以成功的好的工作。他说:"这种完成个人使命的终身工作,是有决定性的,它决定个人的命运,是个人无所逃避的,它是不能任意规避的命令、责任或任务。它是有公共性的,不是个人的私事,而是公共的事业,是国家时代所赋予的;对于他人,对于社会国家,都是有益无损的。它是有永久性的,因为既是个人唯一的使命,既是个人终身的使命,就不是见异思迁,一曝十寒,随便可以变更放弃的,它是有永久性的工作。"②这样的公共性和永久性将使个人终身工作的特殊使命具有普遍意义,个人的特殊使命与普遍使命两层贯通、合一。

总之,贺麟认为,人的使命即为自觉地做人。如果从知与行的关系来看人的使命生活,贺麟说:"从知的方面说,要认识什么是人的使命,须从知物、知自然、知天或知天道着手,使人生观建筑在宇宙观上。从行的方面说,要完成人的使命,需要有鞠躬尽瘁,死而后已的终身工作。"③知为主,知行并进,人生的理想与现实既是自然合一,又能价值合一。

（二）现代新儒者人格

依据贺麟所说的人的普遍使命与特殊使命的辩证关系,在现代中国,如果通盘考虑个人的性情、才能和社会国家的时代需要,身为中国人的使命就是在各行各业努力吸收、消化西方文化而促成儒家思想的新开展,养成现代新儒者人格。有鉴于此,贺麟分析儒家思想的新开展途径,提出了现代新儒者的人格养成问题,对儒者、儒者气象、儒者态度进行了界定。

自鸦片战争起,近现代中国陷于一连串的政治军事上的失败,激起

① 《贺麟全集》第 4 卷,第 89 页。
② 《贺麟全集》第 4 卷,第 89 页。
③ 《贺麟全集》第 4 卷,第 90 页。

国人先后集中反思技术、制度、思想文化的落后问题。作为"后五四"时期的思想家，贺麟认为，中国近百年来的危机，根本上是文化的危机，其危机在于作为中国文化的主要潮流和根本成分的儒家文化，失掉了孔孟的真精神，失掉了应付新文化需要的能力，而西方文化学术的大规模输入，为儒家思想的复活和发展提供了转机、动力。他说："西洋文化的输入，给了儒家思想一个考验，一个生死存亡的大考验、大关头。如果儒家思想能够把握、吸收、融会、转化西洋文化，以充实自身、发展自身，儒家思想则生存、复活而有新的发展。如不能经过此考验，度过此关头，它就会消亡、沉沦而永不能翻身。所以儒家思想是否能够有新开展的问题，就成为儒家思想是否能够翻身、能够复兴的问题，也就是中国文化能否翻身、能否复兴的问题。"①

贺麟认为，吸收西方文化，复兴儒家思想，可以从学术研究和生活修养两方面入手。在学术研究方面，儒学可以从其本有的理学、礼教、诗教出发，分别吸收西方哲学、基督教、西方艺术，以之充实自身，应对现代新文化局势。而从生活修养方面，则要"每个中国人都具有典型的中国人气味，都能代表一点纯粹的中国文化，也就是希望每个人都有一点儒者气象"。②在贺麟看来，儒家思想的新开展不只是一句口号，也不是少数人发思古之幽情，不管是否自觉，做到何种程度，其必落于每个中国人的身上。

那么何谓儒者？何谓儒者气象？贺麟说："最概括简单地说，凡有学问技能而又具有道德修养的人，即是儒者。……儒者固需品学兼优，但因限于资质，无才能知识而卓有品德的人亦可谓儒者，所谓'虽曰未学，我必谓之学矣'。唯有有学无品，有才无品，只有知识技能而无道德，甚或假借其知识技能以作恶者，方不得称为儒者，且为儒家所深恶痛绝之人。"③贺麟对儒者的界定取广泛的意义，其根本衡量标准在于有无品德，这也正是身为儒者的根本标志。贺麟认为，这样的儒者，从气象来看，具

---

① 《贺麟全集》第 4 卷，第 13 页。
② 《贺麟全集》第 4 卷，第 18 页。
③ 《贺麟全集》第 4 卷，第 18 页。

有诗礼风度。当然，这里所说的诗礼也是取其广泛意义，不局限于传统诗教礼教条文。贺麟认为，只要不是"趣味低下，志在名利肉欲，不知美的欣赏"，就是有诗意；只要不是"粗暴鲁莽，扰乱秩序，内无和悦的心情，外无整齐的品节"，①就是有礼意。

贺麟认为，儒者的气象风度表现于做事上就有儒家态度，即"每作一事，皆须求其合理性、合时代、合人情"，"合人情即求其'反诸吾心而安'，合理性即所谓'揆诸天理而顺'，合时代就是审时度势、因应得宜"，三者相互包含、补充，不可缺一。如或不然，则会失去真的儒家的活精神，走向儒者的反面，比如"只求合时代而不合理性，是为时髦"，"只重抽象的理性而不近人情，合时代即陷于以理杀人，以主义杀人，或近人所谓以自由平等的口号杀人"。②

贺麟所说的儒者、儒者气象取广泛意义，但于儒家态度，则取最高的理想，这样的界定既为现代新儒者人格确定了本质特征，又指出了本质不断在现实中无限生长的可能。在贺麟对现代新儒者人格的论述中，另有特别值得注意的是，他认为，根据现代社会及其职业分工的特点，应该大力破除抑商、轻视技术工人、热衷做官的传统观念，尤其是要重视工商业，培养具有儒者气象的"儒工""儒商"和有儒者风度的技术人员。贺麟以他遇到的"铁匠""农夫""商人""兽医"为例，认为在现代社会高度分工的情况下，各行各业都是有一定技能知识的人，有知识虽然不一定有道德，但知识可以促进道德的提升，各行各业的人都可以儒家态度做事而具有儒家气象，"维持社会上淳良的风纪，不仅须有旧日的儒医、儒将、儒农，而且须有多数有学问修养的'儒工''儒商'，出来作支持社会的基石"。③因此，在中国工业化、现代化的发展中，各行各业之间要相互尊重，砥砺德行，共同维持社会的良序美俗，如此，中国才能重新安定现代社会秩序，走上健康的工业化、现代化道路。

贺麟对儒学的新开展途径的预判，以及对现代新儒者的人格界说，

①《贺麟全集》第4卷，第19页。
②《贺麟全集》第4卷，第19页。
③《贺麟全集》第4卷，第42页。

具有非凡的先见之明。他致力于儒学的哲学化工作,已为现当代新儒家所充实、继承,他所说的"儒商""儒工""有儒者风度的技术人员"等,正是今天的中国社会应当大力提倡的人格。贺麟的理想唯心论的思想价值与意义正在于此。

第八章　独立的哲思：现代哲学的边缘

　　新文化运动以前，近代中国社会思潮大致表现为阶段性演进的状况，例如从改良思潮演进为维新思潮，从维新思潮演进为革命思潮；当后起思潮兴盛之时，先前的思潮就基本上退出了社会意识领域。至新文化运动期间，认同近代欧美启蒙价值的自由主义思潮、认同苏俄社会主义的马列主义思潮、在酌取自由主义和社会主义前提下归宗固有传统的文化保守主义思潮同时或相继登上社会思想舞台，相互摩荡，相须演进，成为一直延续到中国现代哲学终点的三大思潮（实际上可以说，除了1949至1979年之外，三大思潮一直延续至今）。三大思潮在现代中国虽然互有冷热起伏，各擅胜场，但无疑都处于社会思想舞台的中心地位，各自聚集了诸多思想精英，且为多数思想者所依违趋归。不过在三大思潮的边缘，还存在着为数不少的杰出思想人物，他们并不能明确归属于任何一派思潮，或者说他们对于几派思潮都有兼综择取，从而成就了现代中国哲学的别样的精彩，例如以"道是式能"建构本体宇宙论的金岳霖，透悟宇宙本体即是"真情之流"的朱谦之，首先将作为20世纪哲学前沿的维也纳学派观点引入中国的洪谦，主张将唯物、解析、理想亦即马克思主义、分析哲学和中国传统思想予以综合创新的张岱年。[①]

第一节　金岳霖的具有严密逻辑性和高度思辨性的情感哲学

一、生平著述

金岳霖（1895—1984），字龙荪，祖籍浙江诸暨，出生于湖南长沙。父亲金聘之为晚清洋务派大臣盛宣怀部属，三品官衔，担任过湖南省铁路总办、黑龙江省漠河金矿总办等职。母亲唐淑贤，出身于湖南衡阳官宦之家。兄弟七人，金岳霖行七；另有姊妹二人。7岁入湖南近代教育先驱胡子靖开设于长沙的明德学校读小学。13岁入长沙雅礼学校读中学。17岁考入北京清华学堂高等科，同年10月辛亥革命爆发，即剪辫响应。未几因时局混乱，经费断绝，清华学堂停课，金岳霖遂经天津、上海辗转回家，次年清华复课方返校学习（本年秋清华学堂改名清华学校）。1914年从清华毕业，即获官费资助赴美留学，入宾夕法尼亚大学攻读商科。1917年大学毕业，获学士学位，旋即转入哥伦比亚大学研究生院专攻政治学，次年以《州长的财政权》（*The Financial Powers of Governors*）论文获硕士学位，接着在哥大攻读政治学博士学位。1920年，以《托马斯·赫尔·格林的政治学说》（*The Political Theory of Thomas Hill Green*）论文获政治学博士学位。毕业后在华盛顿乔治大学任教。1921年因母亲去世回国治丧，年底赴英入伦敦大学经济学院学习。此时开始系统研读休谟的《人性论》和罗素的《数学原理》，引发对于哲学的兴趣，遂转入剑桥大学研究哲学。1925年底回国，次年初受中国大学之聘，负责教授英文和英国史课程。同年秋转聘于清华学校（1928年夏改名清华大学），讲授逻辑学和西方哲学，后来又增开洛克、休谟、布莱德雷等专题研究课程，并于哲学系成立后任教授和系主任，兼任《清华学报》编委会委员。1931年利用一年休假到美国哈佛大学进修逻辑学。1935年中国哲学会

---

① 不能归入三大思潮的思想人物大概还有张东荪、李石岑等，因研究不及，兹付阙如。

成立,被推举为常务理事兼任会计,并任中国哲学会刊物《哲学评论》编委。1936年,所著《逻辑》一书被列入"大学丛书",由商务印书馆出版。1937年全面抗日战争爆发后,随校南下,先在长沙临时大学任教,后在昆明西南联合大学任教。1940年,《论道》一书由商务印书馆出版,标志着金岳霖本体论哲学体系的形成。该书与冯友兰《新理学》同获教育部评选抗战以来最佳学术著作一等奖,但因一等奖只有一个名额,为《新理学》所得,《论道》改为二等奖。同年,历时三载写成的《知识论》完稿,但不幸在躲避空袭时遗失,只得重新写过。1943年,应美国国务院邀请,金岳霖作为西南联大教授代表赴美讲学一年。抗战胜利后,西南联大于1946年复员,金岳霖离开昆明,经重庆回到北平,仍任清华大学哲学系教授。1948年当选为中央研究院首届院士,归口在人文组。同年完成《知识论》重写工作,交给商务印书馆,但因时局变化未能出版。1949年初北平和平解放。此年当选为中国哲学会理事,受清华大学校务委员会之命为哲学系主任。次年升任清华大学文学院院长兼校务委员会委员。1951年几次参加"学习毛主席的《实践论》"座谈会,此后开始对自己的学术思想进行自我批评。1952年秋,政务院对全国高校院系进行调整,当时分布在北京大学、清华大学、燕京大学、南京大学、武汉大学、中山大学的全国仅有的六个哲学系全部合并为北大哲学系,金岳霖任合并后的北大哲学系教授和首任系主任。1953年加入中国民主同盟。1954年任《新建设》杂志编委会委员、《光明日报》创办的《哲学研究》专刊主编。1955年,《光明日报》的《哲学研究》专刊独立为杂志,金岳霖为编委会委员。同年春调入中国科学院,参与筹建哲学研究所。6月中国科学院哲学社会科学部成立,任学部常务委员。9月哲学研究所成立,任副所长兼逻辑研究组组长。1956年被评为一级研究员;9月申请加入中国共产党,1960年被批准为正式党员。1957年与潘梓年、冯友兰等赴波兰华沙参加国际哲学会议,回国途中应邀访问苏联科学院。其时瑞典一学者提出"孔子可能系神话创造"的说法,金岳霖以孔子的后代一直存在作为有力证据,反驳道"这就是资产阶级的'独立思考'。拼命地怀疑无可怀疑的事实"！1958 年 3 月,作为中国文化代表团副团长,与许涤新、周培源、谢冰心等出访意大利、英国。同年,《知识论》未刊稿被中国科学院哲学所作为"资产阶级学术思想批判参考资料"第六辑,由商务印书馆印 2 千册,内部发行。1959 年,与逻辑研究组的同事们编写《逻辑通俗读本》,于1962 年由中国青年出版社出版;与于光远、潘梓年等主持召开京津地区逻辑学讨论会。同年,《论道》作为"资产阶级学术思想批判参考资料"第七辑,也由商务印书馆印 2 千册,内部发行,原序被删除。1961 年参加全国高校文科教材编写工作,任《形式逻辑》一书主编。所著《逻辑》一书与其他上十种重要的逻辑学著作一道被收入"逻辑丛刊",由三联书店出版。1963 年12 月 26 日,与张奚若、邓以蛰等聚会,私下为毛泽东主席贺寿,金岳霖作寿联曰:"以一身系中国兴亡,入此岁来已七十矣;行大运于寰球变革,欣受业者近卅亿焉。"1965 年完成《罗素哲学批判》书稿,迁延至 1988 年才以《罗素哲学》一名由上海人民出版社出版。1977 年中国社会科学院成立,金岳霖任哲学所副所长兼逻辑研究室主任,后又增选为学术委员,但年事已高,疏于视事。1979 年被推举为中国逻辑学会首届理事长。1980 年被遴选为国务院学位委员会哲学评议组成员。1981 年受聘为中国逻辑学会创办的中国逻辑与语言函授大学名誉校长。1982 年 10 月 11 日,中国社会科学院哲学研究所隆重举行"金岳霖同志从事哲学、逻辑学教学和研究工作五十六周年庆祝会",胡乔木、胡愈之、杨献珍、周培源、钱昌照、钱端升、梅益、于光远、冯友兰、贺麟、王力、朱光潜、洪谦、沈从文、姜椿芳、张岱年、容肇祖、沈有鼎、温公颐、王宪钧、胡世华、任继愈等二百五十多人参加庆祝会。是年金岳霖 88 岁,古称米寿,冯友兰赠联曰:"何止于米,相期于茶;论高白马,道胜青牛。"1983 年被中国逻辑学会第二届理事会推举为名誉会长。是年《知识论》一书在完稿 35 年后由商务印书馆正式出版,《论道》一书也由商务印书馆重印。1984 年 10 月 19 日,金岳霖在北京逝世,终年 90 岁。

二、道是式—能的本体宇宙论

在《论道》中,金岳霖建立了一个以"道"为最崇概念的本体宇宙论体系。关于道，他说："这里的道是哲学中最上的概念或最高的境界。"①他指出，道是实在的，但却并非如同"万物散殊"即实存事物或"观照凌虚"即思想观念那样的实在；道是可分可合的，但作为本体的道则是唯一的，他说：

> 最崇高概念的道，最基本的原动力的道决不是空的，决不会像式那样的空。道一定是实的，可是它不只是呆板地实象自然律与东西那样的实，也不只是流动地实象情感与时间那样的实。道可以合起来说，也可以分开来说，它虽无所不包，然而它不像宇宙那样必得其全然后才能称之为宇宙。自万有之合而为道而言之，道一；自万有之各有其道而言之，道无量。"道二，仁与不仁而已矣"的道，照本书底说法，是分开来说的道。从知识这一方面说，分开来说的道非常之重要，分科治学，所研究底对象都是分开来说的道。从人事这一方面着想，分开来说的道也许更是重要，"得志与民由之，不得志独行其道"的道都是人道，照本书底说法，都是分开来说的道。可是，如果我们从元学底对象着想，则万物一齐，孰短孰长，超形脱相，无人无我，生有自来，死而不已，而所谓道就是合起来说的道，道一的道。②

道之所以实，是因为它包含了"式"与"能"，此即所谓"道有'有'，曰式曰能"。③ 式与能这对范畴，是金岳霖借鉴朱熹的"理"与"气"以及亚里士多德的"形"和"质"而来的。他说："现实之不能不有也许就是朱子所说的理不能无气，气不能无理，或亚里士多德所说的形不能无质，质不能无形。本书底式类似理与形，本书底能类似气与质，不过说法不同而已。"④

---

① 《金岳霖文集》第 2 卷，兰州：甘肃人民出版社 1995 年版，第 158 页。
② 《金岳霖文集》第 2 卷，第 157 页。
③ 《金岳霖文集》第 2 卷，第 158 页。
④ 《金岳霖文集》第 2 卷，第 154 页。

所谓"能",就是"一特殊的事物"中"那根本就不是任何相的成分"。一个特殊的具体的事物,当然要有相(类似于理或形)才能构成。相有该事物所属之类的共相,又有该事物独特的殊相。但是,仅靠共相和殊相,无论如何不能构成一个特殊的具体的事物,"一特殊的事物不仅是一大堆的共相,把共相堆起来,无论如何的堆法,总堆不出一个特殊的事物来。这不仅是共相与殊相底分别底问题,殊相底'殊'虽殊于共相底'共',而殊相底相仍是共相底相。一特殊事物也不仅是一大堆的殊相,把殊相堆起来也堆不出一个特殊的事物来"。①所以在共相和殊相之外,一定还要有其他成分才能构成一特殊事物,这种成分就是能。

相是可以用概念来表达的,而能却不能用概念表达,"能既不是任何相,我们当然不能以概念去形容它",②"'能'是名字,不是名词或其他任何概念,以任何概念去'形容''能'不过是表示那概念是可能,'能'可以塞进那概念,而成普通所谓那概念范围之内的具体的东西",③所以能只是一种非概念表达的X。"名字叫'能'的那X不是普通所谓东西,也不是普通所谓事体",④而是任何事物的材料,微观如原子、电子乃至更加细微的粒子也还不是能本身,而只是普通的事物,它们也要以能作为材料,"能不是电子。能是任何事物底材料,无论电子何小,它总是一类的事物,每一电子有它底能。即令以后发现比电子小到几万倍的东西,那东西依然有它底能以为它底材料"。⑤"'原子''电子''力'都是类,都形容,都摹状;它们都可以有定义,它们也都是抽象的,它们可以只有算学方面的意义;它们都靠这里所说的X套进去方能成具体的原子、电子、力,才能有化学或物理学方面的意义"。⑥

---

①《金岳霖文集》第2卷,第154—155页。
②《金岳霖文集》第2卷,第155页。
③《金岳霖文集》第2卷,第164页。
④《金岳霖文集》第2卷,第158页。
⑤《金岳霖文集》第2卷,第155页。
⑥《金岳霖文集》第2卷,第159页。

能或称 X"是活的动的,不是死的静的";[1]能没有大小,"小东西如电子有能,大东西如世界也有能,可见能本身无所谓大小";[2]且能没有生灭,没有始终。[3] 能非概念因而不能用言说表述,但却"可以在宽义的经验中(有推论有想象的经验)抓住它",[4]例如:

> 我手上有一支纸烟,此刻它是完整的,有某形,有某色,它底来源。它底烟的那一部分在多少时前是某一地方的烟叶子;未成植物前,一部分是种子.其他部分是肥料,是水,是太阳光中的某一种光等等。它底纸的那一部分可以追到某造纸厂,由造纸厂可以追到某一种树,理论上也可以追到某一棵树,也可以追到水、光、土等等。我现在抽这支烟,原来的整体又分开来了,一部分变成灰,一部分变成烟,……烟这一部分在我底内部跋跋踬踬之后就大部分往空气里走了。成灰的那一部分变动比较地慢,起先留在烟灰缸里,以后也许就到土里与别的东西混合起来,过些时候也许又回到另外一种植物里去。这一大堆变更中,有些东西是直接经验的,有些是想象的。所谓"烟",所谓"纸",所谓"光",等等,都是可以下定义的,都没有变。可是,在此变更程序中,有 X 由"是某甲种的东西"变成"是某乙种的东西",由"是某乙种的东西"变成"是某丙种的东西",等等。这里的意思是说,我们说"这支烟变了灰",在那里变的不是"烟"类或"烟"概念,也不是 X 本身,而是"是那支烟的 X 走入'那一堆灰'里去了"。[5]

这是说,在纸烟的一系列变化中,水、光、土、肥、烟、纸等概念都没有变,可是确有非概念表达的 X 由甲变乙,由乙变丙……由此"可以在宽义的经验中"抓住 X 亦即"能"的活动及其恒在。而既然"在经验中抓住了它,

[1]《金岳霖文集》第 2 卷,第 159 页。
[2]《金岳霖文集》第 2 卷,第 155 页。
[3] 参见《金岳霖文集》第 2 卷,第 164、168 页。
[4]《金岳霖文集》第 2 卷,第 158 页。
[5]《金岳霖文集》第 2 卷,第 158—159 页。

在所谓'形而上'学底范围之内,它也就逃不出去",①因此,能可以作为本体论的范畴。

所谓"式"亦即"可能","这里所谓可能是可以有而不必有'能'的'架子'或'样式'"。② 式或可能又分两部分,"一部分是普通所谓空的概念,另一部分是普通所谓实的共相"。③ 所谓"空的概念",即虽可以有能而不必有能套入的空的架子或样式,如"超人""龙""世界共和国""剑仙"等等,"它们不是此处所谓共相,因为它们没有具体的表现,然而它们是可能,因为它们可以有具体的表现。所谓可以是逻辑方面的可以,是没有矛盾的可以,这是最普遍的可以,只要'架子'或'样式'没有矛盾,它就可以有'能',那就是说,它就是可能,它就是可以有而不必有'能'的可能"。④ 所谓"实的共相",则是有能套入的架子或样式,如红、绿、烟、灰、水等等,"凡有具体的表现(为这个红的东西、那个绿的东西等等)而又不是各个体之所分别地表现的情形,都是所谓实在的共相"。⑤ 而实在的共相"既是有'能'的'架子'或'样式',当然是可以有'能'的'架子'或'样式',那就是说共相是可能"。⑥ 因此,空的概念既是可能,实的共相归根到底也还是可能。金岳霖进一步说:"如果我们把以上所说的可能,包举无遗地,用'或'底思想排列起来,这析取地排列起来的可能本身为一可能,这可能就是此处的'式'。"这就是说,式与可能虽然混言无异,但严格说来,式是一切逻辑上没有矛盾而不只是想得到或事实上的可能的总和,亦即"式是析取地无所不包的可能"。⑦ 这种严格意义上的作为一切可能的总和的式,才是本体论的范畴。

式与能之相同在于,二者都无生无灭,无新无旧,无加无减,无始无

①《金岳霖文集》第 2 卷,第 160 页。
②《金岳霖文集》第 2 卷,第 160 页。
③《金岳霖文集》第 2 卷,第 160 页。
④《金岳霖文集》第 2 卷,第 160 页。
⑤《金岳霖文集》第 2 卷,第 160 页。
⑥《金岳霖文集》第 2 卷,第 160 页。
⑦《金岳霖文集》第 2 卷,第 161 页。

终,无所谓存在,无所谓大小,无所谓孰先孰后,①因而彼此是必然联系的,"'式'之外既没有可以有'能'的架子或样式,那么'能'只能在式之中;'能'既不能消灭,'式'之中总有'能',这当然就是说没有无'能'的式。既然如此,'能'既老在'式'之中,'式'既不能无'能','能'也不能无'式',那就是说,没有无'式'的'能'。……能与式之不能分既是必然的,则'无能的式'与'无式的能'都是矛盾,矛盾就是不可能"。② 式与能的不同则在于,式刚而能柔,式阳而能阴,式显而能晦,特别是式常静而能常动。常动的能在常静的式之每一可能中有出有入,当其入,就是能套入式的某种可能之中,这便意味着这一可能为现实存在;当其出,则是能跑出式的某种可能之外,这便意味着这一可能非现实存在。能之出入于式的过程,也就是事物的生灭过程,"'能'之入于可能,即一类事物或一具体事物底生;'能'之出于可能,即一类事物或一具体事物底死",③"'有人'表示'能'之套入'人'这一可能范围之内,'现在无恐龙'表示'能'之跑出'恐龙'这一可能范围之外,'无鬼'表示'能'根本就没套进'鬼'这一可能范围之内。照从前的说法,'能'无生灭,所以人、恐龙、鬼底生灭不是'能'底生灭。照本条底说法,'能'有出入,而这些东西底生灭就是'能'底出入"。④ 现实世界的发展变化正是通过这种必然联系、动静出入的"式—能"关系而展开。这种"式—能"关系也就是道的内容,故金岳霖说:"道是'式与能'。仅'式'无以为道,仅'能'亦无以为道,这是显而易见的道理。同时我们要知道无无'能'的'式',无无'式'的'能'。'式'无'能'为不可能;'能'无'式',即'能'之不可,也就是不可能。有'能'才有'式',有'式'才有'能'。'式'与'能'虽可以分别地讨论,却不可分开地'是'道。道是二者之'合',不单独地是'式',也不单独地是'能'。"⑤总之

---

① 参见《金岳霖文集》第 2 卷,第 155、164—169、172 页。
②《金岳霖文集》第 2 卷,第 163—164 页。
③《金岳霖文集》第 2 卷,第 176 页。
④《金岳霖文集》第 2 卷,第 173 页。
⑤《金岳霖文集》第 2 卷,第 175 页。

道一定要在式与能的动态依存关系中得以体现,这就是所谓"居式由能,莫不为道"①。

至此,金岳霖构建了一个以"道"包含"式"与"能"、由"式"与"能"的未结合或已结合而形成"可能"与"有能"、由"有能"的抽象性或具体性而分别为"共相"与"殊相"、基于"共相"寓于"殊相"的规律而落实为个体界的本体宇宙论体系(见下图)。这个体系的现实化存在着纷繁复杂的可能方式,然而归根到底,"所有的变动都是由能居式,殊相底生灭是由能居式,共相底关联也是居式由能,整个的现实历程是居式由能底历程,无极与太极也仍然居式仍然由能。……居式由能是一句关于变动底横切的或断面的话,把现实底历程切一段下来,其中任何变动都居式而由能"②,即是说,居式由能是无限复杂的宇宙变动的根本规律,"它是变底原则,动底原则,这川流不息的世界底基本原则"③。

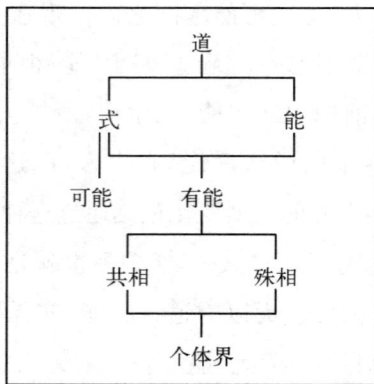

金岳霖本体宇宙论体系示意图

相应于居式由能的根本规律或基本原则,无限复杂的宇宙变动又都遵循数可先知几不可测、理有固然势无必至两条原则。关于第一条原则,所谓"数",意即"能之会出会入","会字底普通用法至少有两个:一是

---

① 《金岳霖文集》第 2 卷,第 177 页。
② 《金岳霖文集》第 2 卷,第 331 页。
③ 《金岳霖文集》第 2 卷,第 317 页。

知道或能够如何如何,例如某某会用打字机;一是一定如何如何可不知道在甚么时候如何如何,例如某某会来。本条底用法是后面这用法。或者说会入就是未入而不会不入,会出就是未出而不会不出。……这'会'虽不是必然的'必',而仍有不能或免底意思"。① 所谓"几",意即"能之即出即入","能既有出入,当然有入此出彼底情形发生。既出彼入此,也当然有未入而即将入未出而即将出的阶段。此即出即入我们叫作几",②"几没有事先决定底意义,这一点非常之重要,这表示从几这一方面着想,我们底将来不是已经决定的将来"。③ 数几相对的各自特点则是"能之即出即入,除能本身底活动外,没有什么预兆,也没有超乎此活动之外的根据,既然如此,则自知识而言之,有知识的个体无从知道究竟如何,此所以说几不可测。数可不同。数是能之会出会入,数是有决定的。根据'会'字底用法,'能之会出入于甲可能'等于说'能定出入于甲可能,可不定究竟在什么时候能出入于甲可能'。何时出入虽未定,而出入已定。所谓已定就是方向可以寻找出来,虽然有知识的个体不必能够寻找出来。数是知识底对象。有知识的个体虽不必知数而数可以先知",④这就是说,以居式由能为根本规律的大千宇宙必定是变动不居的,这是定数;但具体的变动如何实现则无从预定,只能归于几率。关于第二条原则,金岳霖说:"任何事体总是有理的或总是遵守理的,此所以本条说个体底变动理有固然。……许许多多的因果关系都可以现实,可是究竟哪一因果关系现实呢? 这可不容易说了。……这也就是说我们不知道一件特殊的事体究竟会如何特殊地发展。不仅如此,本条底主张以为即令我们知道所有的既往,我们也不能预先推断一件特殊的事体究竟会如何发展。殊相底生灭在本书看起来本来就是一不定的历程,不仅对于将来如

---

① 《金岳霖文集》第 2 卷,第 294—295 页。
② 《金岳霖文集》第 2 卷,第 289 页。
③ 《金岳霖文集》第 2 卷,第 292 页。
④ 《金岳霖文集》第 2 卷,第 304 页。

此,对于已往也是如此。……此所以说个体底变动势无必至。"①又说"在任何一时间,势究竟要表现些什么理本来就没有决定",但是"势虽无必至而有所依归。势未成我们虽不知其方向,势既成我们总可以理解。势未成,无必至;势既成,乃依理而行"。② 这就是说,宇宙间的一切变动都毫无例外地遵循因果理则,这是固定不易的;但特定的变动在所涉诸多因果关系中究竟遵循哪些理则却是乘势随机,而非预先规定的。由此,无限复杂的宇宙的存在与变动就框定于普遍性与特殊性、规律性与变化性、必然性与偶然性、决定性与随机性、可知性与不确性等关系间架之中。金岳霖特别根据第二条原则,既批评了休谟的怀疑论,也批评了科玄论战中科学派的僭妄,他说:"休谟讨论因果关系,其所以绕那么一个大圈子者,也因为它碰着势无必至底问题。他承认势无必至,就以为理也没有固然。前几年习于科学,或对于科学有毫无限制的希望的人们又以为理既有固然,所以势也有必至。一部分归纳法底困难就是这势无必至的困难。势与理不能混而为一,普通所谓'势有必至'实在就是理有固然而不是势有必至。把普通所举的例拿来试试,分析一下,我们很容易看出所谓势有必至实在就是理有固然。若真正谈势,我们也很容易看出它无必至。"③这就指出了休谟有见于势无必至而茫昧于理有固然,科学派则有见于理有固然而茫昧于势无必至,二者均失于一偏。

三、无极而太极的道的实现论

上述由道层层下贯至个体界的本体宇宙论体系只是这个体系的共时态表现,也就是"把现实底历程切一段下来"所呈现的"横切的或断面的"形态。而现实的历程当然还有历时态展开,其表现即为"道"的"无极而太极"的运动,金岳霖说:"仅居式而由能不足以表示现实历程底方向,

---

①《金岳霖文集》第 2 卷,第 319—320 页。
②《金岳霖文集》第 2 卷,第 323 页。
③《金岳霖文集》第 2 卷,第 320 页。

仅说居式由能似乎不够。现实底历程是有方向的,现实底方向就是无极而太极。"①

所谓"无极",即指道的"无始底极"。金岳霖说:"道无始。所谓无始就是说无论把任何有量时间以为道底始,总有在此时间之前的道;或者说从任何现在算起,把有量时间往上推,推得无论如何的久,总推不到最初有道的时候。可是,道既然无始,为什么又有极呢? 如果有极,那极岂不就是道底始? 这极是极限的极,是达不到的极。它虽然是达不到的,然而如果我们用某种方法推上去,无量地推上去,它就是在理论上推无可再推的极限。道虽无有量的始,而有无量地推上去的极限,我们把这个极限叫作无极。"②无极具有以下特点。其一无极为既往,"无论我们在任何有量时间上打住,那时间总是既往,而对于那时间,无极仍在前面,所以无极也是既往"。③ 其二无极为混沌,万物之所从生,"有这个有那个就是有分别,所以清楚。无这个无那个就是无分别,所以混沌。从时间上着想,这样的'有'虽不能上追到这样的'无',而这样的'有'底极限就是这样的'无'。无极是这样的无,所以无极为混沌,万物之所从生"。④其三无极非能而近乎能,"无极不是单独的式或能,而是现实的能,在式的能","我们这样的世界可以没有,而式不能没有,能不能没有,现实不能没有。无极是这样不能没有的现实,它不是能而近乎能"。⑤ 其四无极为理之未显,势之未发,"我们可以说无极有理而无势。无极不过是未开的混沌而已,它不是毫无所有的无,也不是不可能的无,它既是现实,当然有理。可是,有理之有不是有势之有,未显的理仍为理,未发的势不是势。……无极有理而理未显,势未发故无极无势"。⑥

所谓"太极",即指道的"无终底极"。金岳霖说:"道无终始。无论以

①《金岳霖文集》第 2 卷,第 331—332 页。
②《金岳霖文集》第 2 卷,第 311 页。
③《金岳霖文集》第 2 卷,第 311 页。
④《金岳霖文集》第 2 卷,第 312 页。
⑤《金岳霖文集》第 2 卷,第 314、315 页。
⑥《金岳霖文集》第 2 卷,第 317—318 页。

什么有量时间为道底始,在那时间之前已经有道;无论以什么有量时间
为道底终,在那时间之后,道仍自在。道虽无始,而无始有它底极限;道
虽无终,而无终也有它底极限。无始底极,我们叫作无极;无终底极,我
本来想叫作至极,可是既有太极这名称与无极相对待,我们似乎可以利
用旧名称把无终底极叫作太极。无极既不是道底始,太极也不是道底
终。追怀既往,我们追不到无极;瞻望将来,我们也达不到太极。无极与
太极都是极,都是极限的极,它们虽然是不会达的,而它们不是不可以现
实的。"①与无极相应,太极具有以下特点。其一太极为未达,"太极带点
子'目标'味,即英文中 for what 那种味道"。② 其二太极为至,太极至真、
至善、至美,至如,"我们要知道在日常生活中,真、善、美有分别,因为它
们都是相对的,它们所相对的既不同,它们本身也有分别。太极是绝对,
势归于理也可以说是万归于一。在这种情形之下,真就是美,美就是真,
而它们也都是善。太极既是绝对的,真善美也都是绝对的,所以本条说
至真、至善、至美。但是为什么也至如呢? 虽然道莫不如如,而在日常生
活中,因为情不尽性用不得体,万事万物各就其本身而言都不完全地自
如。在现实底历程中任何一阶段,万事万物都在那不均衡的状态中,无
时可以安宁,无时可以休息,所以无时不在相当紧张状态中。这就是说
它们都不完全自在,不完全自在当然也就是不完全自如。在太极情尽
性,用得体,万事万物莫不完全自在,完全自如"。③ 其三太极非式而近乎
式,"我们要特别注意在太极势归于理,所谓势归于理就是理势合一。在
理势合一的状态之下,理是纯理,势是纯势。在现实底历程中,情不尽
性,用不得体,势虽依于理而不完全地达于理,我们似乎可以这样地说:
势既不完全地达于理,势是拖泥带水的势;理既不为势所达,理也是带上
渣滓的理;所以势不是纯势,理也不是纯理。在太极势归于理的情形之
下,理势都纯。理是共相底关联而不仅是可能底关联,所以理不是式,这

① 《金岳霖文集》第 2 卷,第 326 页。
② 《金岳霖文集》第 2 卷,第 327 页。
③ 《金岳霖文集》第 2 卷,第 329 页。

一点上面已经表示清楚。可是，势归于理的理是纯净清洁的理，是渣滓澄清后的理，纯到无可再纯，所以虽与势合，而差不多纯到式那样的通明透亮。所以本条说太极非式而近乎式"。① 其四太极绝逆尽顺，理成势归，"变动之极势归于理，势归于理则绝逆尽顺。……天演这名词范围不够宽，'道演'两字也许合格。道演之极当然是势归，可是势归也就是理成。在现实底历程中，好些东西互为顺逆。害虫猛兽相对于我们底要求，我们不能不说它们阻许多现实之达于理。可是害虫猛兽其本身也依于理，而相对于它们，我们也不能不承认我们阻它们之达于理。在无极而太极，顺逆兼备，不兼备不足以为道。在太极，绝逆尽顺，不绝逆尽顺也不足以为道"。②

分别地看，"无极"与"太极"构成道的两极，"无极是无，太极是有。无极是混沌，太极是清楚。无极虽不是道底始，而是道无始底极；太极虽不是道底终，而是道无终底极。无极非能而近乎能，太极非式而近乎式。……无极与太极相对称。在无极老是现实的可能还没有现实，在太极老不现实的可能却已现实。在无极不可以不现实的仍不可以不现实，在太极不可以现实的仍不可以现实。无极不是不在式的能，太极也不是无能的式。无极不是单独的能，太极也不是单独的式"。③ 联系起来看，"无极而太极"则是道的无始无终的现实历程，"道无终始，现实不从无极始到太极终。虽然如此，现实仍有方向，它底方向是由近乎无极那样的现实到近乎太极那样的现实。……若从现实底历程着想，整个底现实历程就在这'而'字上"。④ "无极而太极"的历程囊括且穷尽一切可能的变动：

> 无极而太极可以说是天演，也可以说是造化。好些可能只在现实底历程中现实，例如自然史所发现的许多野兽，在太极这些可能

---

① 《金岳霖文集》第 2 卷，第 331 页。
② 《金岳霖文集》第 2 卷，第 334 页。
③ 《金岳霖文集》第 2 卷，第 330 页。
④ 《金岳霖文集》第 2 卷，第 332 页。

不会再现实。从这一方面,现实底历程象天演,但现实底历程范围比天演大得多,而无极而太极比现实历程底范围更大。式中所有的可能都"会"现实,不然不是可能;我们想象力所能想象的任何可能也都会现实;我们可以思议的任何可能也都会现实。现在的问题是所有的可能底现实,而不是一些现实底淘汰。这样的无极而太极也许我们利用造化两字表示,这两字也不大好。本条说无极而太极理势各得其全,理势各得其全底意思就是说所有的可能都在无极而太极现实——或老在现实,或正在现实,或曾经现实而现在不现实,或曾经现实而现在继续地现实,或现在未现实而将来会现实——天演与造化底意思均有而范围更大。

请注意我们这里说所有的可能都在无极而太极现实,这显而易见地不仅是谈现实底历程,无极而太极不仅是现实底历程。在现实底历程中老不现实的可能依然老不现实,所以在现实底历程中,所有的可能不都现实。上条讨论方向的时候,我们曾表示过整个的现实历程在"而"字上。现实底历程不从无极始到太极终。无极而太极虽表示现实底方向,而不等于现实底历程;它不仅包含现实底历程,而且包含无极与太极。要在这个条件之下,所有的可能才都现实,理势才各得其全。①

但"无极而太极"的历程又不仅仅只是客观的可能的变动,这一历程还蕴涵着价值目的,"现实底历程是有意义的程序,这就是说现实底历程不是毫无目的、毫无宗旨的,它不仅是历程,而且是程序。无极而太极不仅表示方向,而且表示目标,表示价值"。②

对于曾经、正在乃至将要存在的无量数的个体来说,"无极而太极"的历程表现为情求尽性、用求得体的目的性。金岳霖解释"性"为"个体底共相存于一个体者","情"为"个体底殊相存于一个体者","体"为"性"

---

①《金岳霖文集》第 2 卷,第 332—333 页。
②《金岳霖文集》第 2 卷,第 335 页。

之"相对于其他个体者","用"为"情"之"相对于其他个体者",①也就是说,"从性质方面着想,从共相之存于一个体者这一方面着想,一个体是一个性;从关系方面着想,从共相之相对于其他个体者这一方面着想,一个性是一个体。相当于性质的殊相本条叫作情,相当于关系的殊相本条叫作用"。② 一切个体都是基于殊相而企往共相,以求情尽性且用得体,"情总是求尽性的,用总是求得体的。水之就下,兽之走旷,是具体的水求尽水底性,具体的兽求尽兽底性。大多数树木之弃阴就阳也就是具体底树木求尽树木底性。风雨雪雹、星辰日月都有这情求尽性用求得体的现象。求尽性似乎是毫无例外的原则,不过程度有高低的不同,情形有简单与复杂底分别而已。……本条底讨论虽以人为例,而本条底范围不只于人。万事万物莫不情求尽性用求得体。性是情之所依,性表于情,情依于性。个体底变动从一方面看来是情,是殊相底生灭;从另一方面看来是性,是共相底关联。情求尽性即势求依于理"。③ 尽管事实上"情虽求尽性,用虽求得体,而情不尽性,用不得体",④甚至"情老在那里求尽性而老不尽性,用老在那里求得体而老不得体",⑤也就是说殊相或许永远不能与共相合一,但这种企往毕竟体现了"无极而太极"历程中的个体的完美倾向,因而具有价值内涵。

而对于无始无终的道的现实来说,"无极而太极"的历程则指向至真至善至美的绝对的目标,亦即太极至境,"至善、至美、至真都是老不现实的目标。……这种老不现实的目标是绝对的目标","在无量长的时期,它们会现实,所以它是目标","老不现实的可能即在太极也就现实"。⑥不过在太极至境现实之前,"无极而太极"的历程已经淘汰了许许多多可能的现实,"有好些可能对于太极已经是现实过而不再现实的可能,这就

---

① 《金岳霖文集》第 2 卷,第 320 页。
② 《金岳霖文集》第 2 卷,第 321 页。
③ 《金岳霖文集》第 2 卷,第 321—323 页。
④ 《金岳霖文集》第 2 卷,第 324 页。
⑤ 《金岳霖文集》第 2 卷,第 325 页。
⑥ 《金岳霖文集》第 2 卷,第 309、330 页。

是说,在现实底历程中这些可能底现实已经洗刷淘汰,太极所现实的不过是式中一部分的可能而已"。① "无极而太极"的历程所淘汰的那些可能的现实并不仅仅只是物竞天择、适者生存的自然结果,而是往往包含着深刻的价值取舍,"在太极有好些现实总是要淘汰的。历史上的野兽免不了已经淘汰,切己的问题当然是人。大多数的人以为人是万物之灵,这从短期的历史上着想,大概是这样。在现实底历程中是否有过类似我们这样的东西已经淘汰,我们不敢说,也无法知道。以后人类是否会被淘汰,我们也不敢说。我个人对于人类颇觉悲观。这问题似乎不是人类以后会进步不会底问题。人之所以为人似乎太不纯净。最近人性的人大都是孤独的人,在个人是悲剧,在社会是多余。所谓'至人'或'圣人'或'真人',不是我们敬而不敢近的人,就是喜怒哀乐爱恶等等各方面都冲淡因此而淡到毫无意味的人。这是从个体的人方面着想。若从人类着想,不满意的地方太多,简直无从说起。人类恐怕是会被淘汰的"!② 这当然是着眼于德性而推测可能的现实在"无极而太极"的历程中的命运。综括而言,无论从"无极而太极"的历程的指向,还是从这一历程对于可能的现实的洗汰,乃至从这一历程中的无量数个体对于尽性得体的不辍追求,都意味着无始无终的道的现实是有意义、有目的、有宗旨、有价值的,"不过在短时期内,我们看不出来而已。以千年、万年、百万年为单位,我们看不出整个的道演底踪迹"。③

四、以所得还治所与的认识论

金岳霖的另一部巨著是《知识论》,在这部巨著中,他通过对作为认识结果的知识的研究,④实际上全面深入地探讨了认识的来源或对象、认

---

① 《金岳霖文集》第 2 卷,第 330 页。
② 《金岳霖文集》第 2 卷,第 334—335 页。
③ 《金岳霖文集》第 2 卷,第 335 页。
④ 金岳霖说:"知识不必亲知,而认识总是亲认。"(见《金岳霖文集》第 3 卷,第 213 页)表明知识归根到底是认识的结果,研究知识的构成当然涉及认识的机理。

识的心理机制、认识的方式、认识的目的以及认识的真假标准等问题。金岳霖反复声明，他的《知识论》"是论日常知识的书"，"所论的是常识中的知识"，"所论的知识是平平常常的知识"，"我们以日常生活中所认为知识那样的知识为对象"，[1]并不涉及形上学本体论，他说："有一说谓我们所能知道的是现象不是本体，这样的本体究竟有没有很难说。我们并不以为它既不能知，我们就可以否认它底有，也许我们虽不知道它，而它仍有。我们也不以为它既不能知，我们就不能知其有，也许我们虽不知道它，而我们仍知其有，知其有与知其形色状态也许是两件事。可是，无论它有或没有，本书不讨论这一问题。如果它有而同时是可知的，那么它虽与现象不同，然而它与现象同为知识底对象，我们在导言中不必提出讨论。如果它有而又是不可知的，那么它不是知识底对象，我们根本不应该提及它。如果它有而同时又是我们知道它是我们所不能知道的，那么它底有虽是知识底对象，而它本身仍不是知识底对象，即令我们须提及前者，而我们无从讨论后者。可是也许根本就没有本体，果然如此，知识论当然用不着讨论这一问题。作者在别的立场也许承认有类似本体而又无法可知的'东西'，但是在知识论，我们仍无须乎牵扯到那样的'东西'。"金岳霖所谓"别的立场"大概就是他在《论道》中所持的形上学本体论立场，但在《知识论》中，他将那种立场收缩到形下世界，将研究范围限定在实际领域，这使他的认识论具有相当鲜明的科学（特别是逻辑学）特点。不过金岳霖并不认为他的认识论仅仅就是科学，而仍以之归于哲学范畴，他辨析说："哲学以通为目标"，"科学以普遍的真为目标"，"知识论与科学相似，它底对象是普遍的理，但是它底目标不是真而是通。由后说它不是科学，而是哲学类中的一门学问。……这里所要特别注意的是知识论虽以知识底理为对象，虽以普遍的真为对象，而它底目标不是真而是通。从对象说，它与科学一样；从目标说，它与科学不同"，"本书所要陈述的知识论是以知识底理为对象的学问。它底对象是普遍

---

① 《金岳霖文集》第 3 卷，第 785、789、793、831 页。

的,所以它不是记载学;虽有人把它看成人类知识史,而根本不是知识史。它底目标是通,不是真,所以它底对象虽是普遍的理,而它仍不是科学,它是哲学类中的学问",①这就是说,从知识角度看,知识论并不是某一或某些学科的特殊知识,而是普遍的知识之理;从认识角度看,认识论也不是对某一或某些领域的特殊认识,而是关于认识的来源或对象、认识的心理机制、认识的方式、认识的目的、认识的真假标准等的一般规律的认识。

那么认识的来源或对象是什么呢? 金岳霖说:"知识底大本营既然是对于耳闻目见的世界底知识,主要的知识者也就是耳能闻目能见的知识者。"②由此可知,认识来自认识者通过感官对于外部世界的把握,或者说认识来自外部世界对于认识者的感官的作用,"所与或外物是知识底材料",③"间接知识底大本营依然是对于所谓耳闻目见的世界底知识",④这就确凿肯定了一切知识都来源于"独立存在的外物"亦即客观的外部世界。⑤ 金岳霖又说:"思想活动有原料,有内容,有对象。原料是所与所供给的,或者说就是所与。……普通以对象为外物,以内容为现象,以前者为在外,以后者为在内。本书底说法与这说法相似。照本书底说法,对象是所与,内容是所觉,而客观的呈现在性质上就是所与。"⑥此所谓思想活动即认识活动,原料即认识得以形成的素材,内容即据素材所形成的认识或曰知识;原料来自所与甚至就是所与,所与就是客观的外部世界及其呈现,⑦因此,客观的外部世界既是认识的最终来源,也是认

---

① 《金岳霖文集》第 3 卷,第 6、10—11、15—16 页。

② 《金岳霖文集》第 3 卷,第 19 页。

③ 《金岳霖文集》第 3 卷,第 111 页。

④ 《金岳霖文集》第 3 卷,第 19 页。

⑤ 金岳霖说:"在实在主义底立场上,'有独立存在的外物'是一无可怀疑的命题。……本书一直认为它是真的,并且在本书底立场它也是无可怀疑的。本书直接承认这一命题。"见《金岳霖文集》第 3 卷,第 107—108 页。

⑥ 《金岳霖文集》第 3 卷,第 261—262 页。

⑦ 金岳霖说:"所与有两方面的位置,它是内容,同时也是对象。就内容说,它是呈现;就对象说,它是具有对象性的外物或外物底一部分。"见《金岳霖文集》第 3 卷,第 117 页。

识的唯一对象。金岳霖总括道:"知识总是客观的。知识底根据总是客观的呈现。假如一官觉类司时是一知识类,该类所能得的知识底根据,总是该类底所与,这就是说,总是该类各官觉者底客观的呈现,而不是他们底主观的呈现。"①这就明白无误地将认识的基点落实到客观的外部世界。

但是,仅有客观外部世界这一方面无疑不可能形成认识,"知识本来是对于外物的知识,有官觉和有外物这两命题本来应该有同等的待遇",②"外物本来是有的,它底存在和官觉者底存在一样地是正觉底与料",③这就点明了认识者的心理机制对于认识的形成也是不可或缺的方面。形成认识的心理机制首先是官觉(亦即感觉),"官觉总是知识底窗子";④其次是官觉与外物相契而产生的客观的呈现或所与(亦即表象),"我们以后称客观的呈现为所与。所与是知识底最基本的与料,任何知识都直接或间接地追根到它";⑤另外还有习惯、记忆、意志等等。认识者基于认识的心理机制,进而还须运用一系列认识方式,才可能成就认识。认识方式大致诸如:经验,"无论知识是甚么东西底知识(是人底知识也好,是猴子底也好,是狗底也好……)它总来自那东西底经验,任何知识决不能先于经验而得",⑥"知识底大本营是官觉经验";⑦摹状与规律,"所谓摹状,是把所与之所呈现,符号化地安排于意念图案中,使此所呈现的得以保存或传达",⑧"所谓摹状,是意念上的安排,以保留或传达所与之所呈现。此意念上的安排不能不同时是规律",⑨"所谓规律,是以意

① 《金岳霖文集》第 3 卷,第 433—434 页。
② 《金岳霖文集》第 3 卷,第 77 页。
③ 《金岳霖文集》第 3 卷,第 109 页。
④ 《金岳霖文集》第 3 卷,第 105 页。
⑤ 《金岳霖文集》第 3 卷,第 110 页。
⑥ 《金岳霖文集》第 2 卷,第 173 页。
⑦ 《金岳霖文集》第 3 卷,第 25 页。
⑧ 《金岳霖文集》第 3 卷,第 315 页。
⑨ 《金岳霖文集》第 3 卷,第 33? 页。

念上的安排,去等候或接受新的所与",①"无论我们从时间上的先后着想也好,或从非时间上的先后着想也好,摹状与规律没有先后问题。……从必要条件与充分条件说,彼此是彼此底必要条件,彼此也是彼此底充分条件。摹状与规律这两意念,有点像普通所谓两极意念,例如左右、上下、因果……等等,这就是表示摹状与规律分不开";②收容与应付,"收容是把一时官能之所得保留起来。……收容既是如此地保留所与,官觉者有所收容,也就能够应付","官觉者能够应付,他对呈现上的激刺总有反应,总受了够使他发生应付的影响,而这就是说总得到收容底结果。……只要官觉者对于所与有行为上的反应,他就有应付一部分的所与底能力",③"一官觉者对于他所得的所与,假使没有收容,则所与对于他有如东风拂耳,一纵即逝,他根本不能有觉。一官觉者对于他所得的所与,假使他不能应付,则他对于所与没有相当的反感,也许他要吃亏;而在此情况下,他也没有觉。能收容与应付,我们是否就能说有觉,颇有问题;但不能收容与应付,我们不能说有觉。收容与应付二者交相为用。一官觉者不能收容,他也不能应付;他不能应付,他也不能表示他底所与已经为他所收容。可是虽然如此,收容与应付依然是两件事";④抽象,"抽象这一工具在知识论特别地重要。……它是知识底主要工具",⑤"抽象这工具最为重要。抽象的成分实在是知识底必要条件。没有抽象的成分,不但语言不可能,传达不可能,意念不可能,知识也不可能。只有官能而无抽象能力,不但共同知识不可能,即亲知也不可能。官觉者总要能够超出他一时一地底官觉底所得,不狃于特殊的与具体的,他才能有知识。具体的底重要在增加亲切成分、综合成分、图案成分,而抽象的底重要在化官觉之所得的所与为知识。……从由官觉阶段进而入于知

---

① 《金岳霖文集》第 3 卷,第 322 页。
② 《金岳霖文集》第 3 卷,第 333—334 页。
③ 《金岳霖文集》第 3 卷,第 167—168 页。
④ 《金岳霖文集》第 3 卷,第 166 页。此所谓"反感"意即"反应"。
⑤ 《金岳霖文集》第 3 卷,第 205 页。

识阶段着想,抽象这一工具最为重要";①思议,"没有思议根本没有知识,有思议才有知识";②意象,"所谓认识,以上已经说过是把已往的所得的综合的图案综合地引用到当前的呈现上去。请注意,照此用法,图案是意象,不是意念。……第二点,我们得注意这图案不是抽象的,是类似具体的。……意象虽不是具体的东西那样的具体,然而它是类似具体的。第三点,我们得注意这图案不是普遍的,是类似特殊的";③保存与整理,"有知识就是有真命题底发现。知识经验底继续一方面是保存与整理已有的发现,另一方面是从事于新的发现,新的发现有时寓于旧的发现底整理之中";④如此等等。金岳霖常常将认识方式称为工具,在"收容与应付"一章中,他说:"本章的主要题目是收容与应付所与,所提出的工具也不少,它们都各别地有它们的特别的职务,而这些职务都重要。"⑤综上所述,在金岳霖看来,认识者基于心理机制,运用认识方式或认识工具去对待客观外部世界,才是成就知识的充要条件。

那么认识的目的是什么呢？一言以蔽之,即"以得自所与者还治所与"。⑥金岳霖在《知识论》中反复表达这一意思,如谓:"本书底主旨可以说是以官能之所得还治官觉,或以经验之所得还治经验或去作更精确的经验",⑦"所谓经验,实在是以得自所与者还治所与,这一点非常之重要",⑧"知识经验就是以所得还治所与。以得自所与的意念还治所与就有觉。官能无错误,官觉有错误,引用 A 意念于不能承受 A 意念的所与就是错误。如果意念引用得不错的时候,结果就是发现事实。事实是知识的直接对象",⑨"本书底主旨是以经验之所得还治经验,或以得自官觉

---

① 《金岳霖文集》第 3 卷,第 210 页。
② 《金岳霖文集》第 3 卷,第 260 页。
③ 《金岳霖文集》第 3 卷,第 212—213 页。
④ 《金岳霖文集》第 3 卷,第 833 页。
⑤ 《金岳霖文集》第 3 卷,第 210 页。
⑥ 《金岳霖文集》第 3 卷,第 294 页。
⑦ 《金岳霖文集》第 3 卷,第 216 页。
⑧ 《金岳霖文集》第 3 卷,第 340 页。
⑨ 《金岳霖文集》第 3 卷,第 416 页。

者还治官觉。知识者实在是以所与摹状所与,在多数所与中抽出意念以为标准,然后引用此标准于将来的所与,以为接受将来的所与底方式",①"在知识经验中,我们实在是以得自官觉者(虽然有约俗成分)还治官觉",②"任何意念本身就是小的图案,这小的图案来自所与也还治所与。……意念图案是四通八达的,它底关联脉络就是意思与命题,它也是得自所与,也是能还治所与的"。③ 由于所与既可指观念中的表象,也可指客观的外部世界,④那么在金岳霖看来,得自所与的认识所还治的所与究竟指向前者还是后者呢? 如果指向前者,则认识的目的不过是封闭在观念领域之中,而与客观外部世界无关,然而这不是金岳霖的意思。金岳霖说:"知识本身就可以说是应付具体的环境,以求适合我们底生活底工具。"⑤他举例说:"植物学家看见一棵树和普通的人看见一棵树大不一样,分别就在于植物学家能够引用一整套的意念结构于所与。"⑥既要以知识应付环境、适合生活、研究事物,当然也就是要使认识作用于客观外部世界,这也就是金岳霖主张的认识的目的。

关于认识的真假标准,金岳霖指出主要有四种说法,他说:"真假底说法非常之多,有好些我们根本不提出,我们所要提出的只有以下四种:(一)融洽说,(二)有效说,(三)一致说,(四)符合说。"⑦他逐一否定了前三种说法。对于融洽说,他说:"从命题真假说,或从以真假为命题底真假说,融洽说总有不大对题的情形。本书既是论日常知识的书,所发生兴趣的所谓真假是命题底真。融洽说底玄学趣味重,对于本书底主旨不免扦格不通。"⑧对于有效说,他在提出一连串质疑之后说:"无论如何,

①《金岳霖文集》第 3 卷,第 608 页。
②《金岳霖文集》第 3 卷,第 646 页。
③《金岳霖文集》第 3 卷,第 834 页。
④ 参见《金岳霖文集》第 3 卷,第 117 页。
⑤《金岳霖文集》第 3 卷,第 208 页。
⑥《金岳霖文集》第 3 卷,第 416 页。
⑦《金岳霖文集》第 3 卷,第 783 页。
⑧《金岳霖文集》第 3 卷,第 785 页。

本书所要求的所谓真,有效说不能满足。"①对于一致说,他说:"单是命题一致底一致,没有积极的意义,至少就真假说,它是如此。""我们所论的是常识中的知识,所发生兴趣的真假是常识中的真假。兴趣既不是形上的,我们不能以形上的说法来解释一致和真假底关系。"②"一致说我们也不赞成。"③在前述基础上,金岳霖肯定了符合说,他说:"本书不赞成融洽说、有效说或一致说,所采取的是符合说。"④"在日常生活中,我们的确以真为命题和事实或实在底符合。"⑤"符合说确有困难,即令困难不是以上所说的,它还有别的类似的困难,问题是我们是否因为它有困难就舍而不用。主张一致说或有效说或融洽说的人大都以符合说有困难而放弃它,本书认为符合说不容易放弃,而在本书底立场上说,不应放弃。"⑥"我们不应该放弃符合说,因为符合说是最原始的真假说法。所谓原始的说法是说,一方面在思想及工具未发达的时候,我们只有此说法;另一方面,别的说法都根据于此说法。"⑦"本书所主张的即是符合说。所谓真当然就是符合。……在日常生活中,我们大都以符合与否为真假底定义,其所以如此者,因为常识接受一独立于知识者的客观的外界。命题对于那个外界有所陈述或有所断定,命题底真假不能与那个外界不相干。知识者不能要求那个外界迎合知识者底意趣,不能盼望那个外界来将就知识者底命题,他只能要求他底命题和那个外界中的情形符合。……无论如何,本书以符合为真底定义,所谓真就是符合。"⑧这就明确地以客观外界或事实、实在作为通过命题所表现的认识之真假的标准,强调认识必须符合客观外界,而不是相反。

---

① 《金岳霖文集》第 3 卷,第 787 页。
② 《金岳霖文集》第 3 卷,第 788、789 页。
③ 《金岳霖文集》第 3 卷,第 819 页。
④ 《金岳霖文集》第 3 卷,第 822 页。
⑤ 《金岳霖文集》第 3 卷,第 789 页。
⑥ 《金岳霖文集》第 3 卷,第 790 页。
⑦ 《金岳霖文集》第 3 卷,第 791 页。
⑧ 《金岳霖文集》第 3 卷,第 803 页。

综上所述,金岳霖阐明了认识的形成必须具备客观外部世界和具有认识的心理机制与方式(亦即工具)的认识者这两方面,而客观外部世界乃是认识的来源或对象、认识的目的以及认识的真假标准;由于客观外部世界实为根本的所与,所以金岳霖的认识论可以概括为得自所与并且还治所与的认识论。

五、知识论的态度与元学的态度

金岳霖的道是式—能的本体宇宙论、无极而太极的道的实现论及其以所得还治所与的认识论都具有严密的逻辑性和高度的思辨性,但他却并不只是一个纯理性而无情感的学者。他将自己的学术态度区分为"知识论的态度"和"元学的态度"。在谈到《论道》一书的取名时,他说:

> 每一文化区有它底中坚思想,每一中坚思想有它底最崇高的概念,最基本的原动力。……中国底中坚思想似乎儒道墨兼而有之。中国思想我也没有研究过,但生于中国,长于中国,于不知不觉之中也许得到了一点子中国思想底意味与顺于此意味的情感。中国思想中最崇高的概念似乎是道,所谓行道、修道、得道,都是以道为最终的目标;思想与情感两方面的最基本的原动力似乎也是道;成仁赴义都是行道;凡非迫于势而又求心之所安而为之,或不得已而为之,或知其不可而为之的事,无论其直接的目的是仁是义或是孝是忠,而间接的目的总是行道。……不道之道,各家所欲言而不能尽的道,国人对之油然而生景仰之心的道,万事万物之所不得不由、不得不依、不得不归的道,才是中国思想中最崇高的概念,最基本的原动力。对于这样的道,我在哲学底立场上,用我这多少年所用的方法去研究它,我不见得能懂,也不见得能说得清楚,但在人事底立场上,我不能独立于我自己,情感难免以役于这样的道为安,我底思想也难免以达于这样的道为得。关于道的思想,我觉得它是元学底题材。我现在要表示我对于元学的态度与对于知识论的态度不同。

研究知识论,我可以站在知识论底对象范围之外,我可以暂时忘记我是人,凡问题之直接牵扯到人者,我可以用冷静的态度去研究它,片面地忘记我是人适所以冷静我底态度。研究元学则不然,我虽可以忘记我是人,而我不能忘记"天地与我并生,万物与我为一",我不仅在研究底对象上求理智的了解,而且在研究底结果上求情感的满足。虽然从理智方面说,我这里所谓道,我可以另立名目,而另立名目之后,这本书底思想不受影响;而从情感方面说,另立名目之后,此新名目之所谓也许就不能动我底心,怡我底情,养我底性。知识论底裁判者是理智,而元学底裁判者是整个的人。①

由此表明,金岳霖在学术研究中虽然是一位采取"知识论的态度"的冷静学者,但作为中国人,却对自己的民族文化传统抱持"元学的态度",充满炽烈的情感和坚定的信念,并不因长期浸润于西学而有丝毫减损,这在中国文化遭受西方文化的迫压而节节败退、西化思潮风靡于世的现代中国,实在难能可贵,至今仍不失其楷模意义! 金岳霖的"元学的态度"还集中体现于 1943 年为给外国人授课而撰写的《中国哲学》一文中。② 此文为中国哲学不同于西方哲学因而颇受诟病的特点辩护,如谓:

中国哲学的特点之一,是那种可以称为逻辑和认识论的意识不发达。这个说法的确很常见,常见到被认为是指中国哲学不合逻辑,中国哲学不以认识为基础。显然中国哲学不是这样。我们并不需要意识到生物学才具有生物性,意识到物理学才具有物理性。中国哲学家没有发达的逻辑意识,也能轻易自如地安排得合乎逻辑;他们的哲学虽然缺少发达的逻辑意识,也能建立在已往取得的认识上。③

①《金岳霖文集》第 2 卷,第 156—157 页。
② 该文以英文撰写,1980 年首次发表于 Social Sciences in China 第 1 卷第 1 期;中译件发表于《哲学研究》1985 年第 9 期,钱耕森译,王太庆校。
③《中国近代思想家文库·金岳霖卷》,北京:中国人民大学出版社 2015 年版,第 21 页。

此文进而通过中西对比,褒扬势处明夷的中国文化而批判如日中天的西方文化,显示了相当充分的文化自信,如谓:

> 多数熟悉中国哲学的人大概会挑出"天人合一"来当做中国哲学最突出的特点。……这"天人合一"说确是一种无所不包的学说,最高、最广意义的"天人合一",就是主体融入客体,或者客体融入主体,坚持根本同一,泯除一切显著差别,从而达到个人与宇宙不二的状态。……如果比较满意地达到了这个理想,那就不会把自己和别人强行分开,也不会给人的事情和天的事情划下鸿沟。中国哲学和民间思想对待通常意义的天,基本态度与西方迥然不同:天是不能抵制、不能反抗、不能征服的。

> 西方有一种征服自然的强烈愿望。人们尽管把人性看成"卑鄙、残忍、低贱的",或者把人看成森林中天使般的赤子,却似乎总在对自然作战,主张人有权支配整个自然界。这种态度的结果,一方面是人类中心论,另一方面是自然顺从论。这对科学的影响是巨大的。促进科学的因素之一,是获得征服自然所需要的力量。没有适当的自然知识,就不能征服自然。只有认识自然规律,从而利用自然,人才能使自然顺从。一切工程奇迹,一切医药成就,实际上,全部现代工业文明,包括功罪参半的军事装备,至少在某种意义上都可以看成用自然手段征服自然以达到人类愿望的实例。从自然与人类隔离的观点,产生的结果是清楚的——胜利终归属于人类;但是从人类有自己的自然天性、因而也有随之而来的相互调节问题这个观点,产生的结果就不那么清楚——甚至可以变成胜利者也是被征服者。

> 自然与人分离的看法带来了西方哲学中彰明昭著的人类中心论。说人是万物的尺度,说一物的本质即是其被感知,或者说理解造成自然,人们就以为自然并非一成不变。在哲学语言中,"自然"概念包含一种可以构造的意思,心智是在其中自由驰骋的;在日常

生活语言中，人类所享有或者意图享有的自然，是可以操纵的。我们在这里说的并不是唯心论或实在论，那毕竟是意识的构造物。我们是说中国和西方的态度不同，西方认为世界当然一分为二，分成自然和人；中国则力图使人摆脱物性。当然，中国的不同学派以不同的方式解释自然，给予自然不同程度的重要性；同一学派的不同思想家，同一思想家在不同时期，也可以对自然有不同的理解。可是尽管理解不同，都不把人与自然分割开来，对立起来。

到此为止，我们仅仅接触到了人性。西方对自然的片面征服似乎让人性比以往更加专断，带来更大的危险。设法使科学和工业人化，是设法调和人性，便科学和工业的成果不致成为制造残忍、屠杀和毁灭一切的工具。要保存文明，就必须设法控制个人，控制社会，而唤醒人们设法这样做的则是一些思想家。我们应当小心谨慎，不能随便提征服。在一种意义上，而且在一种重要的意义上，人的天性和非人的天性是从来没有被征服过的。自然规律从来没有为了人的利益、顺从人的意志而失效或暂停；我们所做的只是安排一个局面，让某些自然规律对另一些自然规律起抵制作用，俾使人的愿望有时得以实现。如果我们想用者塞的办法来征服自然，自然就会重重地报复我们，不久就会在这里那里出现裂缝，然后洪水滔天，山崩地裂。人的本性也是一样。例如原罪说就会造成颓废心理，使人们丧失尊严；或者造成愤怒的躁发，使人们成为破坏分子和反社会分子。[1]

此文更有对于中国哲学与文化的深切赞许，如谓：

也许应该把庄子看成大诗人甚于大哲学家。他的哲学用诗意盎然的散文写出，充满赏心悦目的寓言，颂扬一种崇高的人生理想，与任何西方哲学不相上下。其异想天开烘托出豪放，一语道破却不是武断，生机勃勃而又顺理成章，使人读起来既要用感情，又要用

---

[1]《中国近代思想家文库·金岳霖卷》，第23—25页。

理智。①

又谓：

> 中国哲学家都是不同程度的苏格拉底式人物，其所以如此，是因为伦理、政治、反思和认识集于哲学家一身。在他那里知识和美德是不可分的一体，他的哲学要求他身体力行，他本人是实行他的哲学的工具。按照自己的哲学信念生活，是他的哲学的一部分。他的事业就是继续不断地把自己修养到近于无我的纯净境界，从而与宇宙合而为一。这个修养过程显然是不能中断的，因为一中断就意味着自我抬头，失掉宇宙。因此，在认识上，他永远在探索；在意愿上，则永远在行动或者试图行动。这两方面是不能分开的，所以在他身上你可以综合起来看到那本来意义的"哲学家"。他同苏格拉底一样，跟他的哲学不讲办公时间。他也不是一个深居简出、端坐在生活以外的哲学家。在他那里，哲学从来不单是一个提供人们理解的观念模式，它同时是哲学家内心中的一个信条体系，在极端情况下，甚至可以说就是他的自传。我们说的并不是哲学家的才具——他可以是第二流哲学家，也可以具备他那种哲学的品质——那是说不准的；我们说的是哲学家与他的哲学合一。②

金岳霖对中西哲学与文化的认识无疑是深刻而精当的，这当然是遵循"知识论的态度"的结果，但由之体现的民族立场和文化认同也是明确而深沉的，这则是"元学的态度"使然。"知识论的态度"与"元学的态度"的结合，使金岳霖的哲学形成具有严密逻辑性和高度思辨性形态的情感哲学。③

---

① 《中国近代思想家文库·金岳霖卷》，第22页。
② 《中国近代思想家文库·金岳霖卷》，第28—29页。
③ 金岳霖的哲学与他的人格是一致的，他的外表是一位严肃的学者，但他一生有笑有哭，敢爱敢恨，富于感情。参见《金岳霖年表》，《金岳霖文集》第4卷，第790—838页。

第二节 朱谦之的唯情哲学

一、生平著述

朱谦之(1899—1972),字情牵,福建福州人。他在中学时代就自编《中国上古史》,探究人与世界的来源问题,还写了一本《英雄崇拜论》,以英雄自命,表现出极大的哲学热情。1917 年考入北京大学法预科,后转入哲学系,开始了其早期哲学思想历程。就读北京大学时期,正逢新文化运动蓬勃开展之时,新旧思潮交织摩荡,他接触各种思想,逐渐成为一名无政府主义者或虚无主义者。他写下《政微书》《周秦诸子学统述》《太极新图说》《现代思潮批评》等著作,评述古今思想,醉心于"虚空破碎,大地平沉"的革命理想。他还参加废除考试运动,散发革命传单,将虚无主义的革命观落实到行动中。1920 年 10 月 9 日,朱谦之的好友毕瑞生在散发革命传单时被捕,身上带有朱谦之所作的《中国无政府革命计划书》,朱谦之听闻后,于 12 日去警局自首,将毕瑞生救出而自己入狱。入狱的这段经历,给朱谦之思想上极大的震动。在狱中,他每日静坐读书,其中《周易》《传习录》和革命家的著作传记给他精神上莫大的慰藉。入狱百余日后,他写下《绝命书》,决意绝食殉道。在《绝命书》后附录一首诗《到虚空去》:"我从虚空来,还向虚空去。虚空是我本来身,也正是我们归宿。……只凭一念真实我自赤条条地到虚空去。"[1]可见此时他的虚无主义思想已经成熟。在一名牢狱看守的关照下,朱谦之绝食的消息被朋友得知,后经北京和上海的学生及革命团体援助,得以获释。出狱后,他写成《革命哲学》,系统解释了他的虚无主义的革命哲学思想,初步提出了他的唯情哲学。其时他认为,要从根本上求得革命,必须改造人心,而要改造人心,佛学是最彻底的虚无路子,于是他在 1921 年 5 月到西湖太虚大师处出家。朱谦之出家不是真的信服佛学,他"是想跑到佛教里

---

[1]《朱谦之文集》第 1 卷,福州:福建教育出版社 2002 年版,第 451 页。

打个大筋斗,使佛教混乱一顿,放出一道红光",站在"佛顶上,宝塔上",高唱大虚无的歌儿。[1] 因此,他很快就不能忍受僧伽制度而离开佛寺,后又到南京问学于欧阳竟无大师,虽然感动于欧阳大师的真诚,但总觉得唯识宗不合意,最终也没有在思想上皈依佛学。从 1921 年到西湖后的两年内,朱谦之多次往返京、沪、杭、宁,在贫困处境中,或浮海,或游山,放浪形骸,没有一定的住处,结交了郭沫若、郑振铎等人。他在受到自然的陶冶时,又"受了这些文学家的洗礼,渐渐觉得从前思想之非","好乱的心理也一转而入望治的心理"。[2] 而此时他的好友梁漱溟出版了《东西文化及其哲学》,提出一种和虚无主义不同的生活方式,进一步促使他思想发生大的转变。朱谦之将思想上的转变写出来,即《无元哲学》。在卷首自序中,他说:"这本书是我数年来做的无元哲学论文集。上篇所说只要完一个'无'字,第一义是第一义,第二义是第二义,有和无截然分为二事。下篇便不然了,第二义即第一义,现前昭昭灵灵的即是无所有不可得的。这么一来,便把从前的无元思想走到尽处和大乘佛法(华严宗、般若宗)很接近了。这是我思想变迁的线索如此,恐怕聪明人都是如此罢!然而我思想的前途,毕竟不到此而止。"[3]序文清楚地表明了他的思想从怀疑走向再生和信仰,一方面把虚无主义走到尽头,一方面寻求对"情"的新解释。不久他又写出《唯情哲学发端》《信仰与怀疑》等文,结集为《周易哲学》,宣告他的唯情哲学的成熟。他从"无之又无"的还灭理想回到了生命事实上来,从怀疑、否定世界转变为体认万物一体。1924 年,朱谦之在济南第一师范作题为《一个唯情论者的宇宙观及人生观》的演讲,对唯情哲学作了全面的总结。朱谦之在发生思想转变后认识了杨没累,两人开始恋爱,后来相约隐居西湖,意图过闭门著述的生活,至 1927 年因谋生无着而结束隐居。由于杨没累的主要研究领域是音乐,致使朱谦之关注音乐文学史,他在这一方面的研究成果有《音乐的文学小史》《中

---

[1]《朱谦之文集》第 1 卷,第 123 页。
[2]《朱谦之文集》第 1 卷,第 124、125 页。
[3]《朱谦之文集》第 1 卷,第 406 页。

国音乐文学史》《中国古代乐律对于希腊之影响》等。1928年杨没累去世，朱谦之精神大受刺激，离开杭州。1929年4月，朱谦之从同学处借得二百大洋到日本东京留学，后得到蔡元培和熊十力的帮助，获得中央研究院社会科学研究所的资助，顺利度过两年研究生活。1931年回国后，朱谦之开始了"中年讲学在南方"①的时期。

　　青少年思想求索时代结束时，朱谦之创立了唯情哲学，同时在研究兴趣上发生了转移。除了音乐文学的研究，他特别关注历史研究。早在1926年他就出版了《历史哲学》，据说是中国第一本以"历史哲学"为题的专著。1929年至1931年在东京时，他不满意旧著《历史哲学》，加上中央研究院给他的研究题目是"关于社会史观与唯物史观之比较研究"，②朱谦之遂对历史哲学产生了极大兴趣，留学的两年内除了历史哲学类的书籍，还搜集了五大册《历史哲学论文集》，为他以后从事历史研究和文化研究奠定了基础。1931年初朱谦之从东京回国，先到杭州，不久到上海暨南大学任教，主讲历史哲学、西洋史学史等课程。因与浙江省省长张难先相熟而被请教经济问题，著成《历史学派经济学》。又应民智书局之约主编"历史哲学丛书"，其中收有他的论文集《黑格尔主义与孔德主义》，该书表明他的历史哲学是黑格尔和孔德的历史哲学的结合。1932年春，朱谦之因躲避战争而前往北平暂住三个月，写成《历史哲学大纲》，梳理历史哲学的概念和发展。同年秋，朱谦之南下广州，受聘于中山大学，主持或参与了文史哲学科的研究与教学工作，直到1952年全国高校院系调整，他被调到北京大学哲学系，这一工作才结束。这二十年是朱谦之历史研究、文化研究的主要时期，他著有《文化哲学》《黑格尔的历史哲学》《孔德的历史哲学》《现代史学概论》《中国思想对于欧洲文化之影响》《扶桑国考证》《中国思想方法问题》《太平天国革命文化史》《哥伦布前一千年中国僧人发现美洲说》《奋斗二十年》《文化社会学》《比较文化

---

① 《朱谦之文集》第1卷，第205页。
② 《朱谦之文集》第1卷，第71页。

论集》《庄子哲学》《黑格尔哲学》等著作,还创办了《现代史学》期刊,引领了现代史学理论的研究风气。朱谦之在历史哲学研究方面的成就,以《黑格尔主义与孔德主义》《黑格尔的历史哲学》《孔德的历史研究》为代表,这些著作不仅开拓了国内关于黑格尔和孔德研究的领域,也使朱谦之建立起他的"四阶段法则"的历史哲学。"四阶段法则"是借鉴孔德的"三阶段法则"而提出的人类社会发展分期。孔德将人类社会发展过程分为上古至中世纪、文艺复兴至 18 世纪、19 世纪三期,在产业阶段上分别对应军事时代、法律时代、产业时代,在知识阶段上分别对应神学时代、形而上学时代、科学时代。在孔德的基础上,朱谦之引入黑格尔的辩证法,提出人类社会发展的第四期,即信仰生命哲学时代,指出历史发展的动力在于本能,并以此重新界定社会发展的四个时期。朱谦之晚年回顾这一历史哲学时认为,黑格尔的历史哲学是逻辑主义,孔德的历史哲学是心理主义,自己当时想把两者统一起来,是想把辩证法与归纳法结合,服务于文化主义的哲学社会科学。① 在文化哲学研究方面,朱谦之的成就集中表现于《文化哲学》一书。他首先从哲学、历史学、社会学、教育学等方面论证文化哲学的必要性和重要性,认为在现代无论说到哲学、历史学、社会学、教育学,都已经一致倾向于文化主义,如哲学表现为文化哲学,历史学表现为文化史,社会学表现为文化社会学,教育学表现为文化教育学,其中因为哲学是求根本问题的学问,所以文化哲学为一切文化学中"最'综合'的因子"。② 他还在《文化哲学》中对文化的本质、类型作详细的分析,对文化所包含的宗教、哲学、科学、艺术等知识生活加以根本研究,同时还分析了文化在地理上的分布,表明中外文化的关系,最终指出如何建设未来的世界文化。总体上看,朱谦之历史哲学建立在他的生命哲学基础上,而文化哲学又建立在他的历史哲学基础上,正如

---

① 《朱谦之文集》第 1 卷,第 40 页。
② 《朱谦之文集》第 6 卷,第 243 页。

有学者所指出的,"其文化哲学中透露出的便是生机主义的历史观",①如他的文化阶段说和类型说与他在历史哲学中对人类社会历史发展时期的划分相对应。值得注意的是,除了历史哲学与文化哲学的研究,朱谦之还有唯物史观和辩证唯物论的研究。他后来回忆抗战时期避难于梅县的几个月是他思想发生大转变的时刻,他说:"我在抗战以前,无论抱如何革命思想,总不免是唯心的,观念论的,但在抗战期中,我所写《太平天国革命文化史》却已开始应用了唯物史观来解释革命文化的背景。"②抗战胜利后,朱谦之的研究重心再次发生转移。1946 年秋,他辞去各种行政职务,只保留哲学系主任一职,主要精力放在讲授和研究黑格尔哲学、庄子哲学。到 1949 年新中国成立,特别是经过思想改造后,朱谦之的哲学思想转变为以辩证唯物主义和历史唯物主义为指导原则,开始了他的晚年治学时期。

　　1952 年,全国高校院系大调整,各大学的哲学系合并到北京大学哲学系,朱谦之也被调到北京,之后,他的学术研究重心转移到哲学史、思想史,学术研究内容随着工作单位和形势的变化而变化,大致可分为三个时段。第一个时段是 1952 年至 1958 年。朱谦之被分配在北京大学中国哲学史教研室工作,他陆续做出中国哲学史方面的研究成果。在《七十自述》中他回忆,最初是写作《戊戌维新思想述评》,后来为了避免争论而专心于史料研究,先言写成《老子校释》《王充著作考》《李贽——16 世纪中国反封建思想的先驱者》《18 世纪中国哲学对欧洲的影响》《新辑本桓谭新论》《中国哲学史史料学》等著作。③ 第二个时段是 1958 年至 1964 年。因政治需要,朱谦之奉命把研究重心转入东方哲学史,尤其是日本哲学史,撰写《日本的朱子学》《日本的古学及阳明学》《日本哲学史》,并编著《日本哲学史料》和《日本哲学》。第三个时段是 1964 年以

---

① 张国义《一个虚无主义者的再生:五四奇人朱谦之评传》,北京:中国文联出版社 2008 年版,第 90 页。
②《朱谦之文集》第 1 卷,第 163 页。
③《朱谦之文集》第 1 卷,第 178—179 页。

后。朱谦之被调入中国科学院世界宗教研究所,此后他没有接到指定任务,于是自行以宗教作为研究对象,翻译了日本忽滑谷快天的《中国禅学思想史》和《朝鲜禅学思想史》,因指导研究生的研究题目涉及中国基督教史,他开始从事中国基督教史的研究,写成《唐景教碑新探——中国早期基督教研究之一》。朱谦之在这三个时段内从事的哲学史、思想史研究,基本上都自觉地以马列主义理论为指导思想,有很高的学术价值,其中最值得注意的是《老子校释》和日本哲学史研究著作。《老子校释》不仅得到国内学术界的重视,在国际上也有很大影响。有学者指出:"《老子校释》因搜集版本之丰而在莫斯科召开的全世界汉学家会议上被一致推荐为最佳的研究著作。"①当然,该书的价值不止于"搜集版本之丰"。而他的日本哲学史研究则填补了中国国内在该领域的学术空白,做出了开拓性的贡献。

朱谦之有很强的时代感受力,他的生命体验丰富,思想领域广阔,特别是在哲学、哲学史、历史、比较文化等方面取得了很大的学术成就,在 20 世纪中国学术界占有重要地位。但仅从哲学方面来看,他的最具独创性的成就是 20 世纪 20 年代提出的"唯情哲学"。这一哲学思想集中表现于他的《革命哲学》(1921)、《无元哲学》(1922)、《周易哲学》(1923)、《一个唯情论者的宇宙观及人生观》(1924)等著作中。

二、情本体论

中国哲学以"见体"为根本问题,因此,何为"体"? 如何"见"? 这是朱谦之在创建他的哲学思想时不得不回答的首要问题。前者为哲学的本体论问题,关涉何为宇宙万有生生不息的本根,何为人的生命存在的本源。后者为哲学的方法论问题,关涉如何以自己的生命体验去接契本

---

① 黄夏年《〈日本的古学及阳明学〉跋》,载朱谦之《日本的古学及阳明学》,北京:人民出版社 2000 年版,第 391 页。

体，是每家哲学成一家之言的关键。两者并不截然有分，本体是方法的本体，方法是本体的方法，但为了清楚地展示朱谦之哲学思想的特色和逻辑结构，下面先论述他对本体的思考。

（一）对本体论的肯定

在前现代，本体论或形而上学是大多数哲学家思考的中心问题，但是到了现代，在西方，科学从哲学中独立出来，率先引发了科学与哲学关系的讨论，其中提出了重新理解、定位哲学的问题，从而使哲学的本体论是否值得研究成为争讼不已的问题。随着自然科学不断取得重大突破，西方人认为理性与科学万能，于是科学主义逐渐兴盛起来，发展成为势不可挡的主流思潮。人们普遍认为，只有自然科学才是真知识，相应地，科学主义取消形而上学、否认本体的主张，也成为时代的强音。而在近现代的中国，受西方的影响，也由于自身落后的情势，"科学"成为新文化运动的口号，特别是在1923年科玄论战之后，对科学的崇拜成为社会主流思潮之一。因此，身处科学主义兴盛、形而上学遭受质疑的时期，要想探究本体问题，必须对本体论有所肯定，且这一肯定要建立在对本体论的新阐释上。

朱谦之对形而上学遭受质疑的情形有广泛的了解，他回应这一质疑，对本体论加以肯定。他说："宇宙本体问题，是否值得研究？西方哲学的始祖 Thales 最初就来究问宇宙本体，什么本体如何如何，是一是二是物质是精神，这些形而上的问题，在西方不知闹了几千年，还没解决，因此最近如美国的实验主义家詹姆士杜威遂倡不要人研究形上而学的问题；而在德国方面之欧根，法国方面之柏格森，则一个由生命之流动的观念讲形而上学，一个则主张精神生活之独立——都是想替形而上开一条道路。至于中国，则《系辞》一书完全讲形而上学，宋儒开山老祖的周濂溪《太极图说》、张横渠之《正蒙》是讲形而上学的，这我们都已知道的了。就是近代汉学家，其最初一部书是惠栋的《周易述》，这本书批评宋儒讲理不对，稍稍提出'情'字，也是要讲形而上学的。直到现在汉学的末流，才主张抛开这些不讲。……中国现在哲学界也是对于形而上学可讲可不讲发生了问题。依我意思,形而上学是应该讲他的,要明此,不可不对于主张不讲形而上学的斯宾塞和实验主义下一批评。"①

朱谦之对本体论的肯定,不是因为中西哲学史上有大量的形而上学,他不是简单地重复中西哲学史上对形而上学的肯定,这一肯定首先建立在他对实证主义的批评上。以穆勒、斯宾塞为代表的实证主义认为,人只能认识现象,获得经验知识,而现象背后的本体是不可思议的。但朱谦之认为,这种主张是站不住脚的,我们不能因为以实证主义为代表的科学主义对本体论有所批评,就放弃对本体的探求。他认为,首先,"不可思议是从思议处而不思议罢了","知道不可思议就是思议";②其次,这是由怀疑而武断,为人生设立人为的制限。因此,朱谦之同意西方生命哲学家对实证主义和实验主义的批判,他援引欧根和柏格森的话,认为实证主义和实验主义不讲形而上学,就是人生日益坠落的表现。

朱谦之在批判实证主义、重新肯定本体论时,受到了西方生命哲学的影响,但这并不是说他对本体的肯定与西方生命哲学对本体的肯定完全一致。本体在中西哲学中的含义并不相同。在西方哲学中,本体与现象相对,本体是作为现象根据的自在之物、假设之物,而在中国哲学中,本体是万有的根源,与万有体用相即。因此,面对重新肯定本体论的问题,中西哲学家面临的问题并不完全是一回事。朱谦之将中西形而上学一起加以肯定,似乎没有对中西哲学中的本体加以区分,但从他探究本体所使用的概念来看,并不是将中西哲学中的本体混为一谈。朱谦之认为,本体"不是一件物,而实为万物的大根底",③本体与万物万象不是两个不同的事物,而是体用合一。显然,朱谦之从体用关系上来探究本体,肯定本体,这说明他不是从本体与现象相对立的角度而探究、肯定本体,换言之,他对本体的肯定不以西方的本体论为本体论的唯一标准,而是站在中国文化的主体立场上,要求扩大本体的含义,通过重新解释中国

① 《朱谦之文集》第 1 卷,第 471 页。
② 《朱谦之文集》第 1 卷,第 471 页。
③ 《朱谦之文集》第 1 卷,第 460 页。

哲学的原有概念,给予中国哲学形上学普遍意义,从而达成对本体论的重新肯定。

朱谦之站在中国文化的立场上,凭借中国哲学的形上学资源对本体论予以重新肯定,如他深受老子哲学的影响,最后归宗生生之易,但这些都是他肯定本体论的外缘,为在的关键原因在于他始终自觉地将本体论与自己的生命连在一起。他认为,本体问题"是我们自己的问题,如果我们而不自加思议,敢问替我思议的是谁呢"?① 这也就是说,对于朱谦之而言,本体问题不是在他生命之外的一个可有可无的问题,而是自我始终不能逃避的真问题。在《一个唯情论者的宇宙观及人生观》导言中,朱谦之谈论宇宙本体问题的重要性,以本体问题为真理问题,开篇即说:"晓得怎样探求真理,就晓得怎样去做我的生活。"②在稍后的《我研究这问题的经过》一节,他回顾自己探求本体的历程,又说:对于形而上学,"虽然人家对此一点也不发生问题的,但我如不将这问题解决了,就不能过活",甚至在本体的思考支配下,"因之想自杀、出家",这"都无非要达到宇宙本体的一种企图"。③ 可见,朱谦之的本体思考与他的生命相合一,可以说,他的本体论就是他的生命的理论形态,因此他对本体的肯定,即为对人的生命存在的肯定,对宇宙万有的肯定。

(二)从"无"到"有"解释本体之情

朱谦之对本体的重新肯定,与他指出"何为本体"相一致,也即是说,他肯定中国哲学的本体论的普遍意义,更为清楚地表现在他对本体的内容的认识。那么,何为本体呢? 朱谦之对此多次明确断言:"情就是本体",④"情就是宇宙本体",⑤"本体不是别的,就是现前原有的宇宙之生命,就是人人不学而能不虑而知的一点'真情'"。⑥ 可见"情"是朱谦之对

---

① 《朱谦之文集》第 1 卷,第 473 页。
② 《朱谦之文集》第 1 卷,第 457 页。
③ 《朱谦之文集》第 1 卷,第 473 页。
④ 《朱谦之文集》第 1 卷,第 323 页。
⑤ 《朱谦之文集》第 1 卷,第 413 页。
⑥ 《朱谦之文集》第 1 卷,第 473 页。

本体的说明。那么，"情"又是什么？

朱谦之以情为本体，是其一贯的主张，但他对情有相反的两种解释。朱谦之在开始对本体有系统的看法时，认为本体之情是"无"，即着重以否定的方式解释本体之情。在 1919 年写成的《太极新图说》中，朱谦之首次系统阐述他的本体论，说："自无而有心，心者太极也，心之出而有电，电有阴阳，阴阳相对，动静在其中矣；一动一静，而生火水土金；合火水土金，变而成人，化而成男女；人复相贼，以相贼故，浸成淘汰，化为无量万物，盖宇宙发生之现象如此。"①朱谦之认为，本体为无，现实万有均为心之幻化的假有，人在情感盛时忘了一切假有而破除心惑，就达到了本体，因此本体是情，也是无。

在《革命哲学》中，朱谦之对这一看法作了更加详尽的说明。他认为，从构造心理学和机能心理学来看，当我们认识宇宙时，这一认识在发生和发展上表现为情—意—知，即先有兴趣，然后有注意，最后有知识，由此可见，知识以意志为根据，意志以情为根据，情才是最根本的。而"要说明宇宙的缘起，则认识起的时候便是"，因此，"宇宙就是'情'之化为理知者，因情化身为客观，相对，有限的东西才为宇宙的森罗万象而现"。② 换言之，在兴趣阶段，我们对事物没有分别的知识，与物处于浑然无分别的状态，而一旦对事物形成了有条理的知识，即陷落于分别对待中。情化为理知，即从无分别变为有分别，从无对变为相对、有限，显然这是一个分裂、坠落的过程。由此，朱谦之认为，情在本质上既是无始无终、独立自存的自然存在，又是个性自存而绝对真实的本体，更是与有限的万有相对的"透明的本体，空无所有的地方"。③

为了强调本体与万有的区别，朱谦之还认为，情之虚无，就是无心、无物、无神、无知无名、无是无非，一切矛盾不相容的东西到了情这里，都可以融化相容。正是在此意义上，朱谦之说："由本体上去看，'虚无'不

---

① 《朱谦之文集》第 3 卷，第 3 页。
② 《朱谦之文集》第 1 卷，第 397 页。
③ 《朱谦之文集》第 1 卷，第 324 页。

是别的东西,便就是本体,本体一向空无,是名不得状不得的,是透明的,自然的,因他是无形、无声,整个的不可分断,却又无所不在,故从具体的方面着想,用那空无所有的'虚无'来形容他,……虚无两字,可分开来讲,虚是表明宇宙全体实虚而不屈动而愈出的,无是表明现在宇宙进化的倾向,因宇宙有其自无而有的成而住,便有其自有而无的坏入空,所以我说虚无,就有还灭的意思了。……归根结底,虚无的意义,总是批评的、破坏的、理想的,而且可受流动变化的说明。"①朱谦之认为,本体之情为无,这是从现实中万象的流动进化上看到的外在超越的本体之情。

朱谦之以情为本体,又认为情是虚无的看法,是将老子哲学、虚无主义、柏格森的生命哲学和现代心理学进行了粗糙的杂糅,其有强烈的现实指向,即要打破现实,使之复归本真自然的状态。他的本体论与其生命感受相连。然而,正如他自己所承认的,高扬虚无,总是消极的破坏的,不是积极的建设的,以"情"为虚无,强调还灭,始终无法解释为什么"虚空破碎,大地平沉",一切灭绝是止境。同时,他有时以体用解释本体与万有,有时又以本体与现象的对立来说明本体的超卓独立,这显然是矛盾的。

在《无元哲学》中,朱谦之为了解决"本体之情为无"的内在矛盾,对"本体""无""情"作了进一步的解释,他不再仅仅通过从有到无的否定来解释本体之情,而更多补充了从无到有的肯定性解释。他说:"宇宙间一切现象都是由'真生命'流出,也无不还到'真生命'去,因为真生命就是一切现象的虚无本相,所以超越凡情,很难轻易的道破他,如从前形而上学者,高谈本体如何如何,……其实在真生命里都没有这回事,真生命见无所有不可得的,是自己如此的,所以超过一切言说,如要问宇宙的本体,当下就是本体了。要问宇宙的本源,当下就是本源。"②

朱谦之一方面依然认为,万有是没有自性的,本体"无知""无名",

---

① 《朱谦之文集》第1卷,第394页。
② 《朱谦之文集》第1卷,第445页。

"宇宙万物都是以'有'为生，而有生于无，虽现在宛然有，而常毕竟无，这个'无'是无始终的，无生灭的，是不堕在见解计较中的"，因此"无就是无所有不可得的本体了"。① 但另一方面，他认为"有生于无，也决不是离有言无，及断见邪见得无"，无不是虚空之物，而是当下所证之境。因此，本体不从超绝万有之外得到，只在眼前事物上。朱谦之主张本体与万有不离，即为主张从体用上探究本体，相应地，他在解释本体之情为无的时候，认为"无"扫除不自然而复归于真，本体之情不是破碎的无之情，而是无碍流行的"真情"。朱谦之对本体之情的解释从"无"转移到"真"，表明其思想上想要挣脱虚无主义、老子哲学的倾向。

朱谦之真正扬弃老子哲学、虚无主义而从"有"上肯定地探究本体之情，是在他受到梁漱溟《东西文化及其哲学》的影响后。他说："漱溟思想也变了，当他《东西文化及其哲学》出版，我实受极大的影响，这时我的本体论，完全折入生命一路，认'情'是本有，不是'无'，对于漱溟所主张的'无表示'是中国根本思想，反甚反对，并且他所说的三条路，尤不敢赞同。所以当我和漱溟共学时，他们爱讲人生，我讲宇宙，总是扞格不入，尤其是以我的泛神思想，被讥迷妄。但是我呀，却于这时确立了一个新宇宙观了，从'虚无'里而回转到'这世界'了。……现在呢，我敢大胆告诉人家，本体不是别的，就是现前原有的宇宙之生命，就是人人不学而能不虑而知的一点'真情'，我敢说这'情'字，就是宇宙的根本原理了。"②

朱谦之思想的转变的确深受梁漱溟思想的影响，但这只是转变的外缘，内在的原因在于他否定"无"的路走到了极处，就反转出了"有"的肯定的路，怀疑彻底而反身有信仰的诚乐。朱谦之认为，自己原来以"无"为本体，是在现有宇宙之上另立一个外在超越的本体，犯了本体与现象相对立的错误，因此，不管怎么解释"无"都没有办法达到本体之情实。而只有直接肯定当下，"任举眼前的一个东西，莫不是本体的全体大用

---

① 《朱谦之文集》第 1 卷，第 443 页。
② 《朱谦之文集》第 1 卷，第 473 页。

了",①才能真正打破思想迷障,打通心物之隔,认识到"本体本自现成,本自实现","天则流行,何尝有个东西是遮掩过'真情'的?'真情'是真实的,不坠分别境界的,所以由此流出来的宇宙万物,也都是真实的,不坠分别境界的"。②

为了更加肯定地解释本体之情,朱谦之还将"情"的本体发明归于《周易》,认为这是孔家哲学的大头脑处和本来面目,但正如他给李石岑的信中所说:"这种思想与其说是研究周易哲学结论,不如说由参澈自己的变化得来。"朱谦之对周易哲学、儒学的阐发是以自己思想为主的六经注我。同理,朱谦之在以"有"释"情"时,借用了柏格森生命哲学的时间、绵延等概念,也不是在简单重复柏格森的思想。这里暂且不论他们之间的区别,而集中来看朱谦之的以"有"释"情"。

与从"无"解释本体之情的超绝无对相比,朱谦之对"本体之情为有"的解释,着重于真情本体于万有变化中呈现。他将"真情"称为"真情之流",说:"天地万物的本体——情——是永远在那里变化,没有间断的,好像滔滔不绝的流水一般,所以我特别立一个表记,叫做'真情之流'。"③这样的真情之流周行于宇宙万物之中,包涵万有,即万有之聚散流行变化而可见,从而表现为"自然而然的""真实无妄的""变动不息的""绝对无二的""本有不无的""稳静平衡的"。④

朱谦之以本体为真情之流,即是从大化流行解释本体,那么这一流行是如何变化的呢? 朱谦之通过动静、感应、时空来解释情之本体的变化。他认为,首先一定不能用推理的方式来看真情本体的变化,一用推理计量,变化就成了机械的断点,因此应该从时间的绵延、进化、生生不已来看变化,也即是说,本体的变化不是有一个本体在变化,而是除了生生不已的变化就没有本体,变化与本体不能分开来说。如此一来,本体

---

① 《朱谦之文集》第 3 卷,第 102 页。
② 《朱谦之文集》第 3 卷,第 101 页。
③ 《朱谦之文集》第 3 卷,第 102 页。
④ 《朱谦之文集》第 3 卷,第 113—121 页。

的流行变化是在即变化说本体,这一变化只能是随感而应,"感也只是这点情,应也是这点情",没有这一感,"情"不可见,"情搭于一感一应而行,才感便是动,才应便是静,感的时候就是永不间断的绵延","当其静的时候,就向空间顿时发散,而成其为分段的生命",①时空循环无端,进化不已。

朱谦之认为,本体之情到此方明白无误,于是他将情本体的哲学概括为十条:"(一)宇宙本体就是浑融圆转活泼流通永没休歇的'真情之流'。(二)'真情之流'是无思无为的自然变化,完全自然的、泛神的,唯心的变化而一,一而变化。(三)'真情之流'就是绝对的意象——表示,但这个惟一表示,实只浑然一流,由此而生的一个个意象——一一表示,也都是活泼泼地,都是圆转流通的,但不能执为物质,而认作有形有体。(四)在流行变化中,自然进出天则,这天则本自现成,本自调和,隐秘而含藏于'真情之流',发出来都是自然而然的,神妙不测的,其孰安排是?其孰运行是?(五)'真情之流'中,无独必有对,所以一动一静,一阖一辟,一感一应,都是天则的自然,如没有这相对相双的天则流行,便绝对也不可见,绝对即在相对中。(六)'真情之流'是极活泼极流通而稳静平衡的,在活泼流行中,而稳静平衡是其体,于稳静平衡中而常流不息是其用,体用非二。(七)我们自己的'人性',是在那里流着,'穿过真情之流',所以要我们入于真情之流的内部,实不假外求,只须内省的默识便得。如果亲切分明看到自家'人性',即是见本体了!(八)科学所分析的'物',本和'真情之流'浑融为一,由默识方法看起来,没有物质这个东西。(九)人自有生以来,'真情之流'是没有一回间断的,所以'人性'皆善。(十)天地万物本我一体,我和天地同流。"②

以上为朱谦之的本体内容与变化,他始终指认"情"为本体,并以"无""真情""真情之流"解释本体。虽然这三个词在以"无"释"情"和以

_____

① 《朱谦之文集》第 3 卷,第 128 页。
② 《朱谦之文集》第 3 卷,第 106 页。

"有"释"情"中都有使用,伹在不同阶段有所侧重。因此,可以说"无""真""流"为顺次解释"情"的主线。同时,不管是以"无"释"情"还是以"有"释"情","情"都是真实自然,"无"是消极的独立自然,而"有"是积极的生生自然,前者因过于看重本体的超越性而将本体推出世界,后者将超越内在于大化流行之中。情本体的解释从"无"转变为"有",意味着朱谦之对本体的认识,从本体与现象的相对转为体用合一,从消极的否定转为积极的肯定,从外在超越转为内在超越,从老子哲学、虚无主义归于儒家的生生之易。值得注意的是,虽然他认为以"无"解释"情"会将本体看做一物而无法达至本体,应当抛弃这种看法,但这不能说以"无"释"情"没有意义,如果没有这一前见,恐怕他也难以转入以"有"释"情"。

三、直觉方法论

朱谦之指认"情"为本体,提出情本体论,其"情本体"如何得"见"?这是他的哲学方法论问题,也是他之所以能指认"情"为本体、并在解释"情本体"时从虚无主义转变为生命哲学的关键。为了回答这一问题,朱谦之区分了科学方法和哲学方法、辩证法与直觉法、推知与元知、格物与默识,进而论证了直觉方法为唯一的哲学方法。

（一）科学方法与哲学方法的区分

朱谦之在开始探究本体论问题时,就针对科学主义的科学万能论,对科学与哲学作了区分。他不反对科学,但批评科学主义对科学的崇拜,认为对于科学也应该采用研究的态度,认识其限度,不能一味夸大而走上不科学的道路,哲学自有其独立的地位。他区分科学与哲学时,不是将两者作直接的比较,而是通过比较革命与科学、哲学的关系,判定两者有不同的研究领域和方法。这里略去他对革命与科学、革命与哲学的比较,直接将他关于科学、哲学的看法加以对比,来看他对科学与哲学所作的区分。

从研究领域来看,科学不能涵盖哲学,两者各有独立的研究对象和效用。朱谦之认为,科学研究的是"现实",即具体事物,是"把耳目可以接触的自然做材料，以事实做基础，以试验做证明，舍此万不能在现今发生影响的，不能够消化受用的，都把他划出在知识之外"，[1]这样的关于具体事物的知识，其唯一效用在于发明制造，以满足人的需求。而哲学研究的是终极问题，如理想、信仰、宇宙本体、人生的根本，其效用在于给人精神上的指引，是精神的基础。

科学与哲学的研究领域不同，相应地在解决问题的方法上有极大的差异。对于科学解决问题的方法，朱谦之说："科学是以叙述为事，既要叙述，就不能不假定那被叙述的是永远存在的事实，由此可见，以叙述为起点的科学，实在都是包在一个大圈套的假设里边，……不是说科学没有创造力，只可惜他所谓创造，还不过是向空间性而趋的活动，换句话说，就是把创造的冲动，安排在空间里面，因为科学跳不出数理的范畴，这自然对于非概念非数学的创造，老不明白，……科学是把智识做标准，理性做权衡，所以对于超理性的感情，非常反对。"[2]而对于哲学解决问题的方法，朱谦之认为，首先，"疑问是哲学的发端"，因而哲学的方法是批评；其次，"治学志在穷理，自然少不得思想作用，但这思想不必就是用来应付环境，有时也用来创造将来"，[3]即是说，因研究的对象不是具体事物，而是终极问题，所以哲学研究追求理想或信仰上根本的解决；最后，"现在的哲学，是主情意的，不是主知的"，[4]可见在朱谦之看来，科学解决问题的方法是以理性为主导的假设与实验，而哲学解决问题的方法是以情意为主导的信仰与立志。

对于如何看待科学方法和哲学方法的差异，朱谦之认为，应该在科学与哲学的领域内承认各自的方法的合理性，不能脱离各自的研究对象抽象地评断两者的优劣。他说："由我的意思，无论哲学或科学的方法，其本身都是对的，但我们拿方法来应用的人，总应该知道那种方法，在那

---

① 《朱谦之文集》第 1 卷，第 326 页。
② 《朱谦之文集》第 1 卷，第 327 页。
③ 《朱谦之文集》第 1 卷，第 331 页。
④ 《朱谦之文集》第 1 卷，第 331 页。

时候适用，那时候用不着，要是不懂得这种分别，而胡乱的把一种看做万能，要他‘浮之四海而皆准’，这自然是用方法的不对，和方法的本身何涉？……哲学是哲学的方法，科学是科学的方法，我们不能把哲学方法，来侵占科学，犹之乎科学家不应把科学方法来喧宾夺主，……不如各干各的，把界限分清，由此哲学独立。"[①]

由上可见，朱谦之认为，科学诚然使人对自然有更丰富的知识，是人类进步的重要手段，但科学理性不能解决宇宙人生的根本问题，如果一切以科学为衡量标准，滥用科学，使科学从破除迷信的利器演变为制造迷信的偶像，那么人们就会丧失人文理想和信仰，现实的改变也就无从谈起了。

朱谦之对科学与哲学的区分，其目的是要反驳科学方法为学问的唯一方法，给予哲学独立的地位，他认为，两者把界限分清，就可以相安无事，共同服务于人的生活、社会的发展、世界的进步。但一个有意思的问题是，两者的界限是不变的吗？以上朱谦之对科学与哲学的区分，明白地表现为理性与非理性的霄壤对立，这只是现代西方文化中对科学与哲学的一种区分，以此概括科学与哲学的区分，就显得过于简单。当然，这里的区分也并不是朱谦之对科学与哲学区分的完整看法，只是表明，朱谦之对科学与哲学有自觉的区分，随着他对哲学方法的进一步辨析，哲学及其方法的独立性愈来愈明显。

（二）辩证法与直觉法

朱谦之在《革命哲学》中以"无"解释情本体的时候，认为与科学的方法即演绎法和归纳法相比，哲学的方法或形而上学的方法，有辩证法与直觉法两种。辩证法就是本着历史的眼光去思考宇宙间的变化、发现万物处于流动变化之中的方法；而直觉法直接证会本体，"不止似辩证法只教我们以流动、综合、进化、灭而复生、断而再续的绵延，还要引渡我们去契合那意识界绵延的本真"。[②] 这两种方法相反相成，辩证法不能见完全

---

①《朱谦之文集》第1卷，第333页。
②《朱谦之文集》第1卷，第334页。

的本体,但可言说;直觉证会本体,但不可说。

朱谦之将辩证法与直觉法归为哲学的方法,深受黑格尔和柏格森的影响。他说:"形而上名学,是把黑格尔的辩证法与柏格森的直觉法,合拢起来成的。"①朱谦之直觉法直接来自柏格森的生命哲学,但他的辩证法虽然有取于黑格尔的辩证法思想,却并不相同。朱谦之认为,辩证法是为直觉法服务的,直觉法能够直接证会本体,但直觉不可言说,而证会本体后,对本体的表达又不能不言说,因此需要辩证法将直觉所证会的浑然无分别的本体以分别的方式展示出来。他说:"从前用辩证法的,又不知直觉法,用直觉法的,又无条件的看轻辩证,由我看来,这两法实在相反相成,可以互相帮助的,何则辩证所得,虽不如直觉的完全,然直觉实能藉辩证以表现,而且从表面上看去,辩证只见一支一节的片段,若能用'直觉'去证会辩证,还是无穷的,完全的,不间断的本真,由此可见辩证法要是活着,也见得到真的时间。"②可见,朱谦之所主张的辩证法是以直觉法为服务对象的,而在直觉法的主导之下,他认为可以将辩证法的原有理性成分洗刷掉,与科学划清界限。

但朱谦之运用这种被直觉所洗刷过的辩证法展示本体之时,他得到的并不是预想的从无到有、从有到无的循环进化,而是一切灭绝,虽然他说"虚无主义根据于辩证法,知道宇宙的进化,是自无而有自有而无的迁移",但实际上,"辩证法告诉我们,一切存在的东西,都有消灭那一天,有的不能不无,存的不能不亡,完全的不能不毁坏,因为事物都有互相反对的两端,而这两端又互相连结,所以现在既有了宇宙,就不能不向无宇宙的方面行,现在既有了人生,就不能不到消灭人生的路上走",③一直到"虚空平沉,大地破碎"。可是,这样一切还灭的结果,如何能够说明本体之流行不已呢?

以辩证法与直觉法作为哲学方法,朱谦之遇到了本体言说的困难,

---

① 《朱谦之文集》第 1 卷,第 334 页。
② 《朱谦之文集》第 1 卷,第 336 页。
③ 《朱谦之文集》第 1 卷,第 399 页。

辩证法不仅没有与直觉法相反相成,反而达到了直觉法的对立面。为了解决这一矛盾,朱谦之放弃了已有的辩证法作为哲学方法,也不再认为可以直接采用柏格森的直觉法,而化用老子哲学的有无、名实,提出"无知""无名",试图将辩证法与直觉法相融合,提出新的直觉法。

朱谦之认为,柏格森的直觉不够彻底,作为天生的直觉,其与经验知识不仅不同,而且相反。他说:"柏格森好似很有反知的倾向的,其实他的直觉哲学,还未曾摆脱知识的材料,依他意思,必合知识和直觉,才能够窥本体之全,所以直觉和知识可以互相协助,而哲学和科学应该融合为一,却不知真正的直觉,实和知识朝着两相反对的方面去伸张,不但不可调和,而且调和的结果,反使直觉消失了。"①他将直觉说分为三种,即超于知识的直觉,和知识共存的直觉,存在于感觉的直觉,认为只有超于知识的直觉才是真正的直觉,而另外两种直觉,要么和知识走同样的路,要么和知识共存而受其遮蔽。真正的直觉"应该冲破知识而超过之",因此真正的直觉是"无知"的,"无知"的"知"即经验知识。

直觉超越知识而无知,但"直觉"一词是概念,是有分别的符号,因此,朱谦之又认为,直觉是"无名",以此来保证直觉对知识的超越。他说:"主张'无知',一定连带主张'无名'。"他引用老子哲学,用以证明"名"是虚伪的、差别的,进而指出"无名"是真实自然的、无差别的。如此,将无知与无名相合,朱谦之说:"直觉是不可说不可说的,因会说的只能体会事物的关系,和生命的皮相,所以全实在的知识,除直觉外没有方法表出,而直觉之为直觉,也不是言语文字所能形容出来,因直觉方法要发之为言语文字,便在那里凝固了,却不是现证得的本体了。……直觉方法是一种无知的知,如能扫除意见,废绝思想,将四方八面路头一齐塞住,那时候默而识之,由这不可思议的感通,便见虚无的本体,常在眼前,而浑浑融融如万象毕见一水鉴之中——这便是直觉,也就是顿悟了。"②

①《朱谦之文集》第 1 卷,第 409 页。
②《朱谦之文集》第 1 卷,第 411 页。

可见,朱谦之在对直觉法作新的解释时,比原来更为强调科学知识与哲学不同,认为两者相反,以此达到方法上的更新,解决证会、言说本体的困难。他说:"科学无论如何,总是处旁观的态度,以知得相对的皮相为已足,因他对于内面绝对的知识,未能探得分毫,而分析的研究,倒扰乱了学者陷于论理的混乱,因此我极力否认科学的真实,就是对于晚近直觉学者,要实现科学与形而上学之结合的统一的,也实不敢赞成。"① 朱谦之还将科学方法得到的知识称为"推知",将直觉法得到的知识称为"元知",分别对应中国传统哲学中的见闻之知和德性之知。这里且不说见闻之知并不是科学知识,通过科学与哲学对立,见闻之知与德性之知对立,并不能有助于解决直觉方法的困难,原本是想要清楚展示本体,但以哲学反对科学,以德性之知反对见闻之知,只会将本体推向与万有无关的神秘的"无",仍然不能避免走向灭绝一切的境地。朱谦之也认识到了这一点,如他说:"我们主张'无名',就因把'无名'的'无'看得比'名'重,以为所谓真理,所谓实在,都是'无','无'是整个的不可分断,却又无所不在的。"②通过这种无知、无名的直觉顿悟,所达到的仍然是否定宇宙人生,不能表现本体的流行不已。

(三)默识与格物

朱谦之以辩证法与直觉法相合,以无知、无名的直觉法,都不能解决本体证会、言说的困难,为此他总结失败的原因说:"大概我的根本错误,在不根据生命的事实而来。"③不根据生命事实,由分析求本体,本体成为静的,与活动的宇宙成为二物;由辩证求本体,始终不出辩证,不出相对,如同追逐自己的影子;由"无之又无"求本体,反对见闻之知,认为言语道断,心行路绝,可以默识本体,最终还是在万有之外立了一个超绝的本体,在言说境界之外判立了一个非言说的境界。因此,如果想要识得本体,必须彻底转变方向,将直觉不外转,回到生命事实上来,才能打通内

①《朱谦之文集》第1卷,第407页。
②《朱谦之文集》第1卷,第412页。
③《朱谦之文集》第1卷,第473页。

外,成就宇宙万物一体。

那么,如何是回到生命寻实的直觉? 朱谦之说:"你看天空海阔,月白风清,鸢飞鱼跃,充塞这个宇宙内,无非本体,如果人们能够在大自然中默默体会。从感性生出斯歌,斯泣,斯啸,斯舞,无时不听凭直觉,即无时不是本体,无时不与天地同流了。(宇宙万有,决不是理智得来,只能永远缄默去证会的)"[1]"默识"即为回到生命事实的直觉方法,所谓当下即是,触处便见。

朱谦之认为,所谓当下即是的默识是造化良知的发用,是无上的智慧,借用《周易》的话,就是"穷神知化"。穷神不是要人着眼于虚空去想象一个神,而是"由一念之微起,以至于'鸢飞鱼跃,山峙川流',莫不是用力地方,若能真穷到十分彻底,真见得神,则日用间碰着触着,都是神的全体大用"。[2] 朱谦之认为,这样当下即是的默识或穷神,虽与经验认知不同,但不会排斥经验知识;既从感觉下手,又不会止于感觉。他以看花为例,认为看花时,开始是一时的感觉,继而有许多感觉的相续,然后有与花的生命相感通,"不但得到花的'美的意象',并且会得到'花'的兴趣感情",[3]于是物和我之间的障壁被打通,物我皆为真情之流。

基于此,朱谦之对"格物"作了一番新解释。他说:"原来格物不是别的,就只是'穷神'二字。《说卦传》说'神也者妙万物而为言',《系辞》说'天生神物''精气为物',《中庸》说'神体物而不可遗',这不都是告诉我们以万有皆神的大道理吗? 可见任举眼前一个东西,莫不有神,格物是要实到那地方,穷至事物的甚深微妙处,这就和穷神是一桩事的了!"他还据此简略地批评综合程朱陆王的格物说,认为陆王偏于致知而高悬本体,程朱偏于格物而旁观,殊不知格物致知不能分开,"穷到事物的神,而后有神的智慧,不然神的智慧,是不会从天上掉下来"。[4] 朱谦之解释致知格物,还是以他的哲学思想为主,说明默识不是静坐悬想,而是要大着

---

[1]《朱谦之文集》第 1 卷,第 475 页。
[2]《朱谦之文集》第 3 卷,第 110 页。
[3]《朱谦之文集》第 1 卷,第 480 页。
[4]《朱谦之文集》第 3 卷,第 110 页。

心胸,浑合内外,当下肯定本体与万有相即,是"凡认识的对象都是,会得时物即我,我即物,滚作一片,都无分别"。①

当下即是的默识也不是要人求本体的顿悟,而是要人"即刻有信仰,便即刻有生活"。朱谦之说:"所当用力之处,从当境的体认,到那能认识的神,虽然彻首彻尾,只是'默而识之',而因程度浅深的不同,也可约之为三步。"第一步,是于当下默识宇宙万有不断的美的意象。第二步,是将不断的意象贯通,"一瞬间一瞬间都通彻无间了",内观自证,"所证得是物即我,我即物,滚作一片都没有分别,没有穷尽"。第三步,一任听凭直觉,无思无为。三步合起来即为"穷理尽性以至于命",因此不能当做三件事,只是一事。②

以上是朱谦之探究本体时提出的方法及其内容变化,其从科学与哲学的区别入手,而后表现为从辩证法与直觉法二分,变为辩证法与直觉法合用,再变为纯粹的直觉法,直觉法逐渐成为哲学的唯一方法,其方法在形式上从外求变为内证,而内容上从分析式的否定变为默识肯认。朱谦之情本体哲学所确立的直觉方法,使他在求见本体的时候,最终落在人与万有的感通上,因之,他的哲学不是单纯建立一个体系,而是于人的生命求得存在的意义。

四、"复情"的人性论

中国哲学的特点之一,是本体论、方法论与人性论相合,朱谦之提出情本体论哲学不是为了玩弄概念光景,而是要为自己找到生而为人的生命意义。因此,与他的本体论、方法论相一致,朱谦之有人性认识上的流转变化。但从逻辑上看,他以"真情"为性,以"复情"为修养工夫,以"情人"为理想人格。

---

① 《朱谦之文集》第 1 卷,第 475 页。
② 《朱谦之文集》第 3 卷,第 111—113 页。

（一）"真情"为性

在现代,中西文化激荡,传统与现代相对相生,造成思想流派纷呈、是非相攻而日变的社会光景,身处其中,人生好像没有了统一的意义,好像与宇宙大生命、大根本失去了联系,这种情形刺激着朱谦之探求宇宙本体。一开始的时候,他扫荡名相,信仰自我,认为"无"是宇宙的真实情态,因而去革命,去出家。但"无"只能还灭,与他坚持"无"的"一念真实"始终相冲突,于是他又凭着"一念真实"变为"现世主义者","很相信存在于这世界的一切因而信仰'这世界'能够使生活可能",[1]完成了从怀疑到信仰的再生。经过千难万苦,朱谦之发现,人与宇宙并不对立,而为一体之"情",宇宙生命为"真情之流",人的生命包含在其中,进而他提出了以"真情"为性的人性论。

朱谦之认为,原来充塞宇宙间,不外这顶活泼顶流通的"真情之流",宇宙万物无一不为"真情"所摄,而人作为宇宙万物之一,自然也为"真情"所摄,即人之所以为人的根据不在形体上,而在宇宙本体之情。他说:"什么叫做人? 难道就是两手两脚的动物,就算一个人吗? 须知人之所为人,是以'情'为根本内容的。所谓人生的意义,就是为有这点'情'而有意义。"[2]朱谦之认为人的意义根据在于"情",不在形体,他并不是反对人的形体,只是反对从形体上来定义人的意义。因为从形体上看,人不过是一种物,虽然可以与其他物相区别,但始终都是在物的相对之中,所以要超出物的相对来看人之为人的真正原因。

朱谦之从情感的感通出发,指出作为人之所为人,就在"真情"的随感随应。他说:"本来一身浑是这点'情',所以若无渣滓,便与天地同体,善感善应,如阳明先生所说见孺子入井,必有怵惕恻隐之心,是仁与孺子一体,孺子犹是同类,见鸟兽之哀鸣觳觫,必有不忍之心,是其仁与鸟兽一体,鸟兽犹有知觉者也,见草木之摧残,必有怜恤之心,是其仁犹与草

---

[1]《朱谦之文集》第1卷,第124页。
[2]《朱谦之文集》第1卷,第432页。

木一体，草木犹有生意者也，见瓦石之毁坏，必有顾惜之心，是仁与瓦石一体。"①这里，朱谦之发挥"仁"的意思，认为人随时随地都能有感触，没有一刻没有情感，由此可见，正是在随感随应中，人不是别的，就是一点"真情"。

朱谦之认为，随感随应的"真情"是通物的，因此在将人之为人的根据归于"真情"的时候，不能将"真情"限定在人身上而排斥物。他认为，在说到人之为人的时候，不可不先判别"真我"和"假我"。假我即以血肉形体的我为真，或者"把我看得比宇宙还大，以为宇宙都是我之所为，我可以范围天地"，两者虽然不同，但实质上都是用分析的方法来看人，将人与物看做决然对立，前者是在宇宙全体中分离出人，后者是在宇宙全体之外假设一个超人。而真我"就是一片真情浑在其内"，"就是把最普遍的公共的'情'为我，不以分别为我"，②与物为一体。真我与物有别，但与物不相分离。据此，朱谦之认为，孔子所讲的仁就是"真情"，仁者爱人就是强调人的真情不是私有的，始终处于随时扩充开来的状态，真情的流露有外在的条件。

朱谦之特别强调，在仁或真情扩充开来的时候，感觉是情之流行开始，随遇而安。他说："我讲仁，决定他是活的，不是死的。活的所以能感觉人的痛痒，当下他便随感而应，如遇赤子入井，自知怵惕；遇堂下之牛，自知觳觫；无往而不是活的，即无往而不是仁的实现。感在那里，即我在那里，仁在那里，所以在家仁家，在天下仁天下，如有一物不活，便是我的仁有未尽出，而我之为我，更是如此，生机活泼真情洋溢时，是人的生活，麻痹不知痛痒时，便不是人的生活。"③从根源上说，随感而应、随遇而安的是真情自身，而从现实表现上说，怵惕、觳觫、痛痒皆是真情。

正是由于对真情之感的强调，朱谦之认为"真情"与情感不二，皆是性。他说："因为人之所以为人，是活动有生意的，所以能随感而应，见宇

①《朱谦之文集》第 1 卷，第 482 页。
②《朱谦之文集》第 1 卷，第 484 页。
③《朱谦之文集》第 1 卷，第 485 页。

宙内飞潜动植,纤细毫末的东西,见其得所就油然而喜,和自家得所一般,见其失所就闷然而戚,和自家失所一般,这满腔子恻怛之心,就是人生的本能,断不能说是后天的,是不靠经验,不用学习的。"[1]在朱谦之看来,既然恻怛之感是由人之根源上发出的,那么,恻怛之感就是天生的,其与根源为一,虽然它与物相接相通,但不能说与根源是两个事物。因此,他认为,"情"就是性,性善就是真情。

朱谦之认为,"情"即性的看法是传统儒家关于人性的正统观点,如孔子讲仁,孟子讲性善,《中庸》讲天命之谓性,《易传》讲"一阴一阳之谓道,继之者善也,成之者性也",等等,都是即情言性,以情为性。他批评宋儒性善情恶的主张,批评阳明学的"无善无恶"说,认为他们都是将性与情二分,前者在现实之外别立一个善性,后者流于空见。在朱谦之看来,情与性不离,他在解释性善时说:"原来人之一生,就是为着这一点'情',这一点'情'就是真人生,即在我的灵魂,纯粹是一种本然存在,所以唤作'性',至善无恶所以唤作'善',这个'善'生来便有,不是生后始发此窍也,不然既不是学虑,试问这点'情'从何处交割得来? 所谓'性善',不过如此意思。"[2]朱谦之认为,讲人性不能离开"情",而"情"不能离开与人物相接的生活。

(二)"复情"的工夫

朱谦之认为,宇宙尽是真情之流,人之为人在于有"情",而"情"即是性,情与性不离,情性至善无恶,由此,人在生活中随感而应,处处尽性,并"把这一点'情'灌植他,扩充他,使达于最高限度,便无往而不爱,便无往而不乐了"。但在现实中,有恶的事实,有痛苦、忧愁等恶情,这是什么原因? 对此,朱谦之追溯恶之来源,进而提出"复情"的工夫。

恶是怎么产生出来的? 朱谦之在以"无"为本的时候,认为恶是理智作用的结果,当理性认识事物时,事物就从浑然的宇宙中被分别出来,分别即相对、不完满,于是有恶,可见恶是人为的,本体没有计较而全是善。

---

[1]《朱谦之文集》第1卷,第485页。
[2]《朱谦之文集》第1卷,第486页。

如此一来,消除恶,就要反智,反对知识,以此来复情,实现真情、真我。但这样解释恶,且不说反智是否现实,其始终跳不出善恶相对,会使恶成为无法消除的实体存在。因此,朱谦之不得不放弃以"无"为本,转入生命哲学,才真正解释了恶的来源问题。

在转入生命哲学后,对于什么是恶,朱谦之说:"所谓恶,没有别的,只是生命才停滞些子,静化些子,在不绝活动当中才有一毫倚着,便是恶,然恶也不过善才小了些子便是。"①在他看来,恶是虚的,不存在实体的恶,恶与善不是对立的,恶只是善的最小限度,如果没有真情流行之善作为根据,我们无法想象"恶"。那么,恶为什么会发生?或者说善为什么会不足?朱谦之认为,恶的发生有两种原因,其一是由于失中,如刚柔都是善,但偏于刚而成刚恶,偏于柔而成柔恶;其二是由于不动,即"人本来和天地一般大,但他自小了,将自我作为生活最后目的"。②可见从现实来看有善有恶,但从本源来看则至善无恶。

同时值得注意的是,朱谦之认为要从本源来区分常人所谓的恶,有的恶并不是恶,善之不足才是恶。他说:"乐是从'真情之流'生出来,是在永远的拥抱之中,换句话说,即是生命对于生命的和谐,如果使内在的生命不动,不去与外面的生命相应和,那末这真是烦恼的原因了。"③这种内在生命不去与外面生命相应和,是善之不足的恶。但有时候看起来属于负面的情感,如忧患,不一定是善之不足。以孔子的忧、恸为例,朱谦之认为,孔子的忧患比常人更重,哭颜渊时至恸,但这种忧、恸不是来自个人的私欲,因此并不是恶。

对于善人、恶人的区分,朱谦之也说:"所谓最善的人没有别的,就是这点'情',最发达的人,所谓恶人也没有别的,只是这点'情',最低限度的人,然无论如何,这点'情'总是有的,所以虽然蔽锢之深,依然有时

①《朱谦之文集》第 1 卷,第 489 页。
②《朱谦之文集》第 1 卷,第 490 页。
③《朱谦之文集》第 1 卷,第 488 页。

发见。"①

　　既然恶是善之不足,"情"之不足,那么便有"复情"的工夫,使善充足。对于"复情"的工夫,朱谦之说:"人们根本是不能不善,天地之心永远是消灭不了的,所以一念萌动,即得本心,才动即觉,才觉即化,无往不复,即无往不是天地之心了。"②即是说,从本体来看,"复情"的工夫就是听凭直觉,随感而应,一任真情流行,只要没有私意作乱就生机盎然。

　　为了说明"复情"工夫与传统儒学修养工夫的不同,朱谦之提出"有我"与"无我"之辨。"有我"即造作,"无我"即自然而然。朱谦之认为,做"复情"的工夫,既不能"律以苦身,缚体如尸如斋,言貌如土木人",也不能"栖身虚寂,要从静中养出端倪来",愈操持愈执着于"有我",愈不能复情,真正的工夫都在"无我"上求。他说:"若在平日情感受过伤的人,更是放开自我,才有凑泊,能够一任自然,没有些子积滞,便自然是'真情之流'了。"同时,朱谦之认为,"无我"不是逆的工夫,而是顺的工夫,"于生命的流行顺而达之"。他说:"现身的我,本就是'真我',只当有所着时便小了。"③"有我"只是"无我"的消极状态,因此消除"有我"与求得"无我"是一回事,本体与工夫相即不离。

　　朱谦之肯定现身即真我,"复情"的工夫就不是悬想空见,而是日常行动。他说:"因为人生就是这一点'情',时时这一点'情',即时时在那里动,时时在那里动,却是时时与天地同流,会得这个,就是学问的大头脑了。……我们没有一时一处而非事,就也没有一时一处而非情,没有一时一处而非情,就也没有一时一处而不可实现真人生,所以古人说着衣吃饭,即是学问,能够将着衣吃饭的'事'和这点'情'打成一片,这就算完成一生,便没有许多事了。"④朱谦之认为,"情"在事中,生命与行动合一,越是能够随事精进,越是能体验到自己的"一点情"与天地通。

---

① 《朱谦之文集》第1卷,第486页。
② 《朱谦之文集》第1卷,第450页。
③ 《朱谦之文集》第1卷,第451页。
④ 《朱谦之文集》第1卷,第452页。

朱谦之以日常行动为"复情"的场域,反对息绝交游、静坐等"静"的工夫,对"动"尤为强调。他说:"真人生态度没有别的,只是发愤忘食,努力做'人',只是不停歇不呆坐着的全身全灵的'动',生命的动。"①可见,朱谦之所说的"复情"的"复"不是简单的回返,而是生生不已,这一"动"的工夫与流行不已的真情本体相配合,赋予了人性论积极入世的性格。

(三)"情人"的理想人格

朱谦之以"真情"为性,以"复情"为工夫,在境界上提出了"情人"的理想人格。"情人"的名称多见于朱谦之以"无"释"情"的阶段,当他转入生命哲学后,几乎不用"情人"的名称了,甚至要建立真情之神的自然宗教,但这无碍于将"情人"视作他的人性论的理想人格。

朱谦之在《革命哲学》的人生观后附录一封公开信,集中表述了他的"情人"理想人格。当时,他以扫除一切名相的革命热情,从"无"为本体之情出发,认为人生可以不必要什么理想人格,以往的理想人格,如英雄、伟人、圣人、君子等,更不必要了,但现实中又不可不设立这样的一个工具,指明做人的目标,时时为意志不够坚定的人鼓劲。而既然以往的理想人格都不足取,那就要创造一个新的理想人格。关于这个新的理想人格的提出,朱谦之说:"我在狱三个多月,已觉得'立志'的紧要,要是没有坚决不挠的'志',什么事也做不成,什么苦也耐不住。但立志必有所立,如从前的革命者想做'英雄',所以做'英雄'是他们的立志处;推之释家立志成佛,道家立志成仙,墨氏立志做'钜子',孔门立志做'圣人',以至近代哲学家如尼采的超人,马洛克的伟人,都因有个可立的志,故能艰苦卓绝,百折不挠的做去。不然无志之人,他的心先馁了!一旦患难当前,直如疾风之扫秋叶耳!……我现在……当着自家本体宣誓,我现在是个有志的人,而这个'志',虽然说来平常,但却是从千磨百难中立得,简单一句话:我现在立志做个'情人'了。我理想的人格,就是情人;我很

———————————————

① 《朱谦之文集》第1卷,第492页。

盼望世间上有情的人，都爽爽快快做'情人'去。"①

朱谦之提出"情人"作为理想人格，而不用以往的理想人格名词，是为了高扬情本体之"无"的至上性。他想要通过怀疑一切，达到直契本体、自作主宰的境地。他说："情人是和宇宙本体合德的——情就是宇宙本体，情人的好处，就在能够认识本体，到达本体，他的一举一动，莫不是本体之流行，因他和本体合德，所以他就是本体，他已经是绝对的单一，是不能比较的了。"②

为了进一步论证"情人"的本体来源，朱谦之又从四个方面对情人加以说明。他认为，第一，本体至小无内，至大无外，而情人就最为我，也最兼爱；第二，本体与现象相对，情人以达到本体为目的，所以不绝地挑战现象界；第三，本体兼动静，动静皆"情"，情人之情也永不间断；第四，情人是忧患中人，本体无忧，固有情人当其忧。③ 由此可见，朱谦之所谓的"情人"在前三个方面与本体无二，而在最后一点与本体不同，这一点不同，其实就是朱谦之此时本体论上的矛盾表现。他认为本体之情为"无"，超绝于万有，在现世之外高悬一个"无之又无"的本体，没有办法解决本体与现象隔断后如何联系的问题。因此，他表述"情人"这一理想人格时，也出现了"情人"与本体不一致的情况。"情人"既与"无之又无"的本体合一，就是出世的，但朱谦之本于自己的生命体验，又必然将"情人"看做是积极入世的，他说："情人不是在外，只在我的心中。"这一矛盾必然要在他转变致思方向后，才能得到解决。

朱谦之从虚无主义转入生命哲学，情本体从"无"的辩证转变为"有"的直觉体认，真情之流当下即是，"真情洋溢，胸次悠然，直有与天地万物上下同流各得其所之妙"，原来否定态度转变为肯认的态度，因此，在理想人格的用词上，他不再排斥"圣人""君子""仁者"等概念，几乎没有再使用标新立异的"情人"概念。在理想人格的表述上，他用词温和，多说

---

① 《朱谦之文集》第 1 卷，第 383—384 页。
② 《朱谦之文集》第 1 卷，第 384 页。
③ 《朱谦之文集》第 1 卷，第 384 页。

要人"做人",尽人道。

不过,值得注意的是,朱谦之在借用《周易》发挥他的唯情哲学时,特别注重《周易》中"神"的观念。他用神指称宇宙本体"真情之流"的妙用,有时又好像将神看做实体,认为"宇宙从神而来,由'神'的真情而流出",①一切包含在神的真情之流中,神也潜藏在我们自身之内。这样的自然泛神论的说法好像是准备提出一个新的理想人格,但由于并不是真的要越出情本体哲学的范围而宣扬一种宗教,所以不能说朱谦之提出了新的理想人格。

总的来看,如果从朱谦之的情本体论哲学来看他的理想人格的特色,那么无疑要使用"情人"这一概念。在"情人"的理想人格境界中,人与天地万物一体同流。且看朱谦之描述这一人性美境:"本来浑然在天地造化一团虚明活泼之中,人们和宇宙是一体的。好比长空,云气流行,没有止极,好比大海,鱼龙变化,没有间隔,这时遍体玲珑,广大无际,洞然天地人物尽在'真情之流'当中,而天地人物的变化就是人们一点'情'的变化,所以宇宙即我,我即宇宙。……人受天地的'真情'而来,浑是一片,美在其中。"②

第三节　洪谦对维也纳学派之逻辑实证论的引介

一、生平著述

洪谦(1909—1992),祖籍安徽歙县,出生于福建,谱名宝瑜,又名洪潜,号瘦石。早年在东南大学法学预科学习,此间在《学衡》杂志发表一篇讨论王阳明的文章,康有为看后认为洪谦很有哲学才华,于是约他到上海天游书院面谈,并推荐他跟随梁启超治学。梁启超旋即介绍洪谦去日本留学,师从东京帝国大学阳明学专家宇野哲人。半年后,洪谦因病

---

① 《朱谦之文集》第3卷,第132页。
② 《朱谦之文集》第2卷,第123页。

辍学回国,改在清华大学国学研究院旁听,受到梁启超和梁廷灿等先生的悉心指导。1927年,梁启超又推荐洪谦前往德国耶拿大学,拟跟随倭铿(Rudolf C. Eucken,1846—1926)学习精神哲学,但洪谦到达耶拿大学后,方知倭铿已经去世,不过他还是留在耶拿大学,转而主修物理学、数学和哲学。不久他因对赖欣巴哈(Hans Reichenbach,1891—1953)关于相对论的著作发生兴趣而转至柏林大学师从赖欣巴哈;又经赖欣巴哈推荐,于1928年到维也纳大学,成为石里克(Moritz Schlick,1882—1936)的学生,主修物理学、数学、逻辑学和哲学课程。1930年,洪谦参加石里克小组,亦即维也纳学派(Wiener Kreis;Vienna Circle)的核心圈子,直到1936年石里克被一个患精神病的学生枪杀为止,成为参加石里克小组时间最长的外国人。1934年,洪谦在石里克指导下,完成了博士论文《现代物理学中的因果性问题》,获得博士学位。此后两年间,洪谦留在维也纳大学从事研究工作。石里克不幸去世后,洪谦于1937年初回到国内,受聘为清华大学哲学系讲师;1940年至1945年任西南联大哲学系教授;1945年至1947年受邀为英国牛津大学新学院研究员;1948年至1949年任武汉大学哲学系教授兼系主任。这一时期,洪谦的教学和著述都以介绍维也纳学派的理论为主,重点则是阐述石里克的逻辑实证论观点。1951年,洪谦任燕京大学哲学系教授兼系主任。1952年全国大专院校院系调整之后,洪谦调至北京大学哲学系任教授兼外国哲学史教研室主任,1965年又兼任北京大学外国哲学研究所所长。这一时期洪谦的主要学术工作是编译"西方古典哲学原著选译"一套四种:《古希腊罗马哲学》《十六—十八世纪西欧各国哲学》《十八世纪法国哲学》《十八世纪末—十九世纪初德国哲学》,还主编了《西方现代资产阶级哲学论著选辑》,并与他人合作翻译了马赫(Ernst Mach,1838—1916)的名著《感觉的分析》。1979年,洪谦兼任中国社会科学院哲学研究所研究员和学术委员会委员,此后陆续兼任英国牛津大学客座研究员、日本东京大学客座教授、中英暑期哲学学院名誉院长,从1981年至1992年还长期担任中国现代外国哲学研究会名誉理事长。这一时期洪谦又集中以维也纳学派作为研究重点,但他不再只局限于研究石里克的思想观点,而是着力于全面梳理维也纳学派成员的思想观点及其相互异同,涉及克拉夫特(Victor Kraft,1880—1975)、维特根斯坦(Ludwig Wittgenstein,1889—1951)、卡尔纳普(Rudolf Carnap,1891—1970)、费格尔(Herbart Feigl,1902—1988)、艾耶尔(A. J. Ayer,1910—1989)等诸多人物。此间他还主编了《逻辑经验主义》文集,全面展示维也纳学派的基本思想及其历史脉络;并主持编译了《现代西方哲学论著选辑》。他还多次赴奥地利、英国、日本以及香港参加学术活动。1992 年 2 月,洪谦病逝于北京。

二、逻辑实证论引介

在中国现代哲学史上,洪谦的独特贡献就是将他所信奉的维也纳学派,特别是该学派领袖石里克的逻辑实证论(又称彻底经验论、逻辑经验论或逻辑实证主义)较早且较系统地引介到国内,[①]他因而成为现代西方这个重要的哲学流派特别是石里克学说在中国传播的真正开山者。[②]

关于石里克思想以及维也纳学派的历史渊源,洪谦说:"逻辑实证论是一般人对于维也纳学派哲学所常用的一个名称。维也纳学派创始于

[①] 从洪谦在 1949 年以前所写的文著来看,他或是转述石里克的思想观点,或是依据石里克的观点阐发逻辑经验论,或是在作出学术推论之后引用石里克的言说加以证明,所以韩林合说:"1937 至 1945 年、1948 至 1949 年洪谦先后在清华、西南联大、武大讲授维也纳学派的学说,重点是介绍石里克的哲学观点。"又说"20 世纪 70 年代末以后,现实条件又允许洪谦继续其维也纳学派哲学的研究了。这时,他的研究重点发生了很大的转变。他不再像 20 世纪 40 年代以前那样,满足于单纯地介绍石里克的思想,而是着力于梳理维也纳学派成员及其相关者之间的观点上的分歧,以及对他们的观点进行批判性的分析和阐释"。(见《洪谦选集》,长春:吉林人民出版社 2005 年版,前言第 2、3 页)韩氏前说直接肯认洪谦在中国现代哲学史上的主要工作就是介绍维也纳学派和石里克的观点;后说虽然意在强调洪谦后来的学术思想发生了很大转变,但却对照地突出了洪谦在中国现代哲学史上乃是"满足于单纯地介绍石里克的思想"的。

[②] 洪谦说:"维也纳学派是现代哲学中一个新起的重要学派。这个新起的哲学流派在我国,虽然有人认为已有'若干年的历史',但是,我们除了只知道其中若干人的生平履历和作品目录之外,一切其他方面的了解,实在是无法谈到的。"(见《洪谦选集》,正文第 2 页。以下引文皆引自正文)由此表明,即使有人早于洪谦将维也纳学派介绍到中国,也不过是略及其皮毛,唯待洪谦方得其底蕴。

石里克,当代逻辑学家卡尔纳普、魏斯曼、数学家汉恩(H. Hahn)、孟格尔(K. Menger)、物理学家弗朗克、社会学家纽拉特,都是其中主要的人物。维也纳学派在哲学方面的贡献,在于综合马赫(阿芬那留斯)、罗素、维特根斯坦的哲学思想,以及应用现代科学如相对论、量子力学的理论根据建立了一个哲学系统。这个哲学系统我们可称为一个'科学的哲学系统'。所谓'科学的哲学系统'虽然是溯源于孔德、穆勒,到马赫、波尔兹曼、奥斯特瓦尔德、罗素、爱因斯坦才发展起来,但是它能脱离一切形而上学的传统,自成一种哲学体系,如逻辑实证论,则不能不归于维也纳学派了。"①又说"石里克过去对于学术文化之最大贡献,不在于他的逻辑实证论的哲学,而在于他能综合亥姆霍兹(H. Helmholz)、马赫(E. Mach)、阿芬那留斯(A. Avenarius)、波尔兹曼(L. Boltzmann)、彭加勒(H. Poincaré)、弗雷格(G. Frege)、罗素(B. Russell)的思想,完成了一个'科学的哲学'的理论基础。所谓'科学的哲学'是溯源于孔德(A. Comte)和穆勒(J. S. Mill),到了马赫、波尔兹曼、奥斯特瓦尔德(W. Ostwald)、彭加勒、罗素才发展起来;但是使它能脱离一切传统思想而自成一个哲学体系,则不能不归功于维也纳学派领袖石里克了","石里克哲学的发展过程,原则上能分作前后两时期。在前一时期中他是一个经验的批判的实在论者,影响他最深的除休谟(D. Hume)、马赫、阿芬那留斯之外,要算亥姆霍兹、彭加勒与罗素了;在后一时期中他已经放弃以前的立场,而成了一个逻辑经验论者;影响他最深的除维特根斯坦之外,卡尔纳普是最多了","维也纳学派之能主张知识仅有形式关系的知识而非所谓'体验'内容的知识,在理论上是不能不归功于由柏夫所启端至希尔伯特才完成的一种'新'的几何学的发展","代表现代'科学的哲学'的维也纳学派的创始人如石里克、维特根斯坦、卡尔纳普等,都是对于数学物理学有研究的,其中如石里克就是一位物理学家。就维也纳学派成立的整个而言,它与马赫、爱因斯坦、普朗克、弗雷格、罗素、希尔伯特的名字是不可分离

---

① 《洪谦选集》,第 31 页。

的","这个学派正是从巴克莱和休谟所发现的伟大原则出发向前的",①这就勾画出一条由巴克莱、休谟、孔德、穆勒、亥姆霍兹、马赫、阿芬那留斯、波尔兹曼、弗雷格、奥斯特瓦尔德、彭加勒、普朗克、柏夫、希尔伯特、罗素、爱因斯坦、维特根斯坦、卡尔纳普、海森堡直到石里克以及维也纳学派的思想传承或影响的脉络。这些影响石里克以及维也纳学派的人物都是经验主义者、实证主义者或自然科学家,由此便基本上决定了石里克以及维也纳学派的思想方向。②

根据洪谦的阐述,秉承近代经验论和实证论传统以及自然科学成就的维也纳学派,特别是其领袖石里克,其致思焦点就在于知识的科学性、真实性及其意义问题,"求知求真是他唯一的对象、唯一的目的"。③ 在石里克或维也纳学派看来,"所谓知识,仅有科学的知识,科学是知识的体系,是一种真的能证实的经验命题体系"。④ 凡属科学的真实的知识,"它对于事实非有所传达,有所表达不可。我们这里所谓能传达的、能表达的,就是我们能用一种符号表现的,能用一种公式叙述的,或者能用一种语言形容的,无论属于哪一方面的实际知识,都是应用它的符号、公式或它的语言对于事实的一种传达,对于事实的一种表达,所以知识之所以为知识,原则上只能如维也纳学派所言:'一切知识都是对于事实有所传

---

① 《洪谦选集》,第 4、5、89、107、248 页。

② 当然,就石里克来说,其前辈或同代的影响存在着复杂情况,除了引文中已经陈述的其后期放弃了曾给予其以深刻影响的休谟、马赫、阿芬那留斯、亥姆霍兹、彭加勒和罗素的观点之外,洪谦还反复指出石里克的实证论与马赫、波尔兹曼的传统实证具有重大区异(参见《洪谦选集》,第 15、39—41 页),并展示了石里克与卡尔纳普之间关于"原始记录语句"和"物理主义"的深刻分歧(参见《洪谦选集》,第 245—247 页)。不过无论如何,洪谦肯定"实证论者如马赫、波尔兹曼与维也纳学派之产生,不无历史的关系"(《洪谦选集》,第 15 页),"我们根本无从否认逻辑实证论与传统实证论的渊源关系"(《洪谦选集》,第 41 页),他还多处承认卡尔纳普对于石里克思想最终形成的重大作用,认为"如果没有这些影响,他(按指石里克)就不可能完成从'批判实在论'向'逻辑实证论'或'彻底经验论'的转变"(《洪谦选集》,第 237 页)。

③ 《洪谦选集》,第 92 页。此语并非直接指石里克和维也纳学派,但其指涉对象无疑包含了他们。

④ 《洪谦选集》,第 26 页,另参见第 194 页。

达,每种知识都必须是能传达的,仅有能传达的,方能成为一种知识。'"①更进一步,"仅有以纯粹形式为对象而与实际无关系的知识,方才具有绝对不可怀疑的'真''实'性。属于这样精确而真实的范围内的科学,是数学、几何学"。②

逻辑对于知识的构成具有至关重要的作用,"所谓知识仅是一种表达或叙述,我们根据这样的表达能认识一种事实,同时这种事实是能用不同的手续与方式不同的符号与语言叙述的。但是这些不同的叙述方法之用以表达同样的事实而能得到同样的知识者,则不能不归功在它们当中的一个共同点,这个共同点,石里克名之为逻辑的形式。因为有这个逻辑的形式,而后才有真的或假的事实的表达,假如没有它,不仅一切的表达或叙述不可能,就是对于事实都无法思想,无法推论。换句话说:'一切的知识因有其逻辑形式,而后才能成为知识。'假如没有逻辑形式,不仅是一切的表达或叙述无可能性,就是思想与语言也失去它的普遍的作用了"。③

逻辑形式诚然为知识构成的基础,而知识构成本身,由上可见,则依赖于表达或叙述。表达或叙述的基本要素乃是判断或命题,所以洪谦依据石里克的观点说:"一切的知识仅能从判断中而产生,至于所谓'判断'在实际上的意义,则是一种'事实的成立'的表达或说法。石里克认为有了判断的存在,而后才有知识,才有'真理'和真理的体系。"④因此,知识的真实性及其意义问题便可归结为判断亦即命题的性质问题。石里克或维也纳学派认为,一切命题无非大别为两类,一类是先天分析命题(又称形式真理、分析真理、同语反复的变式、重言式、蕴含定义),另一类是后天综合命题(又称事实命题、经验命题、经验真理、综合真理)。洪谦依据石里克的观点说:"一切的命题就其效用而言,仅有两种:一为分析命

①《洪谦选集》,第 88 页。
②《洪谦选集》,第 130 页,另参见第 92、234—235 页。
③《洪谦选集》,第 18—19 页。
④《洪谦选集》,第 130 页。

题,一为综合命题。分析命题是以同语反复的变换为对象,是先天的;综合命题是以实际的知识为对象,是后天的。"①又说"石里克认为真理的概念能分为两种:一为'形式真理',一为'经验真理'。'形式真理'是以分析命题为根据。分析命题之所以是先天的,即因分析科学如数学、逻辑等都以纯粹形式定义的假定为理论基础,所以在每个演绎推论中,结论的证据已经包含在前提之内。一切形式的演绎推论,事实上仅是一种符号的语言关系,用同值的形式加以变换而已。所以对于分析命题的效用之怀疑,是原则上不可能的,因为我们对于语言概念的应用法则已经明白,那么对于种种不同的变换方式与种种不同的形式结论自然也随之而明白。石里克曾说:'分析命题,仅是叙述同值词句的纯粹形式的变换,仅能当做证明、演绎与计式,一种技术的方法,它是一个同语反复。同语反复自然为先验真理,因为它是对于事实无所表达的,与经验是毫无关系的,我们理解两种词句是否同值,根本无须事实的证明,从它所假定的意义中即能判断了。'但是'经验真理'则根本不同,因为经验科学如自然科学,是一种包含实际知识的命题,是一种表达生活的、科学的事实命题。因此这一类的命题的效用性,自然不能从任何的形式条件或神秘方法'本质直观'中可以证明,而非求之'事实的答复'不可。所谓'事实是答复'就是说:一切经验的命题是以'命题与事实的一致'为它的最后标准;而命题与事实之是否一致,仅有从观察中判断,从证实中证明。一切综合真理之所以是后天的,即因综合的命题不能从理解它的意义中,就能明了它的真假性,在我们了解它们意义之后,还必须证明这个意义是否有能说明的、能证实的意义。石里克认为'经验真理'与'形式真理'的原则不同点'就是前者是以实际的本质为根据,后者则以语言的形式为根据;所以前者的意义是需要观察来说明的,至于后者的意义,如已理解则就完全理解了'"。②

---

① 《洪谦选集》,第 9 页,另参见第 199、234 页。
② 《洪谦选集》,第 8—9 页,另参见第 33、36—37、134、181—182、183、234、237 页。

无论先天分析命题或是后天综合命题，都存在着真或假两种可能性。前者的真或假取决于命题的形式关系之正确与否，不同形式关系为同值者即是真命题，否则就是假命题；后者的真或假则取决于事实的检验，只有与事实符合者方为真命题，否则便为假命题。[①] 虽然只有真命题才能提供真实的知识，而假命题则没有这种效用，但只要是可以验证其真假性的命题，却都是有意义的命题，"凡是在原则上就能真或假的命题，都是有其事实的意义，都是一种有意义的命题。……凡是一种对于事实有所主张、有所表达的命题，在原则上无有不能为真为假的，无有不能为一定的所与性所证实的。所以维也纳学派中人认为命题的意义，是在于它的证实方法。换句话说：某个命题之有无意义，是在于它所主张的事实能否经所与的证实，能否经'是'或'不是'的答复。凡是原则上能经所与的试验以及经'是'或'不是'答复的命题，都能真或假，都是有意义的"。[②] 而且专就后天综合命题来说，"假如一个命题无事实上的证实方法，那么这仅归咎于科学方法上和技术上的缺点，可不能证明它之'无意义性'。……譬如'实证论之祖'孔德以为星球的内部构造，就从化学方面也是根本不能认识的，但是不久基希荷夫（Kirchhof）与布森（Bussen）即应用'光谱分析'将其完全解释了。其实孔德所谓星球的内部构造之不能认识，不是原则上不能认识，而是事实上不能认识，他这样的科学假说也不是原则上不能证实，仅是事实上不能证实而已"，[③] 即是说，由于条件限制而无法用事实加以检验的命题，也不是无意义的。

但是，在石里克或维也纳学派看来，康德提出的在先天分析命题和后天综合命题以外的先天综合判断，诸如"上帝存在""灵魂不死""意志自由"之类，则是完全无意义的。"所谓'先天综合判断'一方面是包含着实际的知识，是综合的，另一方面则无须经验的试验而有其效用，即所谓

---

① 参见《洪谦选集》，第 182 页。

② 《洪谦选集》，第 51 页，另参见第 11、20、182、190、205 页。

③ 《洪谦选集》，第 37 页，另参见第 21、44、52、93、191、206 页。

先天的"。① 虽然康德根据欧几里德几何学以及因果律，意图为其先天综合判断设定科学的基础，"但是从现代科学的进展而言：新几何学中如希尔伯特的几何学，是以公设、定理、定义为理论基础，是一种纯粹形式的演绎系统，既无须综合的作用，也无须直观的成分，他之为先天的命题，是一种先天的分析命题，而不是'先天综合判断'。就以几何学之为'空间的科学'这一点观之：相对论中时间空间论与'先天综合判断'也不能一致。康德认为欧几里德几何学与空间的关系是必然的先天的，可是爱因斯坦则认为这种关系，与物理学中其他的度量标准相同，仅是一综合命题，而不是一种'先天综合判断'。还有康德主张为先天的综合知识的因果律，海森堡则根据量子论的发展，已给与原则上的批评了，因此因果律就失其在科学中的普遍效用性。因果律之无科学中的普遍效用性，自然不是证明它从此失去科学中的价值，仅说出它之为科学知识的先天'假定'，是再不可能的了"，②即是说，现代科学已将康德认定的"先天综合判断"的科学基础消解了。③ 由此，这种既包含实际的知识、却又无须经验的试验的"先天综合判断"，"从证实方法中根本不知其为真假，好似它的真假与证实的试验是不相关的，那么这个命题一定是无意义的"。④亦因此，洪谦依据石里克的观点说："康德的'先天综合判断'是原则上不可能的"，"根据各种理由，我们把这种观点视为不能成立的，而加以拒绝"，"对于数学和自然科学中是否存在'先天综合判断'的问题，回答必定的否定的"。⑤

石里克或维也纳学派否定康德"先天综合判断"的旨归在于否定一切形而上学，在他们看来，康德提出的"上帝存在""灵魂不死""意志自由"之类"在真假以外的无意义命题"，正是典型的"传统的形而上学命

---

① 《洪谦选集》，第 63 页，另参见第 134、181 页。

② 《洪谦选集》，第 34 页，另参见第 131、134—135、182、232—234 页。

③ 参见《洪谦选集》，第 234 页。

④ 《洪谦选集》，第 11 页。

⑤ 《洪谦选集》，第 131、152、234 页。

题","这一类的形而上学问题,如所谓宇宙是物的、心的或其他的,上帝是存在的,灵魂是不死的,意志是自由的种种,曾不知引起哲学上多少'似是而非的问题',曾不知引起哲学上多少无意义的理论",然而"所谓宇宙的本质是心的或物的,上帝存在,灵魂不死,意志自由等,从逻辑的修辞法而言,它们根本就是不能互相联系的,它们的不能联系,即如千克的重量与'欢愉'的概念,'道德'的概念与无机自然之不能联系一样",①所以石里克一言以蔽之曰:"传统的形而上学命题,都是在真的或假的以外的无意义的命题。"②总而言之,石里克或维也纳学派认定,"形而上学之为知识理论是不可能的,因为形而上学家误解了知识的内容与感情的内容,知识的内容在于它的真理性是能由经验证实的,至于感情的内容则是一种感觉,一种体验。所以石里克认为形而上学之无理论根据,不是在于'人类未具有解决形而上学问题的理智',而是在于形而上学家根本'认错了知识的概念'。所谓直观的形而上学是不可能的,因为直观是一种体验,一种生活,却不是一种真理知识;演绎的形而上学是错误的,因为它根本误解了演绎的方法;一个在逻辑上不能当做演绎前提的事实,它想从演绎的结论中得来;归纳的形而上学在归纳的有效前提下虽有可能性,但是这个可能性在事实上则非常之少;不然一个实际的知识体系的科学,就失去了它的基础和作用了"。③

不过,石里克或维也纳学派并不一概否定形而上学自有其特殊功能,而且肯定与形而上学相区别的哲学也有其适当作用。④ 就前一方面来说,"虽然形而上学不是一种知识理论,但还能引起人们的信仰,即因

① 《洪谦选集》,第38—39页。将康德的三个命题作为传统的形而上学的代表性命题,还见于此书第134、188、191页。
② 《洪谦选集》,第11页。
③ 《洪谦选集》,第6—7页,另参见第25—26、88、133页。
④ 石里克或维也纳学派是将形而上学与哲学区别看待的,他们认为,"哲学与科学事实上不仅无冲突之点,而且在发展上也是互为因果的,仅有形而上学方从另一实际立场和知识概念中而否定整体而统一的科学'世界图景',或者说否定纯粹哲学的'世界观'。……形而上学与科学的对立性是在科学与哲学中间所未有的"。见《洪谦选集》,第113—114页。

它具有一种科学未有的作用：就是人们能从形而上学的体验中（如主客观世界一致）充实生活的内容，从形而上学的理想中（如灵魂不死、上帝存在等）弥补生活的空虚。诗人、艺术家能借他们的诗歌与艺术品而得到内心的满足，神学家、宗教家能借上帝的假定而得到精神的安慰，如是一般非诗人非艺术家非神学家非宗教家的人们（尤其科学家与哲学家），则仅有借形而上学的体验与理想，以满足自己与安慰人生了。石里克曾更明白地说过：'形而上学的体系所能引以为安慰的，就是它能充实我们内心生活与扩张我们体验境界，所以人称形而上学为概念的诗歌，至于它在文化上的作用也如诗歌一样，这是对于形而上学一种恰当的说法'"。① 而就后一方面来说，"哲学虽然不是一种科学，但是它对于科学的贡献实在超过任何的科学，所以我们称'哲学为科学之王'，不是对于它一种过誉，仅是说明它对于科学的伟大意义而已。石里克曾说：'哲学虽不是一种科学，但它对于科学研究的意义还是非常重大的。这个重大的意义仅有用"科学之王"方能表达出来。……我们现在已经认识这个新的趋势的哲学，就是它不是一种知识体系，而是一种说明与确定知识命题的活动。一切的命题是由哲学而说明，由科学而证实；所以前者是以命题的意义为对象，后者则以命题的真假为对象。科学的内容、灵魂与精神，最后完全包含在科学命题的意义之内，如是说明意义的哲学活动，是一切科学理论最重要的因素。'"② 只不过在石里克或维也纳学派那里，承认形而上学的特殊功能以及哲学的适当作用，是有其原则上的限定的，那就是无论形而上学或哲学都不是知识或独立的知识体系，"形而上学之为知识理论是不可能的"；"哲学在原则上不是一种知识的体系"，"所以哲学就其本质而言，是不能超出科学或与科学并列，而是属于科学

---

① 《洪谦选集》，第 26 页。另参见第 7、40、98、124、134、189、194—195、237 页。在《石里克的人生哲学简述》中，洪谦引述维也纳学派成员魏斯曼（F. Waismann）的话说："我们如视形而上学为一种知识的体系如物理科学那样，那么石里克确实是反对形而上学的；不过假如我们视它为一种'体验人生的基本感情'的话，那么石里克则是一个十足的形而上学家。"见同书第124 页。

② 《洪谦选集》，第 29—30 页。

范围内'活动'的一种学问";与此相对照的是,"所谓知识,仅有科学的知识,科学是知识的体系,是一种真的能证实的经验命题的体系"。① 将形而上学或哲学拒斥于知识领域之外,而确认科学是唯一的知识体系,这就是石里克或维也纳学派的理论旨归。

通过洪谦的引介,石里克及维也纳学派的理论在中国现代哲学史上产生了一定影响,例如冯友兰就运用一系列"对于事实为形式的解释"的分析命题来建构其"新理学"哲学体系,意在既"接着讲"形而上学,又使其形而上学因无需事实的证明而具有必然合理性,从而避免被拒斥于知识领域之外。虽然冯友兰的这种意图和做法遭到洪谦的尖锐批评,②但由此反映当时维也纳学派对中国哲学家的影响却是没有问题的。再如熊十力在历数古今中外种种本体论和哲学观的缺陷时说:"更有否认本体,而专讲知识论者。这种主张,可谓脱离了哲学的立场。因为哲学所以站脚得住者,只以本体论是科学所夺不去的。我们正以未得证体,才研究知识论。今乃立意不承有本体,而只在知识论上钻来钻去,终无结果,如何不是脱离哲学的立场? ……学者各凭意想,聚讼不休,则又相戒勿谈本体,于是盘旋知识窠臼,而正智之途塞,人顾自迷其所以生之理。"③这正是对于洪谦所引介的维也纳学派观点的驳斥。④ 熊十力对维也纳学派观点的了解或许不尽全面恰切,但是他从本体论与知识论截然二分且抑前扬后的视角把握该学派的主旨,却是相当准确的,由此作出的批评也是有道理的。事实上,尽管形而上学确实多以先天综合命题构成,然而古往今来人类仍然视之为有意义的知识,甚至是高于自然科学和社会科学的安身立命的根本知识,其证实根据不在于物质对象,而在于心灵印可。

---

① 《洪谦选集》,第 6、26、115 页,另参见第 194 页。
② 见氏著《论〈新理学〉的哲学方法》,《洪谦选集》,第 187—196 页。
③ 《熊十力全集》第 3 卷,第 17—18 页,另参见同书第 91—93 页。
④ 这些见于 1944 年出版的《新唯识论》语体本中的批评言论,在 1932 年出版的《新唯识论》文言本中却并不存在,由此可证熊十力是在 1937 年洪谦回国后对维也纳学派的引介中得知该学派的观点并补写了这些批评言论。

第四节　张岱年的"新唯物论"和新文化建设思想

一、生平著述

张岱年(1909—2004),曾用名宇同,别名季同,原籍河北献县,出生于北京。父亲张镰是清光绪朝进士,曾授翰林院编修。张岱年从小就受到良好的教育和传统文化的熏陶。1912 年,4 岁的张岱年随母亲回乡八年,在故乡私塾中学习了《三字经》《百家姓》《论语》《孟子》《大学》《中庸》等典籍,为一生学问打下牢固基础。1920 年,12 岁的张岱年回到北京,插班入北京师范大学附属小学读书。从此,张岱年一直都在北京生活工作。1923 年小学毕业后,15 岁的张岱年以优异成绩考入北京师范大学附属中学试验班。自此,他与北师大结下深厚的学缘。中学时期的张岱年博览群书,好学深思。他晚年回忆说:"可以说,中学 5 年,是我开启心智,逐渐亲近'爱智之学'的时期。"[1]在其长兄张申府影响下,张岱年逐渐树立了基本人生志向。张申府又名张崧年,曾任《新青年》编委,1919 年参加五四运动,1920 年追随李大钊筹组北京共产主义小组,是中国共产党的第一批党员,也是新实在论哲学在中国的代表人物,他对张岱年的学术生涯产生了直接影响。

1928 至 1933 年,张岱年在北京师范大学教育系读书,这也是其学思精进、初露锋芒的五年。除了古代典籍以外,他尤其重视胡适、冯友兰的中国哲学史著作,反复研读,琢磨深思,并由此下定决心走上中国哲学研究道路。1931 年,年方 23 岁的张岱年撰写了一篇颇具文献功底和哲学素养的文章《关于老子年代的一假定》,在《大公报·文学副刊》上发表,引起古代史专家罗根泽的注意,被收入《古史辨》第四册中。这一文章可算是张岱年学术生涯之起点,其哲学研究天赋与早慧由此可见一斑。大学期间,张申府对张岱年帮助更大,不仅指导他阅读了大量西方哲学名

---

[1] 张岱年著,林大雄整理《张岱年学述》,杭州:浙江人民出版社 1999 年版,第 15 页。

著,而且介绍他结识熊十力、金岳霖、梁漱溟、冯友兰等前辈,这些学术交往都让张岱年终身受益。在大学最后两年,张岱年用"宇同"的笔名先后发表了《先秦哲学中的辩证法》《秦以后哲学中的辩证法》《辩证法与生活》《辩证法的一贯》《论外界的实在》《世界文化与中国文化》等一系列颇有见地的文章,成为时人瞩目的学界新秀。

1933 年大学毕业,年仅 25 岁的张岱年因成果丰硕,经冯友兰和金岳霖推荐,被清华大学哲学系破格聘为助教,从事哲学专业的教学工作历 19 年。清华哲学系大师云集,对张岱年哲学思想的发展、成熟起到了极大的促进作用。1936 年,张岱年写成了以问题为中心叙述中国哲学发展历程的《中国哲学大纲》,全书共 50 余万字。这是第一部以问题为纲的中国哲学史研究著作,既注重对中国古代哲学概念范畴的分析,也注重阐释中国古代哲学的理论体系,体现了张岱年主张的"唯物、理想、解析,综合于一"的哲学思想。该书 1943 年被选为私立中国大学的讲义,1958 年商务印书馆以"宇同"的笔名正式出版,后来被翻译成日文在日本发行,广受赞誉。1937 年"七七"事变以后,张岱年滞留北平,在日寇统治下闭门著书,在此期间完成一批力作,包括构成其哲学思想重要组成部分的"天人五论"中的《哲学思维论》《知实论》《事理论》《品德论》。

1949 年新中国成立,张岱年以满腔热忱从事哲学研究,投身于新中国的建设事业。1952 年,全国高等院校调整,张岱年调任北京大学哲学系教授,自此一直在北京大学从事中国哲学的教学和研究工作。这一时期,张岱年的教学和研究的重心围绕在挖掘明清之际辩证唯物主义的思想传统,先后发表了《王船山的唯物论思想》《张横渠的哲学》等重要论文,还完成了关于宋明哲学史的论著《宋元明清哲学史提纲》《张载——中国十一世纪唯物主义哲学家》等著作。1957 年,张岱年在"反右"运动中被错划为"右派",从此在教学研究上陷入沉默期长达 20 年。

1977 年,晚年的张岱年重新开始学术生涯,并渐至顶峰。1978 年 12 月,张岱年当选为中国哲学史学会会长并连任三届,一直到 1989 年他主动辞去此职务。同时,他还担任中华孔子学会会长、清华大学思想文化研究所所长、中国社会科学院哲学研究所兼职研究员等多项职务。这段时间也是张岱年哲学思想的多产期和丰收期，不仅自身成果丰富，而且培养了大批当代中国哲学界的骨干。在学科建设方面，他开始注重《中国哲学史料学》课程的建设。随着中国社会经济的繁荣，他也开始注意社会主义新文化建设的问题，在文化的内涵、文化的民族性和普遍性、建设新文化等方面做出了有意义的探索。

二、"新唯物论"哲学体系

在中国现代哲学家中，张岱年是有着较强的构建哲学体系意识的哲学家。那么，他构建的哲学体系应该如何概括与界定？学界对此问题见仁见智，看法不一。仔细研读张岱年著作，并参鉴其本人主张，张岱年的哲学体系应该界定为"新唯物论"。其"新唯物论"的哲学体系具有一个线条清晰、逻辑严密的三位一体"构图"，即将"唯物""理想""解析"综合于一体，以"唯物"为基础，以"理想"为旨归，以"解析"为方法，建立一种博采众长的哲学体系。

（一）"新唯物论"之"唯物"

张岱年在哲学基础上服膺"唯物论"，自然与马克思主义哲学在中国的传播密切相关，尤其与其长兄张申府关系密切。张申府在现代国内学术界影响颇大，是中国最早接触马列主义哲学的人物之一，也最先在国内学界引进罗素哲学，并进而主张"列宁、罗素与孔子，三流合一"，[①]这些思想对张岱年的哲学思想创造产生了直接影响。张岱年自述："在吾兄申府的指引之下，我阅读了英哲罗素的哲学著作。对罗素所提倡的逻辑分析（Logical analysis）方法甚为赞佩。我认为逻辑分析应是哲学的基本方法。……接着，我阅读了马克思、恩格斯、列宁的理论著作，深深为辩证唯物论（包括历史唯物论——当时称为唯物史观）的真理光辉所吸引。我认为辩证唯物论解决了西方近代哲学中唯理论与经验论的争论，正确

① 刘军平《传统的守望者——张岱年哲学思想研究》，北京：人民出版社 2007 年版，第 6 页。

说明了感性经验与理性认识的关系,也解决了物质与精神的关系问题,既肯定物质是本原的,又承认精神对于物质的能动作用。"①

张岱年认为,"新唯物论"优于"旧唯物论"的关键之点包括两方面:"第一,新唯物论已舍弃旧唯物元学所谓本体之观念","第二,旧唯物论是机械的,新唯物论是辩证的"。②从第一方面来看,"本体"确为西方哲学一贯的核心范畴之一,其义所指为一种居于万物最终极之处的固定不变之物。马克思之前的哲学家,无论"唯物论"还是"唯心论",都有这种追求终极不变之"本体"的倾向。而"新唯物论"则超越了此种倾向:"是故旧唯物论所谓唯物者,谓物质为本体也,新唯物论之谓唯物者,谓自然先于心知也。自然者何谓?心所对之外境,离心而固存之世界"。③此观点为张岱年1930年代作出的论断,显示出其敏锐的哲学思维和对"新唯物论"之准确见解。确如其言,与"旧唯物论"之追逐某种固定"本体"不同,"新唯物论"是以自然乃至整个世界作为立论之根基,这种"唯物"之定位克服"旧唯物论"的僵化思维,暗含有"相对而言"的意味。张岱年特举出列宁之"物质"定义来充分说明:"列宁之释物,有云:'物质是人类感官作用于其上而生感觉者'。即以物质为独立存在于人类意识之外之质量。"④此处说得明白,"物质"之为"根本",是因为其相对于"人类意识"而言处于独立之地位。这种地位非僵化之"本体",而是流动的历程。张岱年更从"宇宙论"的角度来说明这一点:"新唯物论以宇宙为一整个的大历程,为一发展的大流。此大流之内一切事物皆有联系,故宇宙为一整个。一切事物皆是变动的,一切事物皆有生而灭之历程。"⑤尤为难得的是,张岱年以此"新唯物论"为立场对西方哲学家的观点进行深度解读,不仅能明辨柏拉图、菲希德(费希特)、黑格尔、叔本华等唯心主义观点,

---

① 《张岱年全集》第1卷,石家庄:河北人民出版社1996年版,第3页。
② 《张岱年全集》第1卷,第129—130页。
③ 《张岱年全集》第1卷,第130页。
④ 《张岱年全集》第1卷,第130页。
⑤ 《张岱年全集》第1卷,第130页。

更能发现"旧唯物论"者的"唯心论"倾向。例如,他对"经验批判主义"代表人物马赫思想的分析:"犹不特此,马赫等只以感觉要素为宇宙根本,虽云以主客未分者为本,实以主观为客观之因,是亦唯心。"①马赫本人是物理学家,懂得许多自然科学原理,其思想明确宣称超越"唯物""唯心"之对立,但张岱年寥寥数语即已点明,这种思想的根底仍然是唯心主义。

从第二方面来看,"机械唯物主义"看待万物的视角缺乏辩证观、缺少生命意识。张岱年指出"彼为机械的,故将生(生命)还原于物,而不见物生之异;此为辩证的,故既辨物生之同,亦辨物生之异;既知物生之异,亦不忘物生之同"。② 从"机械唯物主义"角度看,具有生命的世界被"还原"为没有生命之"物",只强调万事万物作为"物质"相同的一面,完全无视万事万物还有多样化差异的一面。其犯错的主要缘由就在于不懂"辩证",张岱年指出,"或谓既言辩证,何又唯物? 是未深解辩证之义。辩证者最重相反之统一,一体之矛盾,但矛盾非惟矛盾,矛盾之二方非平衡对待,而实有主导方面。此云唯物者,以见物为生心之根,以言见物可赅生心,以见生心虽异于物而亦非非物"。③ 从这段驳论中可以看出,那些不懂"辩证"的机械唯物论者认为讲"唯物"就只能单纯地讲"物质",不可再去谈论从"物质"中产生出"心"的问题。而结合了"辩证法"的"新唯物论"则超越了这种观点,认为"物"与"心"是一种辩证关系,是对立统一之关系。"物"与"心"有不同表现,这是一种对立;而"心"产生于"物",这是一种统一关系。同时,二者地位不是完全等同的,"物"居于本源地位、主导地位。正是在这个论证基础上,张岱年特别指出,"言唯者,表特重之义,示根本之义,而非别无可说之义",④这个解释在很大程度上可以澄清许多人因"唯物"之"唯"字而产生的误解,误以为"唯物论"只讲"物质"而不讲"心",那正是"机械唯物论"错误之所在。张岱年还大力申明"唯物

①《张岱年全集》第1卷,第130页。
②《张岱年全集》第1卷,第129—130页。
③《张岱年全集》第1卷,第130页。
④《张岱年全集》第1卷,第130页。

主义"的意义之所在:"或谓自然先于意识,常识而已,不足为哲学之论,是亦不然,如哲学史上无执精神先于自然者,则特主此论或不必;今哲学史上执精神先于自然者甚众,何得不特扬真。"①其迫切之原因还不在单纯的学理辩论,更与哲学史、思想界的情形密切相关。由于哲学史上许多思想家之观点以"精神先于物质自然"居多,从辨明真理的角度看,就凸显申明"唯物主义"的巨大价值了。

(二)"新唯物论"之"解析"

在张岱年的哲学体系中,将解析定位为哲学的基本功夫。解析本身绝非目的,而是一种需要充分使用的方法。其使用目的在于,通过精准严格的解析,辨析清楚不同哲学概念之意谓,剖析清楚复杂纷繁的事实。如果从"真""善""美"三个角度看,"解析"方法之主要目的在于"求真"。

从张岱年对逻辑分析的运用来看,他的确是紧跟罗素的思路,注重使用逻辑方法来探求知识的确定性、确实性。在一定程度上,他对逻辑解析的运用超越了亚里士多德思想中典型的传统形式逻辑和黑格尔思想中本体论的逻辑。广义来讲,张岱年运用的逻辑解析方法包含"解析"(狭义)和"会通"两大方面。相比较之下,"解析"(狭义)主要侧重"于同见异,剖一为多",会通则侧重"于异观同,合众为一"。②

张岱年在其哲学体系中对"解析"(狭义)的运用主要分为两大类:一是"名言的解析",二是"经验的解析"。③

"名言的解析"是张岱年论述的重点,具体又可以分为四个层次,即"名之意谓之解析""命题之解析""问题之解析"和"论证之解析"。④ "名之意谓之解析"主要讨论语言中概念要"名实(意谓)相符"的问题。张岱年注意到无论是在古代语言还是现代语言中,常常出现大量的"同名而异实"的情况,造成了语言表达乃至哲学思想阐释的混乱,这需要充分运

①《张岱年全集》第1卷,第130页。
②《张岱年全集》第1卷,第68页。
③《张岱年全集》第1卷,第66页。
④《张岱年全集》第1卷,第66页。

用逻辑解析的方法来详细分析每一概念在不同情形下之"意谓",摈除不适当之意谓,而确定一个唯一的适当意谓,做到"一名止于一实""异实务须异名",①按照这种原则制定"尽可能简纯清晰之概念与观念"。② 这可以说是任何哲学研究得以展开的基本要求。在此基础上,张岱年也重视"名词意谓中要素之厘明"。③ 即使确定了每一概念的内涵(意谓),但是很多概念内涵不是单一的,而是包含若干要素的复杂状况,这同样需要通过仔细的逻辑解析,将各个要素厘清,不使其相互混杂,在一个概念内部造成混乱。"命题之解析""问题之解析"与以上分析相类,分别针对"命题"内涵(意谓)和"问题"内涵(意谓)之厘清。"命题之解析"包含"命题"本身内涵的确定和集合"命题"内部各子命题、简单命题之间内涵的确定。"问题之解析"则包含"问题"本身内涵的确定和复杂问题内部、大问题各简单问题、小问题之间内涵的确定。"论证之解析"指的是"论证层序之辨别"。④ 张岱年主要就如何论证,确定了正面论证、"破他人之论"、寻根究底之论、经验论证、演绎论证等各种论证需要注意的逻辑结构与要求。凡有所论,都需要做到"根据与结论之推移的关系""灿然明晰"。⑤

"经验的解析"相当于是对"名言的解析"原则的具体运用,又可以分为三个层次,即"经验所含之要素之辨别""诸要素间关系之察识""辨识一现象与其他现象之异同"。⑥

张岱年在其哲学体系中对"会通"的运用也分为两大类:其一是"兼综或融会",其二是"通观或'以道观之'"。⑦

"兼综或融会"就是"一般的综合法",也即并非哲学所特有的方法。

---

① 《张岱年全集》第 3 卷,第 66 页。
② 《张岱年全集》第 3 卷,第 66 页。
③ 《张岱年全集》第 3 卷,第 66 页。
④ 《张岱年全集》第 3 卷,第 67 页。
⑤ 《张岱年全集》第 3 卷,第 67 页。
⑥ 《张岱年全集》第 3 卷,第 67 页。
⑦ 《张岱年全集》第 3 卷,第 68 页。

又可以具体包含"方面之兼综""观点之兼综"和"学说系统之兼综",分别有助于哲学研究者"见全体之广大""融会贯通诸观点之所见而各予以适当之位置"和"裁长补短,兼取异说之真理而摒弃其妄见"。① "通观或'以道观之'"则属于哲学特色的方法,包括"永恒观"和"广大观"。事实上,这两种方法归根到底就是要求哲学研究应该有一种"无限"的立场。"永恒观"就是时间无限,"广大观"就是空间无限。以时间无限的"永恒观"视角而言,任何事物都只是"大宙之无穷的变化大流之一瞬"。② 以空间无限的"广大观"视角而言,任何事物都只是"大宇之无穷的扩展之一端"。③ 事物本身有始终,但事物与事物前后相继的过程没有始终,"其始之前更有无穷物,其终之后更有无穷物";④事物本身有界限,而事物与事物之相联系没有界限,"环于其限界之外者复有无穷物""凡事物莫不有无穷之关联"。⑤ 任何事物都是处于一种"无穷""有穷"的关系之中,一事物虽处于无限联系之中,佀亦有其作为有限个体的特点。这样来研究事物,方能明白事物并非孤立存在,"一物非仅一物而已,一物实映照全宇宙"。⑥ 通过这样的方法,才能防止片面、静止、孤立的立场,"能不蔽于一曲而见众异之会通"。⑦

张岱年之逻辑解析方法的确有集大成的特点。对他而言,逻辑解析方法不仅只是一种抽象要求,更是一种哲学研究中的具体运用,他自己的哲学体系正是这样建构起来的。例如,他早年著述《关于老子年代的一假定》就是自觉运用这些逻辑解析方法来讨论并澄清关键哲学问题的典范作品。"老子出生年代(包括老子究竟为何人等内容)"这一问题可说在哲学史上聚讼纷纭,但是张岱年的论证却线索明朗,读后让人有拨

---

① 《张岱年全集》第 3 卷,第 68 页。
② 《张岱年全集》第 3 卷,第 68 页。
③ 《张岱年全集》第 3 卷,第 68 页。
④ 《张岱年全集》第 3 卷,第 68 页。
⑤ 《张岱年全集》第 3 卷,第 68 页。
⑥ 《张岱年全集》第 3 卷,第 68 页。
⑦ 《张岱年全集》第 3 卷,第 68 页。

云见日的感觉。当其反驳过去诸种不恰当观点时，又让人领略到一种层层推进、事实与逻辑严丝合缝的感觉。20 世纪 30 年代的著作至今读来仍然富于启迪，发人深省，哲学的魅力、逻辑分析的穿透力跃然纸上。

（三）"新唯物论"之"人生理想"

在张岱年看来，哲学之追求绝不仅仅在于"求真"，因而也不能停留于"解析"，还需要"求善""求美"，这些内容就归纳到张岱年哲学思想的"人生理想"部分。显然，在"人生理想"部分，张岱年更多的资源来自历史悠久的传统中国哲学。作为从中国传统哲学衍生出的综合创新体系，不可能无视中国本来的传统资源。其实，根据生活实践创立切实的哲学理想是哲人的天命。中国哲学传统中的自然主义与理想主义的合一，即是"天人合一"。综合唯物与理想于一体，事实上正是发挥中国哲学之传统，以推陈出新。

中国哲学无论探讨宇宙、人生，都以"道"为最高原则。张岱年认为，宇宙论中的"道"探讨"所以然"，而人生论探讨之"道"为"当然"。此意表达就是所谓"义"，即指应当或当然。孔子之"仁"，墨子之"人民之大利""兼爱"等，都是此种内涵。以"仁"而言，张岱年认为，孔子所论之"仁"的本旨就是"己欲立而立人，己欲达而达人"，所以根本上是爱人的。[1] 但是，这种"爱"并非没有原则的"姑息之爱"。对于不仁之人，完全可以"恶"之，使其不得影响自己，"惟仁者为能得好恶之正"。[2] 行"仁"以己立而立人为要，而求"立"必须循礼；[3]要"立人达人"，故为仁"必须真诚实在的力行"，[4]不作虚言。从境界而言，真能达到仁的境界，"便可以得到至高无上的快乐，一切恐惧烦恼都已消灭，惟一种快慰充满了内心"，[5]行仁之人能够过一种"至极快乐的生活"。[6] 以墨子"兼爱"而言，其哲学出发

---

①《张岱年全集》第 3 卷，第 285 页。
②《张岱年全集》第 3 卷，第 285 页。
③《张岱年全集》第 3 卷，第 285 页。
④《张岱年全集》第 3 卷，第 287 页。
⑤《张岱年全集》第 3 卷，第 287 页。
⑥《张岱年全集》第 3 卷，第 287 页。

点是利，"以利言仁"。① 当然，其利乃指"人民之大利，而非一人之私利"。② 以"无为"而言，张岱年认为，"无为即自然之意。无意于为，虽为亦是无为，故无为则能无不为。孔墨之道都是益，老子之道则是损。孔墨皆是有为，老子则是无为"。③ 但是，无为的思想实质中存在矛盾，因为作为人而言，"有为本是人类生活之自然趋势"，④人人都"有思虑，有知识，有情欲，有作为"，故意视而不见，这恰恰是一种违反自然的做法。这种思想之影响导致过去中国人的生活萎靡不振，其唯一的好处在于教人"不以得失祸福毁誉穷达扰心，即教人脱除名利的思想"，人们可以按照此要求获得"一种精神的解脱"。⑤ 以"有为"而言，主要表现在荀子"制天命而用之"的思想、《易传》中刚健进取的思想以及魏晋时期裴氏"崇有论"的思想。以"诚及与天为一"而言，则主要在于孟子、《中庸》、周敦颐、二程等思想中。以"与理为一"而言，则涉及宋明理学中程颐、朱熹等思想。以"明心"而言，则主要涉及宋明理学中陆九渊、陈白沙、王阳明及其后学思想。以"践行"而言，则由荀子开其端绪，后有王船山、颜元、戴震等思想之接续。

总而言之，张岱年认为中国哲学中人生理想论的发展衍变有清晰的线索，可以描述为一种"由合而分"、又"由分而合"的脉络，大致上可以总结为从"中道"演变至"两极端"、从"两极端"复归于"合"。总体的"人生理想"论，开端是孔子的"仁"说，可算是"中道"；由此"中道"演进，进至两个极端的状况，就是墨子的"兼爱"和老庄的"无为"；⑥"无为"思想引起反响，出现荀子的"有为"思想；"无为""有为"对立发展，出现调和的"诚"思想。汉唐之际，佛学大盛，亦属于"无为"一脉；宋明新儒家便又企图调和"有为""无为"，仍归于"诚"说和"与天为一"说。由"与天为一"说再发展

---

① 《张岱年全集》第 3 卷，第 298 页。
② 《张岱年全集》第 3 卷，第 298 页。
③ 《张岱年全集》第 3 卷，第 313 页。
④ 《张岱年全集》第 3 卷，第 333 页。
⑤ 《张岱年全集》第 3 卷，第 333 页。
⑥ 《张岱年全集》第 3 卷，第 411 页。

而分裂,出现"与理为一"说和"明心"说。再进一步发展,乃归于清朝末年新的"有为"思想。① 就比较特点而言,张岱年认为,先秦哲学与近古哲学之人生理想有性质上之区别,"先秦哲学所讲,多是人群生活之大道,即致治之方;近古哲学所讲,则偏重个人生活之理想境界与其修养方法"。②

(四)"新唯物论"之哲学前途

张岱年之所以推崇、认定"新唯物论"之意义与价值,是因为他熟稔当时各种哲学派系、哲学思想,并对哲学发展趋势有深刻洞察力。通过综览当时正在流行的各种哲学,张岱年将之分为五种类型,分别是"1. 社会主义的哲学思想;2. 自然科学家的哲学思想;3. 唯心玄学的哲学思想;4. 主观主义的哲学思想;5. 布尔乔亚代言人的哲学思想。主观主义也可以说是怀疑论的,也可以说是唯心的。自然科学家中又有物理学家与生物学家各不相同"。③

张岱年认为这五种类型的哲学的发展状况充满竞争,相互之间似有杀伐攻略之情态,他将此种情形描述为"现在的战场上哪一派将得胜"。④

那么,在这种激烈较量中,究竟哪一派哲学会取得胜利呢?张岱年从两个方面来进行判断。第一个方面是根本判断,即认为,"根本上哲学是受社会实际所支配的",⑤哲学派别的胜利从根本上取决于社会发展状况;而从社会发展状况来说,"将来的社会,定是社会主义的,这又已是一般承认的预言"。⑥ 顺理成章,未来最有前途的哲学当然就是属于第一种类型"社会主义的哲学思想"了。和"社会主义的哲学思想"相比,其他哲学派别思想都只能居于次要地位、边缘地位。从社会发展状况角度看,"主观主义的哲学思想""布尔乔亚代言人的哲学思想"由于都属于布尔

---

① 《张岱年全集》第 3 卷,第 412 页。
② 《张岱年全集》第 3 卷,第 412 页。
③ 《张岱年全集》第 1 卷,第 71 页。
④ 《张岱年全集》第 1 卷,第 71 页。
⑤ 《张岱年全集》第 1 卷,第 72 页。
⑥ 《张岱年全集》第 1 卷,第 71 页。

乔亚社会必然的产物，在社会主义社会就不会再有了；"唯心玄学的思想"属于"有闲没有工作可作的人"娱乐自己的思想，也一定会"消灭无疑"；①最终能存在的只能是"社会主义者的哲学思想与自然科学家的哲学思想这两个类型了"。② 又由于"科学与社会主义本是不可分的"，③最终两派会融为一体，也就是"新唯物论"。第二个方面是从哲学发展本身来判断。张岱年通过审视哲学发展史特别是世界近代以来的哲学发展史，得出"哲学离不开科学"的论断，二者合则两利，分则两伤。之所以在张岱年生活时代哲学出现混乱，就是因为没有将二者很好的结合。在这种情势下，"新唯物论"可以说应运而生，"贡献了一种解决一切矛盾的利器"。④

他通过充分比较各种类型哲学的优缺点，坚定认为，从哲学发展历史与前景而言，未来真正有前途的哲学是属于"社会主义的哲学思想"类型的"新唯物论"。"新唯物论"所具有的这种哲学前景体现三个特点上，分别是"唯物的或客观主义的""辩证的或反综的""批评的或解析的"。从第一个特点来看，张岱年强调，居于中心地位的哲学必须要与生活实践结合，"惟有唯物论才与生活的实践相融洽，才与科学的实践相融洽"。⑤ 那些唯心主义、玄学思想事实上都是"改头换面的创世论"，⑥他们的思想只是将世界创造者从"人格的上帝"换成了"一个大精神"而已；那些"主观主义归根到底又只是唯我论"。⑦ 按照这些思想的立场，各种自然科学都没法进行。例如对于物理科学、生物科学、社会科学而言，如果"世界是大精神的化身，或世界只是我的感觉，那就物理实验无法做，

---

① 《张岱年全集》第 1 卷，第 72 页。
② 《张岱年全集》第 1 卷，第 72 页。
③ 《张岱年全集》第 1 卷，第 72 页。
④ 《张岱年全集》第 1 卷，第 72 页。
⑤ 《张岱年全集》第 1 卷，第 72 页。
⑥ 《张岱年全集》第 1 卷，第 72 页。
⑦ 《张岱年全集》第 1 卷，第 73 页。

进化论、遗传论无法讲,社会现象的解剖就更说不上了"。① 这样反过来就力证"唯物论"特别是"新唯物论"对于科学研究、人们日常生活的意义将是决定性的。因而张岱年指出,持有客观主义立场的"新唯物论"在将来一定会受到社会普遍相信,"一般人是必会相信这与文化生活、社会生活相一致的理论的"。② 从第二个特点来看,张岱年强调,居于中心地位的哲学必须是辩证的,"因为唯有辩证法是解决问题的要诀"。③ 他指出,这是由于所有的困难问题都是由矛盾形成,能够解决矛盾与对立的唯有辩证法(张岱年又称之为"反综法")。运用辩证法(反综法)才可以在处理问题时防止一些失误出现,诸如"顾此失彼""以偏概全"等;现代哲学中存在的一切对立和混乱的状态也才能得到解决。张岱年还举出现代科学中实际存在的矛盾问题来说明:"惟用反综法能说明波粒的关系,确定物、生、心知的关系。由反综法乃能看清知识与实践的联系,解决经验与超验的矛盾"。④ 从第三个特点看,张岱年强调,居于中心地位的哲学必须是解析的或批评的。所谓"批评的"即是一种"批评哲学",要求对常识、科学所肯定的基本概念,必须要"加以严格的批评"。⑤ 这样的哲学"必不再作玄渺的臆想,必不再说意谓不确定的话。每一名词必只有一个确定的意谓"。⑥ 哲学上的每一句话,必须要论证缜密,指验(demonstration)明确。以前的哲学存在太多暧昧的字眼、太多漂浮的议论,运用"逻辑解析的"(或批评的)方法就可以防止此类弊病的出现。一旦"新唯物论"哲学体系成功地建立起来,不仅极大克服以往哲学中的诸多弊端,更可以将以往诸多哲学中的优势加以包涵,张岱年指出,"怀梯黑、胡萨尔、鲁易摩根、迈耶森,以及实用主义等的好处,也就可都被

① 《张岱年全集》第 1 卷,第 73 页。
② 《张岱年全集》第 1 卷,第 73 页。
③ 《张岱年全集》第 1 卷,第 73 页。
④ 《张岱年全集》第 1 卷,第 73 页。
⑤ 《张岱年全集》第 1 卷,第 74 页。
⑥ 《张岱年全集》第 1 卷,第 74 页。

容纳了"。①

三、中国哲学史研究

作为一门独立的学科，"中国哲学"或"中国哲学史"是在西方文化、西方哲学的刺激下逐渐建立起来的。作为现代中国哲学家的代表之一，张岱年对相关问题有深度思考并做出了独特的贡献。

（一）论证"中国哲学"的学科合法性

"西学东渐"以来，中国社会面对西方文化的强势进入，发生了从物质生活到精神生活的全面变化，一系列中国本有的思想在所谓"学科"问题上由此面临着"合法性"危机的挑战。与其他学科的情况一样，philosophy 作为西方文化固有范畴和学科进入中国，与中国传统文化中许多类似思想发生碰撞，引发了一系列问题。许多人开始思考并尝试回答这些问题：philosophy 究竟应该怎样翻译？其所包含的内容在中国文化中是否存在？如果运用西方 philosophy 所包含的概念范畴、逻辑结构、话语体系来审视中国传统文化中的思想内容，会有怎样的结论？进一步，中国传统文化中的思想内容能否自成一种与西方文化并立而毫不逊色的 philosophy？这些问题可以统称为"中国哲学"的学科合法性问题。

早自上世纪 30 年代起，张岱年已经非常自觉地关注这一问题，在《中国哲学大纲》《天人五论》《中国古典哲学概念范畴要论》《中国哲学史方法论发凡》《中国哲学史史料学》等论著中对此问题多有阐述。50 年代后，他又写有《中国古典哲学中若干基本概念的起源与演变》《中国古典哲学的几个特点》《关于中国哲学史的范围、对象和任务》等一系列论文。通过这些文章，他始终站在比较公允的立场上对这些问题进行条分缕析的解答，结合中国传统文化中的思想资源，力证了一系列"中国哲学"的特质。

---

① 《张岱年全集》第 1 卷，第 74 页。

在张岱年看来，从 philosophy 的本义"爱智"来讲，当然可以说中国文化中是有哲学的，因为"爱智，是古希腊文中哲学的本义，然实亦是一切哲学之根本性质"。① 张岱年对这一界定十分首肯："中国古代哲学是世界三大哲学传统（中国哲学、印度哲学、西方哲学）中的一个。历史发展到今天，我们应该对它加以科学的检验和总结。全盘否定传统哲学是不科学的态度。科学的态度是实事求是地区别出传统哲学的精华与糟粕。"②由此可以说，"中国哲学与西洋哲学在根本态度上未必同；然而在问题及对象上及其在诸学术中的位置上，则与西洋哲学颇为相当"。③ 陈来总结了张岱年给哲学与中国哲学下的定义，提出应该注意四个方面：第一，西方哲学中没有统一的哲学定义，虽然哲学家们的"哲学"往往各立一说，但哲学教育家需要一种综合的"哲学"定义；在内容上，张岱年不要求哲学家们面面俱到地研究宇宙论、人生论、认识论的各个方面。第二，中国古代没有与哲学意义相同的总括性名称。在中国古代学术史上，不同的时期有不同的名称指类似于哲学的学科。第三，在东西文化的视野中，"哲学"这个术语应该是一个类称，西方哲学不是哲学的唯一范型。第四，哲学还有一般哲学和特殊哲学之分。④

那么，具体而言，哪些内容可以被纳入这种 philosophy 的外延中来呢？张岱年所肯认的主要是两大类："总各家哲学观之，可以说哲学是研讨宇宙人生之究竟原理及认识此种原理的方法之学问"，⑤可以简要概括为"宇宙论"与"人生论"。张岱年既说明在同一哲学体系中宇宙论、人生论和认识论三者的统一，又指出对三者中的任何一种的研究就可以称为哲学研究。他说："根本问题分三方面：一、宇宙事物之根本原则；二、人生之根本准则；三、人类认识之根本规律。在历史中，有若干哲学家专从

---

①《张岱年全集》第 1 卷，第 172 页。
②《张岱年全集》第 6 卷，第 210 页。
③《张岱年全集》第 2 卷，第 3 页。
④ 陈来《关于"中国哲学"的若干问题浅议》，《江汉论坛》2003 年第 7 期。
⑤《张岱年全集》第 2 卷，第 1 页。

事于宇宙之研究,有若干哲学家专从事于认识之探讨,亦有若干哲学家专从事于人生理想之阐阐。"①张岱年按照他的上述理解,采取不同于当时流行的以"哲学家"为纲领的体例,以"问题"为纲领撰写了一部 50 万字的《中国哲学大纲》,引走时贤及后学的广泛赞誉。他所撰写的"中国哲学",就正以宇宙论、人生论、认识论三大板块组成,在每一板块下再分设若干"子目",在"子目"下再分梳更细致的概念、命题、具体观点。

张岱年这种处理方式在学界得到广泛认可。李翔海梳理 20 世纪中国哲学研究的主要流派,概括为"以西释中""以中判西"和"平章中西"三种基本范式。"以西释中"以胡适、冯友兰为代表,他们基本上是"按照西方的价值系统、观念框架、问题意识、甚至话语体系"对中国传统文化中的相关思想进行"裁减、梳理、编排、改造"。"以中判西"以现代新儒家为代表,他们"立足于中国哲学的基本精神来理解和评判西方哲学",翻转了中国哲学的理论范式.不再是"如何更为彻底地接纳西方",而是如何通过中西哲学的对比来"更为充分地体现中国哲学自身的精神特质"。"平章中西"则是张岱年的理论范式,这种理论范式的特点表现为,对于中西哲学传统具有更加"平实而开放的心态",表现出"鲜明的民族文化主体意识",以及兼采东西方两家之长的"综合的创造"理论取向。对比三种范式,李翔海指出,张岱年所主张的哲学范式,"就其理念来说,而在一定程度上比'以西释中'和'以中判西'体现了更强的合理性"。②刘军平也认为张岱年在这些方面的研究对于中国哲学研究本身和中国哲学学科建设都贡献巨大,他指出,"因为中国哲学的合法性问题依赖于对哲学涵义的理解,肯定中国传统思想中有哲学思想,而不是仅仅有思想史(history of thought),是张岱年建构中国哲学史的关键所在","学术本身的价值在于求真明理,从这个意义上看,中国哲学学科的自觉与反省,现代教育体制的建立和一批批中国哲学史著作恰逢其时的出现恰恰证明

①《张岱年全集》第 3 卷,第 6 页。
② 李翔海《20 世纪中国哲学的三和基本理论范式述评》,《河北学刊》,2004 年第 1 期。

了对中国哲学的体认。张岱年所做的就是要克服这种偏狭理解中国哲学的做法,或者大而统之地把哲学、历史都放在一个篮子里的做法"。①

(二)构建中国哲学研究体系

张岱年不仅重视从理论内容方面论证"中国哲学"的合法性,更重视构建中国哲学的体系,他的《中国哲学大纲》正是这样一部优秀作品。在书中,张岱年明确指出,构建体系是中国哲学研究非常必要而紧迫的问题。从历史来看,"中国哲学书,向来没形式上的条理系统",②这种情况有碍研究的科学性。以朱子的《近思录》为例,由于没有严格的条理系统,只是粗略分成十四部分,导致"各部分互相出入的情形颇甚"。③ 针对不少人怀疑,既然中国哲学本来没有形式上的条理系统,如果后人自己加上去,是不是会损伤中国哲学本来面目的问题,张岱年明确说道"给中国哲学穿上系统的外衣,实际并无伤于其内容,至多不过如太史公作《史记》'分散数家之事',然也无碍于其为信史"。④ 从另一个层面讲,"中国哲学实本有其内在的条理",⑤后人的研究不是凭空去强加系统、强行割裂,而是通过悉心探求,"因其固然",把本有的条理系统呈现出来而已。在这本堪称中国哲学研究的奠基性作品中,他既从宏观上总结了中国哲学的"纵横结构",也按照"宇宙论""人生论"和"致知论"三大板块建立了中国哲学体系。

一是总结中国哲学纵横结构。以"横"的方面而言,张岱年将中国哲学的特点总结为三个主要方面和三个次要方面,一共六大特点。三个主要方面分别是"合知行""一天人""同真善"。所谓"合知行",强调的是中国哲学"理论与实践"充分结合的属性。他指出中国哲学的"思想学说与生活实践,融成一片",⑥中国古代哲人研究宇宙人生的大问题,常从生活

---

① 刘军平《传统的守望者——张岱年哲学思想研究》,第 176 页。
②《张岱年全集》第 2 卷,第 4 页。
③《张岱年全集》第 2 卷,第 4 页。
④《张岱年全集》第 2 卷,第 4 页。
⑤《张岱年全集》第 2 卷,第 4 页。
⑥《张岱年全集》第 2 卷,第 5 页。

实践出发，以反省自己的身心实践为入手处，最后又归于生活实践。张岱年举"知之者不如好之者，好之者不如乐之者""广大高明不离乎日用"等命题为例，充分证明中国哲人一切探求真理的行动，"目的乃在于生活之迁善，而务要表见之于生活中"。① 因之也非常重视道德的修养，"以涵养为致知之道"。② 所谓"一天人"，强调的是中国古代哲人大都将"天人合一"作为人生最高理想境界。在中国哲学看来，人道与天道是一个世界，而不是两个世界，宇宙本根与人的心性相通，所谓"天人既无二。于是亦不必分别我与非我。我与非我原是一体，不必且不应将我与非我分开。于是内外之对立泯弭，而人与自然，融为一片"。③ 所谓"同真善"，强调中国哲学"求真""求善"合一的主旨。一旦某人"离开求善而专求真"，结果所得就是"妄"，而不是"真"。另一方面，也显示出中国哲学家中少有"为求知而求知的态度"。④他们基本认为，"宇宙真际的探求，与人生至善之达到，是一事之两面"。⑤ 三个次要方面是从主要方面派生出来的，分别是"重人生而不重知论""重了悟而不重论证"和"既非依附科学亦不依附宗教"。

从"纵"的方面而言，张岱年粗略勾勒了中国哲学的发展历程。他认为，中国哲学思维的萌动开始于春秋初期。由于彼时社会制度发生剧烈变动，"乃震醒了人们的意识，遂引起了种种的哲学思潮"。⑥ 在张岱年看来，中国哲学之创始人即是春秋时期的孔子。孔子思想特点有二：第一，他有自己的"道"，并且力图行其道于天下；第二，孔子愿意将其"道"和其他文化知识传授于一般人民。因此，"孔子是集过去时代之学问思想之大成的人，而又是一个新时代的开创者"。⑦ 孔子而后的春秋战国时期，

---

① 《张岱年全集》第 2 卷，第 6 页。
② 《张岱年全集》第 2 卷，第 6 页。
③ 《张岱年全集》第 2 卷，第 7 页。
④ 《张岱年全集》第 2 卷，第 8 页。
⑤ 《张岱年全集》第 2 卷，第 8 页。
⑥ 《张岱年全集》第 2 卷，第 10 页。
⑦ 《张岱年全集》第 2 卷，第 10 页。

张岱年认定的著名哲学家就有墨子、孟子、惠施、老子、庄子、荀子等。再而后,张岱年即以其对哲学的理解,按照朝代顺序,从秦汉时期一直讲到清末的康有为、廖平和谭嗣同,拟定了中国哲学发展之脉络。总的来看,他认为中国的哲学,"以周秦哲学为最宏伟,创造力最雄厚,内容最丰富,为以后的哲学所不及"。① "宋明道学"非常成熟完备,丰富活泼不足。清代王船山、颜习斋、戴东原之哲学"足以为现代思想之前驱"。② 当今我们需要新哲学,期待着一个"可以媲美先秦的哲学灿烂的情形之到来"。③

二是以"宇宙论、人生论、致知论"三大板块构建中国哲学体系。张岱年将中国哲学归纳为五个部分,分别是宇宙论(或天道论)、人生论(或人道论)、致知论(或方法论)、修养论、政治论。而根据他所说的"一般哲学"和"特殊哲学"的划分,则宇宙论、人生论、致知论三部分"正相当于西洋所谓哲学",④属于"一般哲学"内容,为中国哲学之主干;修养论、政治论属于特殊哲学,不在一般哲学范围之内。

再进一步细分,宇宙论又可以划为"本根论或道体论"和"大化论"两部分,"本根论"探究宇宙之究竟本源,"大化论"探究宇宙发展之历程。人生论可以划分为"天人关系论,即关于人与本根之关系,人在宇宙中之位置的论究""人性论,即关于人性之研讨""人生理想论或人生最高准则论,即关于理想生活之基本准则之理论""人生问题论,即关于人生的各种问题如义与利、兼与独、损与益、动与静等等之讨论"。⑤ 致知论可以划分为"知论,即关于知之性质、可能、标准之理论"和"方法论,即关于求道之方、名言与辩等之理论"。⑥ 张岱年认为,在这三大板块中,中国哲学相对最欠缺的是"致知论","知识论及方法论颇不发达,但亦决非没有"。⑦

---

① 《张岱年全集》第 2 卷,第 29 页。
② 《张岱年全集》第 2 卷,第 29 页。
③ 《张岱年全集》第 2 卷,第 29 页。
④ 《张岱年全集》第 1 卷,第 3 页。
⑤ 《张岱年全集》第 1 卷,第 4 页。
⑥ 《张岱年全集》第 1 卷,第 4 页。
⑦ 《张岱年全集》第 1 卷,第 4 页。

在他看来,中国哲学"论人论天,都在知中",①中国古代哲人关注"知识论"问题,是从方法角度切入的,目的是"闻道",因此需要研讨"闻道之方","闻道之方"就是"致知之方"。② 为了弄清、用好这个"致知之方",哲人们便进一步探讨"知之所缘以起,知之可能与否,以及真知标准",③也即知识的起源、可能性与知识标准等问题。这样的中国哲学"知识论",不说内容深刻与否,起码在结构上比较完备。因此,张岱年明确主张,"认为中国哲学完全没有知识论与方法论,其实是谬误的"。④

张岱年还从总体上对中国哲学的内容作了"死""活"两方面划分。所谓"活"的内容指的是"中国旧哲学中,有一些倾向,在现在看来,仍是可贵的,适当的",⑤主要包括不用"实在""现象"来将自然"二分"、将宇宙看做是变易之大流、将反复两一看做世界之客观规律、人生理想上追求人我和谐、在现实之中实现理想和直截了当的可知论。所谓"死"的内容指的是中国旧哲学中"有害的,该排弃的",⑥主要包括宇宙论上"尚无薄有"、人生理想上"崇天忘人"、"重内遗外"、"重'理'忽'生'"、忽视"群己"关系和轻视知识等弊端。

(三) 中国哲学研究方法的探索

张岱年对马克思主义哲学有十分深刻的领会,并以之为指导,探讨了研究中国哲学的主要方法,大致包括"哲学基本问题及哲学派别划分""哲学研究中的阶级分析方法""哲学研究中的理论分析方法""哲学研究中的历史与逻辑相统一""哲学遗产的批判继承"和"哲学史料的整理方法"六个方面。

从"哲学基本问题及哲学派别划分"来看,张岱年熟稔恩格斯从西方哲学史中总结出来的"思维与存在"基本问题和由此产生的"三个对子"

①《张岱年全集》第 2 卷,第 521 页。
②《张岱年全集》第 1 卷,第 521 页。
③《张岱年全集》第 1 卷,第 521 页。
④《张岱年全集》第 2 卷,第 521 页。
⑤《张岱年全集》第 2 卷,第 615 页。
⑥《张岱年全集》第 2 卷,第 615 页。

的哲学派别划分标准。他基本认可通过"哲学基本问题"来研究中国哲学,但同时也指出必须要根据中国哲学自身特点进行总结,"中国古代哲学所用的概念范畴与西方的不同,没有人像黑格尔一样采用'思维与存在'这个表达方式。但是中国古代哲学确实也有自己的基本问题或最高问题"。① 他认为"先秦时代哲学的最高问题是天道问题",这个问题一直延续到汉唐;"魏晋时代,'有无'问题突出起来";到了宋明时代,"哲学家们着重讨论了'心物'问题和'理气'问题"。②

张岱年特别指出,"'心物'问题即是精神与物质的关系问题,而理气问题是与西方哲学中'思维与存在'的问题非常接近的",③从而哲学派别划分在中国哲学研究中也应当受到重视,"唯物主义和唯心主义的矛盾对立也贯穿于中国哲学史中,同时又要看到中国古代的唯物论和唯心论又有其特点"。④ 一个重要特点也是根本特点就是,"在中国古代哲学中,宇宙的第一原理也就是道德的最高准则,认识真理的方法也就是道德修养的方法",⑤无论是唯物主义还是唯心主义,都遵循这个最高原则。值得注意的是,张岱年专门强调通过哲学派别划分进行研究时,必须注意防范偏激的问题。一方面,他通过马克思、恩格斯、列宁对亚里士多德、康德、黑格尔、赫胥黎、费尔巴哈等人的思想评析,明确指出三条基本要求:"第一,应该肯定唯物主义和唯心主义的矛盾是哲学史的最主要的矛盾。第二,企图调和唯物主义和唯心主义的对立,事实上也都不能逃避这一矛盾。第三,在哲学史上,唯物主义和唯心主义是相互渗透、相互包含的,应该对具体问题进行具体的分析,不能满足于简单的肯定或否定。"⑥另一方面,他也重申了关于探讨"形而上学与辩证法对立"时需要

---

① 《张岱年全集》第 4 卷,第 121 页。
② 《张岱年全集》第 4 卷,第 120 页。
③ 《张岱年全集》第 4 卷,第 120 页。
④ 《张岱年全集》第 4 卷,第 123 页。
⑤ 《张岱年全集》第 4 卷,第 125 页。
⑥ 《张岱年全集》第 4 卷,第 123 页。

谨记的原则,包括"严格区分辩证法与诡辩论的界限",①"辩证法与折衷主义也是对立的",②"无论形而上学方法、诡辩论、折衷主义,在不同方面,都是反辩证法的错误观点。对于哲学史中辩证思维如何与形而上学方法、诡辩论、折衷主义进行斗争,我们必须充分重视"。③

　　从"哲学研究中的阶级分析方法"来看,张岱年同样对历史唯物主义的"阶级分析方法"十分信服,并结合中国哲学自身特点,做了十分细致的探讨。他指出,依据历史唯物主义的观点,哲学思想属于社会意识,是社会存在的反映,"每一时代的哲学思想是在那一时代的经济基础之上建立起来的,但是哲学思想和经济基础的关系是间接的、曲折的、复杂的",④在种种中间环节中,阶级利益是重要的影响因素,所以,"一定的哲学思想是一定的阶级利益在哲学上的反映。因此,我们必须要发现每一哲学思想中所涵蕴的阶级意义"。⑤ 张岱年结合中国哲学史对此做了许多阐发。一是要全面理解各个时代主要阶级之间的联系,"春秋战国时代,平民经常起来进行斗争,在思想上不能不有所反映。必须全面地考察春秋战国时代社会各阶级、各阶层相互斗争又相互联系的情况,才能真正了解当时'百家争鸣'的社会基础"。⑥ 二是要全面考察一个思想家的主张符合当时的哪一个阶级的利益,⑦他指出,"董仲舒'天不变道亦不变'的学说,显然是对汉代已经取得统治地位的地主阶级有利。程朱、陆王的学说要求维护当时的统治秩序,显然是对统治阶级有利"。⑧ 三是要全面考察思想家对于当时制度以及对于各阶级的态度,例如有人认为王夫之哲学代表市民阶层,张岱年指出要仔细考察王夫之对待各阶级的态

①《张岱年全集》第4卷,第128页。
②《张岱年全集》第4卷,第129页。
③《张岱年全集》第4卷,第129页。
④《张岱年全集》第4卷,第130页。
⑤《张岱年全集》第4卷,第132页。
⑥《张岱年全集》第4卷,第137页。
⑦《张岱年全集》第4卷,第137页。
⑧《张岱年全集》第4卷,第137页。

度，"他维护封建制度和封建秩序，猛烈反对豪强大地主兼并土地；同情人民的痛苦，但反对农民起义。可见，王夫之还是代表地主阶级中下层的利益"。① 四是要正确认识唯物主义和唯心主义的阶级基础。张岱年指出，一般而言，唯物主义代表进步的阶级或阶层，唯心主义代表保守的阶级或阶层，但是要注意特殊情况，"新生的阶级或阶层在开始时是软弱的，没有力量的，代表这一新生的阶级或阶层或者新的生产关系萌芽的思想家，往往采用唯心主义"，包括明代后期的李贽、明清之际的唐甄；反过来，有的时候，具有唯物主义思想的人却是反动的，比如《列子·杨朱》篇的作者，"肯定了无神论，却极力鼓吹追求目前的享乐，宣扬腐朽的思想"。② 五是要充分认识劳动者阶级、人民群众对哲学发展的意义，张岱年肯定中国历史上的农民战争对中国哲学史上几次哲学发展的转折起到直接的影响，"黄巾农民起义，对两汉的经学转到魏晋的玄学，起了一定的转折作用。唐末的黄巢农民起义，对佛教唯心主义的衰落，也有一定的影响"，③但是这一作用不能夸大，不能由此认为劳动人民是哲学发展的主要力量。当然，阶级分析方法在中国哲学研究中地位极为重要，但也仍要警惕"简单化"倾向。他明确提醒所有研究者，"在哲学史的研究中，进行阶级分析是一项复杂的工作"，"只有靠大量的、批判地审查过的、充分地掌握了的历史资料，才能解决这样的任务"。④

从"哲学研究中的理论分析方法"来看，张岱年从"哲学是对于世界总体的认识"⑤的定义出发，确定哲学史就是"人类追求真理的历史"，⑥主张"深入考察哲学家们的学说体系的理论内容"。⑦ 按此要求，张岱年按照由微观到宏观的次序，大致确定了"哲学概念分析""哲学命题分析"

---

① 《张岱年全集》第 4 卷，第 138 页。
② 《张岱年全集》第 4 卷，第 143 页。
③ 《张岱年全集》第 4 卷，第 145 页。
④ 《张岱年全集》第 4 卷，第 133 页。
⑤ 《张岱年全集》第 4 卷，第 148 页。
⑥ 《张岱年全集》第 4 卷，第 148 页。
⑦ 《张岱年全集》第 4 卷，第 148 页。

和"哲学体系分析"三大层次的分析方法。"哲学概念分析"主要涉及"名词、概念、观念、范畴""普遍、特殊、个别""概念、范畴的演变""概念和观念的理论意义和阶级意义"四个方面。如"程朱学派认为理是最根本的,是宇宙的本体,万物的本原。'理'的内容包括仁义礼智等道德标准,这就是把封建等级秩序永恒化,绝对化了,这是它的阶级意义。'理'又包括元亨利贞的内容,元亨利贞,就是生、长、遂、成,即发生、长大、发展、完成。这是反映了植物生长的根本规律。这是理的理论意义。可见,程朱的'理',既有阶级意义,也有理论意义"。① "哲学命题分析"涉及"哲学命题的普遍意义和特殊意义""哲学命题的多层意义"两方面。如孔子所说的"学而不思则罔,思而不学则殆"命题,其所为"学""思"的内容特指"诗书礼乐",这就是特殊意义;司时,"这句话反映了接受已有知识与个人独立思考的关系,总结了一项认识的规律",②这就是普遍意义。"哲学体系分析"涉及"注意一个哲学家所要解决的主要问题""考察每一思想家哲学理论的基本倾向""注意考察哲学体系中概念范畴的层次""理解哲学学说的真谛与所达到的深度"四个方面,例如关于董仲舒思想的研究,"从他的著作来看,就可以了解,他是为了总结秦朝灭亡的教训,防止农民战争,谋求汉朝的长治久安而提出他的哲学体系的"。③

从"哲学研究中的历史与逻辑相统一"来看,主要涉及"正确理解历史的与逻辑的之统一""中国哲学发展的客观规律""中国哲学固有的概念范畴""哲学思想的螺旋发展"四个层次。就"正确理解历史的与逻辑的之统一"而言,张岱年指出要从历史唯物主义角度来运用这一方法,"逻辑的"应该是指人类认识发展的规律,那么,"所谓历史的与逻辑的之统一,主要包含两层意义:第一,哲学思想发展的历史过程与哲学思想发展的规律是一致的。第二,哲学思想发展的历史与概念、范畴的发生、发展、演变的历史也是一致的,要注意概念、范畴发展演变的历史。我们要

---

① 《张岱年全集》第 4 卷,第 153 页。
② 《张岱年全集》第 4 卷,第 154 页。
③ 《张岱年全集》第 4 卷,第 156 页。

依据这个观点来研究中国哲学史"。① 关于"中国哲学发展的客观规律"，张岱年鲜明指出，这就是"两种基本倾向、两条基本路线的对立斗争"——"一条基本路线是以存在说明思维，另一条是以思维说明存在"。② "中国哲学固有的概念范畴"主要包括"本""道""气""诚""神""理"等。就"哲学思想的螺旋发展"而言，张岱年主要提醒研究者注意时代思想演变进程中低潮与高潮的关系，"历史的发展是曲折的，在一段时间内，后起的不一定胜过先驱者，但是后一时期的高峰往往会胜过前一时期的高峰，这表现了思想的不断前进"。③ 同时，叙述某一时代的哲学思想，要避免以偏概全，不能只讲各个时代占据统治地位的思想，例如"两汉时代，经学是官学，而一些进步思想家，如桓谭、王充、王符、仲长统，都不属于经学。魏晋玄学盛行，但杨泉、裴頠都是反玄学的，他们的学说也具有重要的意义"。④ 在追求真理的研究中要注意底线，"思想自由就是追求真理的自由，但不是毫无准则的胡思乱想。只有在唯物论原则的指导之下，人们抱有追求真理的热忱，才能达到哲学的真正繁荣"。⑤

从"哲学遗产的批判继承"来看，主要涉及"认识的发展与思想的继承""真理的具体性与普遍性""古代思想的历史检验""批判继承的基本原则"四个层次。主要的要求就是站在历史唯物主义立场，"具体问题具体分析"，避免脱离历史条件抽象讨论问题。他指出，"古代学者的著作中，有关于历史事实的记载，这是作为具体知识必须继承的。古代学者的著作中，有关于宇宙人生的深奥问题的提示，如果确实反映了普遍的客观规律与联系，也是应该继承的"，"至于一些陈腐有害的观念，那就必须坚决地扫除之"。⑥ 例如，"儒家重视文化知识与道德教育，对于中国文化的发展，作出了积极的贡献"，"但儒家过于重视传统的继承，而忽视改

---

①《张岱年全集》第 4 卷，第 166 页。
②《张岱年全集》第 4 卷，第 166 页。
③《张岱年全集》第 4 卷，第 167 页。
④《张岱年全集》第 4 卷，第 167 页。
⑤《张岱年全集》第 4 卷，第 167 页。
⑥《张岱年全集》第 4 卷，第 175 页。

革与创新的必要,对于科学艺术的发展也起了消极的影响"。①

从"哲学史料的整理方法"来看,主要涉及"史料的调查与鉴别""校勘""训诂""史实的考证""史料的诠次"五个方法。在这些方法中,张岱年以深厚的古代经典研读功底和文字工夫详述了应该怎样具体去整理中国古代哲学史料的原则与章法。例如,"史料的调查与鉴别"要注意"泛观博览""深入考察""辨伪与证真""辑佚与'集语'"等。"校勘"要注意"对校法""内校法""参校法""误文举例"等。"训诂"要重视"广征博考,寻求古训通义""注意本篇文义,力求贯通""注意旁证和反证,避免主观臆断"等。"史料的诠次"要注意"史料的区分与会综""厘定史料的次序""发扬实事求是的学风"等。②

(四)张载思想研究

北宋大儒张载作为唯物主义哲学家,其哲学思想受到张岱年的重视,是唯一被张岱年以专著形式专门研究的中国哲学代表人物。在专著中,张岱年对张载思想的背景,张载与佛教唯心主义的斗争,古典唯物论思想、辩证法思想、伦理思想等方面展开研究,并对张载思想的缺陷进行客观总结。张岱年指出,"张载是宋代伟大的唯物论哲学家、无神论者,他的哲学思想在中国古典唯物论的发展史上占有重要的地位,同时他对于中国的古典哲学中辩证观念的发展,也有卓越的贡献。他的学说中,自然而不可免地,也包含了许多落后性的糟粕。"③张岱年对张载思想的研究在现代中国哲学界具有开创意义。

从唯物史观视角出发,张岱年首先展示了张载思想产生发展的社会背景,指出张载思想诞生于"北宋中期以后阶级矛盾逐渐深刻化,种族矛盾也逐渐尖锐化的时代"。④北宋名臣范仲淹是张载走上哲学研究道路的引路人。张载的家乡陕西在北宋时正处于国家边防前线,经常受到西

①《张岱年全集》第4卷,第181页。
②《张岱年全集》第4卷,第184页。
③《张岱年全集》第3卷,第231页。
④《张岱年全集》第3卷,第231页。

夏侵扰,民不聊生。年少时的他很有救国情怀,喜欢讨论兵法。张载二十一岁的时候,曾给当时镇守边陲的范仲淹上书讨论军事,但受到范仲淹的劝导,让他研读《中庸》,由此张载走上研究哲学的道路,由《中庸》而佛教及道家,再回到儒家的经典。张岱年指出,"他追求真理的道路是曲折的","在他追求真理的过程中,唯物论的思想与唯心论的思想,在他的头脑中曾经展开斗争。他终于达到了唯物论的观点",①特别是儒家经典《易传》的朴素唯物论与自发辩证法给张载很大的启发。由于亲缘关系,张载与北宋理学代表二程有密切联系,他们之间的关系历来是学术史上聚讼纷纭的公案。一种观点认为张载学说来自二程,张载自己的弟子吕大临也有类似说法。张岱年对公案进行了扼要考订,认为综合各方面因素考量,张载学说来自二程是诬枉之说。其一,张载和程颢、程颐的父亲是表兄弟,论亲戚关系他比二程长一辈,在年岁上比二程大十几岁。其二,张载思想与二程思想有根本上的区别,坚持唯物主义的张载思想绝无可能出自坚持唯心主义的二程思想,"这是唯心论者门徒们对于唯物论者的诬蔑,这里表现了唯物论与唯心论的激烈斗争"。② 其三,程颐本人也反对这种说法,程颐说:"如果说表叔(指张载)的平生议论,有和我们兄弟相同的地方,是可以的。如果说他曾从我们兄弟学习,那是没有的事。我告诉吕与叔(吕大临)改正,不想他还没有改,这就太大胆了",③后来吕大临修改说法为"于是尽弃异学,淳如也",④意思是张载见二程兄弟之后,去掉所有的和儒家学说不同的"异学"思想,变成更为纯粹的儒家。其四,二程思想与张载思想异同之点是很明确的,相异的是宇宙观,相同的是伦理学说,张岱年一针见血地指出原因在于"张载的宇宙观是唯物的,而他的伦理学说是唯心的"。⑤ 二程尤其赞美张载伦理学著述

---

① 《张岱年全集》第 3 卷,第 233 页。
② 《张岱年全集》第 3 卷,第 236 页。
③ 《张岱年全集》第 3 卷,第 236 页。
④ 《张岱年全集》第 3 卷,第 236 页。
⑤ 《张岱年全集》第 3 卷,第 236 页。

《西铭》,用《西铭》作为学生的教科书。① 而在张岱年看来,张载思想的精粹在《正蒙》。

从思想发展历程来看,张岱年认为张载的唯物论哲学体系是在与佛教唯心论斗争中建立起来的。佛教宣传灵魂不灭、生死轮回、因果报应、天堂地狱等迷信,同时更建立了"一切惟心""万法唯识"的唯心论体系,以为宗教迷信的理论基础。这种思想"粗暴地否认了世界的物质性,否认了外在世界的客观实在性。它教导人民忽视现实世界中的事物,忍受现实生活中的一切苦难,去追求那实际并不存在的来世的快乐"。② 在范缜、石介等人反佛教思想的基础上,张载大大加强了反佛教的力度,其思想特点是直接从唯物论与唯心论的基本对立来立论,"明确地肯定了物质世界的独立存在,明确地肯定了物质的第一性与精神的第二性",③指出佛家思想的最大谬误就在于其"一切惟心""万法唯识"的唯心论。④ 佛家把他所不能认识的就看做"幻妄",这正像夏虫疑冰一样,"夏天的虫子,没有见过冰,就怀疑冰的存在,唯心论者正是同样可笑"。⑤ 佛教的生死轮回学说、有鬼论——受到张载批驳。

从思想精华角度看,张岱年认为张载唯物论的内容主要包含三个要点:"第一,关于世界的物质性的论证;第二,关于物质的自己运动的说明;第三,关于物质变化的规律性的论证"。⑥ 就第一个要点而言,张载的基本命题就是"一切存在、一切现象都是气",⑦就是认为一切存在都是物质,也就是认为世界是物质性的。张岱年指出,"气"是中国古代唯物论的基本范畴,直到张载,才提出关于气的详细理论。⑧ 张载认为,普通所

① 《张岱年全集》第 3 卷,第 236 页。
② 《张岱年全集》第 3 卷,第 241 页。
③ 《张岱年全集》第 3 卷,第 242 页。
④ 《张岱年全集》第 3 卷,第 242 页。
⑤ 《张岱年全集》第 3 卷,第 242 页。
⑥ 《张岱年全集》第 3 卷,第 244 页。
⑦ 《张岱年全集》第 3 卷,第 245 页。
⑧ 《张岱年全集》第 3 卷,第 245 页。

谓虚空其实并非空无所有，而是气散而未聚的状态，即所谓"太虚无形，气之本体。其聚其散。变化之客形尔"。① 对此，张岱年解释道："太虚即是普通所谓天空。天空无形无状，乃是气的本来状态。气集聚而成为具体的物。一切具体的东西都是气结合集聚而成的。气分散而为太虚。"② 通过"太虚即气"的观点，张载否定了魏晋玄学所谓"无"的实在性，"彻底否定了这种唯心论"。③ 张载还再三说明天是无心的，是没有思虑的，"天无心，心都在人之心"，"天地固无思虑"，④因此，天不是精神性的，而是物质性的。⑤ 就第二个要点而言，张载肯定气（物质）是经常在运动变化之中的，这种变化表现为"聚散往来，胜负屈伸，浮沉升降。聚是集合，散是分离。往是消逝，来是出现"。⑥ 张岱年解释道："气与气之间相互排斥相互吸引，因而有胜负屈伸。胜者伸，负者屈。浮升即是向上的移动，沉降即是向下的移动。"⑦而这种运动变化乃是气（物质）的本性，这一特点他用"神"字来表示："惟有神能够变化，因为神统一了世界中的运动。"⑧在此基础上，张载提出了"神天德"的命题。张岱年指出，"所谓天德即是世界的本性、宇宙的本性的意思"，⑨"神天德"也就是"运动变化是宇宙的本性"。⑩ 就第三个要点而言，张岱年认为张载常常谈到的"不测"范畴，正是用来表达"变化的复杂性多样性，并不是表示变化没有规律"。⑪ 虽然具有复杂多样的"不测"特点，但同时是有必然规律的，这规律叫做"理"，其原语为"变化之理，顺序乎辞"，⑫张岱年解释道，此意为"变化之理即是

---

① 《张岱年全集》第 3 卷，第 245 页。
② 《张岱年全集》第 3 卷，第 245 页。
③ 《张岱年全集》第 3 卷，第 245 页。
④ 《张岱年全集》第 3 卷，第 247 页。
⑤ 《张岱年全集》第 3 卷，第 247 页。
⑥ 《张岱年全集》第 3 卷，第 247 页。
⑦ 《张岱年全集》第 3 卷，第 247 页。
⑧ 《张岱年全集》第 3 卷，第 248 页。
⑨ 《张岱年全集》第 3 卷，第 249 页。
⑩ 《张岱年全集》第 3 卷，第 249 页。
⑪ 《张岱年全集》第 3 卷，第 250 页。
⑫ 《张岱年全集》第 3 卷，第 250 页。

变化的规律。变化的规律是可以用命题(辞)来表示的"。① 张载还对气、道、理的关系进行辨析,"阴阳是天的气。天生成万物,覆盖万物,是天的道。增益、减损、充满、亏缺的区别是天的理。道是同的。理是异的"。② 张岱年指出,"道与理的区别即是同与异的区别。道是同,即是普遍的。理是异。即是特殊的。道是总过程,理是分别的条理"。③ 在这里,无论是张载的原论,还是张岱年的解读,都将复杂的中国哲学范畴清晰辨明,是中国哲学研究的精彩典范。

张岱年还研究了张载的认识论和伦理学思想。张岱年认为,张载的认识论是混杂着唯物主义和唯心主义观点的,一方面,他承认世界是可以认识的,人的知识以外在世界为基础,见闻之知的真实性的标准是公共,④这都是他的认识论学说中的唯物论部分;但他又把人的知识分为两种,除了感性的"见闻之知"以外,还有不依赖于见闻的"德性之知",这就离开了唯物论的立场,而陷入唯心论。⑤ 而张载的伦理学说,在张岱年看来就完全走入唯心论。最关键问题就是"他提出了一种神秘的人性论学说",⑥这种学说把人性分为"天地之性"和"气质之性"两层。张岱年认为,宋代思想家"在周、秦、汉、唐的学者们所讲的抽象人性之外,更提出一种尤其抽象的人性",⑦这种观点的开创者就是张载。张载这样做的原因是为了否定佛家的轮回迷信,但却陷入了"关于永恒的性的形而上学幻想中","虽然是反对佛教的,却只能有保守的意义"。⑧ 相对而言,张载提出的"民胞物与"思想获得高度评价,张岱年认为他鼓吹"封建时代所可能有的平等博爱的思想",⑨具有进步意义。

---

① 《张岱年全集》第 3 卷,第 250 页。
② 《张岱年全集》第 3 卷,第 250 页。
③ 《张岱年全集》第 3 卷,第 250 页。
④ 《张岱年全集》第 3 卷,第 261 页。
⑤ 《张岱年全集》第 3 卷,第 259 页。
⑥ 《张岱年全集》第 3 卷,第 263 页。
⑦ 《张岱年全集》第 3 卷,第 263 页。
⑧ 《张岱年全集》第 3 卷,第 265 页。
⑨ 《张岱年全集》第 3 卷,第 266 页。

对于张载哲学思想的局限性，张岱年也多有指出，包括其"鬼神"观中的唯心论残余①、"民胞物与"思想对人民的反抗意识的麻痹②、宣扬"乐天""顺命"观念"完全是为封建秩序作辩护"③。综而言之，张岱年认为张载"虽然是唯物论者，但在当时条件下，他并没有超出封建社会的局限"。④

四、中国新文化建设思想

作为中国现代哲学家，张岱年所关注的问题并不限于哲学本身，而是更广泛地涉及如何通过哲学研究和思想创建，推动中国的新文化建设。他指出，"我们现在已经进入了社会主义社会，所以要建设的是社会主义的新文化。……这个新的文化体系，是在马克思列宁主义原则指导下，以社会主义价值观，来综合中西文化之长，而创新中国文化。它既是传统文化的继续，又高于已有的文化"。⑤

（一）中国新文化建设坚持马克思主义哲学的立场

张岱年对中国新文化建设的思考由来已久，早在 1930 年代已经"萌发了综合创新的基本主张"。⑥ 1980 年代，他积极参与当时的"文化热"讨论，"从 1986 年起，我又在当时的'文化热'大讨论中，多次阐发马克思主义综合创新论的文化主张"。⑦ 他的主张十分鲜明，就是要在马克思主义指导下，进行文化的"综合创新"，最终达到建成"社会主义的新文化"的目标，"社会主义的新文化是高于资本主义的文化。建设社会主义的新文化是一个创新的事业"。⑧

---

①《张岱年全集》第 3 卷，第 251 页。
②《张岱年全集》第 3 卷，第 267 页。
③《张岱年全集》第 3 卷，第 267 页。
④《张岱年全集》第 3 卷，第 239 页。
⑤ 张岱年《文化传统和综合创新》，载《江海学刊》，2003 年 10 月。
⑥ 张岱年《综合创新文化观的运用》，载《光明日报》2003 年 4 月 22 日。
⑦《综合创新文化观的运用》。
⑧ 张岱年《综合、创新，建立社会主义新文化》，载《清华大学学报》1987 第 2 期。

以马克思主义哲学为指导来建设社会主义新文化,首先要注意处理社会文化的主流与支流关系问题。张岱年指出,"每一民族的每一时代的文化,都构成一个体系。在每一时代的文化体系中,必然有一个主导思想成为占统治地位的思想。而在这主导思想之外,又有多种支流思想"。① 对于主流文化与支流文化的关系,应按照马克思主义唯物辩证法立场来确定,一方面,不能随意压制支流文化,因为"如果对于那些与主导思想不同的各种支流思想采取压制的态度,必然引起文化发展的停滞";②另一方面,也不能淹没主流文化,"如果各种支流思想杂然并陈,纷纭错综,而没有一个占统治地位的主导思想,则不利于社会秩序的稳定"。③从世界文化史来看,每一民族每一时代的文化莫不如此,"既须确立一个主导思想,又须容许不同流派的存在,才能促进文化的健康发展"。④ 具体到新时代的中国文化,张岱年指出,"唯物论与辩证法应占主导地位。而新中国的唯物论与辩证法应是马克思主义与中国哲学中的唯物论与辩证法的优秀传统的综合",这是对主流文化的肯定。同时,"应允许唯心论以及自称既非唯心也非唯物的各种思想流派的存在。现在世界各国都允许宗教信仰的自由,新中国也允许各种宗教的信仰自由,既然允许宗教信仰的自由,则理应容许唯心论的自由,这是合乎逻辑的"。⑤

以马克思主义哲学为指导来建设社会主义新文化,其次要注意处理文化对时代问题的呼应。以唯物史观基本观点来看,张岱年认为,新文化建设应该遵循社会存在决定社会意识的规律,"一定的文化总是一定社会形态的反映。我国当今的社会状况与 20、30 年代的半殖民地半封建社会已大不相同,而且是大大的进步了。不同的时代应有不同时代的精神。在文化建设上,今天我们如何把握时代精神,建设社会主义的新

---

① 张岱年《试论中国文化的新统》,载《中国文化研究》1994 年 5 月。
②《试论中国文化的新统》。
③《试论中国文化的新统》。
④《试论中国文化的新统》。
⑤《试论中国文化的新统》。

文化,我认为对这个问题应有一个明确的认识",①当今的社会存在中最根本内容就是社会主义社会的生产方式,所进行的文化建设也应该是社会主义新文化。从这个立场出发,张岱年对一些错误的所谓"新文化"观点进行批驳。例如,"有人认为,在近几年的文化热中,已发表的文章,基本上还没有超出 20、30 年代的水平",张岱年针锋相对地批驳,认为这种观点不全面,而且忽略了关键的主题——"当前我们所处时代的时代精神"。② 如果要和 20、30 年代相比的话,那就必须明确那个时代的主题,"当时讨论的是:中国走向何处? 中国文化走向何处? 中国到底应如何办? 这是那个时代面临的问题"。③ 因此,当时的文化建设、所写的文章主要也是在呼应那样的一种时代问题。从文化建设角度看,当时许多的学者、思想家都"希望在西方学术中找到救国之道。但是,各种学说虽然曾经流行一时,不过都不能解决挽救民族危机的问题"。④ 最终来解决问题的是"无产阶级革命家以马克思列宁主义为指导来解决中国革命的实际问题,终于取得了胜利,建立了新中国"。⑤ 时隔半个世纪之后的今天,我国早已进入了社会主义社会,"20、30 年代面临的问题已经解决了,目标和方向已经确定了。现在的任务是建设有中国特色的社会主义物质文明和精神文明"。⑥ 这样一对比,问题就很清楚,当代社会已经解决了以往的问题,所面临的是比以往更高级别的问题,所以当代社会的文化建设总体上肯定是高于以往水平的。这样看来,那些学者提出的观点"似乎是很'新',实际上却没有把握时代的精神"。⑦

以马克思主义哲学为指导来建设社会主义新文化,还要注意处理对传统文化的态度问题。张岱年同样站在历史唯物主义立场上来进行阐

---

① 《综合、创新,建立社会主义新文化》。
② 《综合、创新,建立社会主义新文化》。
③ 《综合、创新,建立社会主义新文化》。
④ 《试论中国文化的新统》。
⑤ 《试论中国文化的新统》。
⑥ 《综合、创新,建立社会主义新文化》。
⑦ 张《综合、创新,建立社会主义新文化》。

释,他指出,在中国传统文化中有大量消极的思想观点,应努力加以克服,但也有大量积极的有价值的思想观点应该肯定。[1] 那么以何种标准来区别积极、消极、精华、糟粕呢?张岱年指出,这种标准的基础仍然是以历史唯物主义为原则,"我觉得不同的时代会对文化的发展提出不同的要求,但有两条是基本的:(1) 真正反映客观实际情况;(2) 能够促进文化的发展。第二点是非常重要的标准。列宁说过无产阶级思想最重要的是能不能促进社会的发展,不能促进就是不进步。邓小平同志晚年也说过:发展是硬道理"。[2] 历史唯物主义坚持的是历史前进的发展原则,因而,传统文化中的积极因素也必须符合这一历史前进趋势。

(二)中国新文化建设对"中西论争"的超越

讨论中国新文化建设,必然涉及近代以来"中西论争"的热点问题。张岱年从继承优良传统文化和汲取西方文化的角度,提出"我们建设社会主义的新文化,一定要继承和发扬自己的优良文化传统,同时汲取西方在文化上的先进贡献,逐步形成一个新的文化体系",[3]另一方面,他主张对两种错误进行批评,"我们创造社会主义新文化,既要反对民族虚无主义、历史虚无主义,也要反对文化保守主义、复古主义",[4]"反对全盘西化和中国文化优越论"。[5]

反对"民族虚无主义、历史虚无主义"体现出张岱年敏锐的文化自觉意识。他的文章从早年到晚年,都对近代以来一直存在并影响巨大的"全盘西化"论进行尖锐批判,明确反对"传统文化否定论"。他提出:"近年来,有一种论调,在国内影响甚大。我称之为'传统文化否定论'。他们主张对中国传统文化应一概否定,完全向西方学习"。[6] 对这类人,张岱年从学理层面、事实层面和价值层面进行了全面批评。

---

① 《文化传统和综合创新》。
② 《文化传统和综合创新》。
③ 《综合、创新,建立社会主义新文化》。
④ 张岱年《建设新道德:儒学作为一个整体已经过时》,载《教育艺术》1996 年 12 月。
⑤ 《文化传统和综合创新》。
⑥ 《综合、创新,建立社会主义新文化》。

从学理层面来看，某些高谈阔论否定传统文化的人"侈谈什么'中国文化的深层结构'，甚至说，在中国，'人'还没有'萌芽'"，张岱年剖析这类观点的荒谬性说："毋庸讳言，在我国传统文化中有不足之处，但是，如果说有五千年文化的中华民族还没有出现'人'的观念，这就不但彻底否定了中国的文化，而且连中华民族也彻底否定了"，如果一个发展了五千年的民族，她的文化中居然没有"人"的观念，这是在挑战所有人的常识底线，如果这一观点成立，那岂不是从事实上否定中华民族作为"人"的资格？显然，这一类观点没有任何学术讨论的意义，更接近一种泄愤式的谩骂，"我认为，这种思想是对中国传统文化和中华民族的玷污、污蔑。如此观点，对中国文化的浅层结构都不了解，何能谈文化的深层结构呢"！①

从事实层面来看，张岱年列举切近的事例证明"全盘西化"论之荒谬，逻辑混乱。他指出："中国的 20、30 年代，日本等帝国主义入侵中国，民族、国家处于危急存亡之秋。当时，一般的中国人都有一个信念：'中国必胜'，并以'我们是中国人'自豪。"②历史上的事实不容否认，中国人在面对强敌入侵时众志成城，英勇抗敌，这是最真实的"文化自信"的表现！反过来看，那些历史上特别是现实中偏偏看不起自己的中国人的存在就是一个值得反思的问题："可是，在 80 年代的中国人中，有人却偏偏看不起自己，这不能不引起我们深思。如果说中国国民性中有'奴性'的一面，那末，这些人看不起中国的思想，正是'奴性''劣根性'的表现。"③这一段论述十分精妙，明确向读者揭示，那些动辄胡诌中华民族"奴性""劣根性"的"全盘西化""传统文化否定论"者，其实所批评的对象正是他们自己，他们的言论自以为站在思想最高点，但恰恰相反，他们的观点是处在所有思想的最低层，导致他们所痛恨的问题也正是他们自己，而不是口口声声宣称的"全民族"。

从价值层面来看，张岱年极力发掘中国传统文化精华。他提出："我

---

① 《综合、创新，建立社会主义新文化》。
② 《综合、创新，建立社会主义新文化》。
③ 《综合、创新，建立社会主义新文化》。

们现在面临一项重要任务，就是要阐明中国的传统文化有哪些特点？对人类文化作出过什么贡献？哪些是中国传统文化的精华？值得每一个中国人骄傲和自豪。"①张岱年纵论上下几千年的历史事实，针对一直以来甚嚣尘上的中华民族"奴性"说，鲜明提出中华民族"对外""对内"的"反抗"传统、"反抗"精神。"对外"的"反抗"传统即"中国人民有反对外来侵略的传统，对外来侵略不能忍受，在历史上有过无数的爱国志士和民族英雄，他们为了捍卫国家、民族，不惜抛头颅洒热血，与外来侵略者作不妥协的斗争。在我国历史中，写下了可歌可泣的篇章"②，当然，张岱年也没有忽略反抗传统中存在的异类，坦陈"在我国历史上也有过汉奸，但仅是少数，不代表传统的主流，而且遭到人民的唾弃"。③"对内"的"反抗"传统即"中国人民对内有反暴政、反压迫的传统。从陈胜、吴广揭竿而起，直至太平天国起义，上下两千多年风起云涌的农民起义，无不反对暴政、反对压迫。我国古代，早在春秋战国时期，就有孔子宣扬'仁'，孟子提出'仁政'。自此以后，历史上的进步思想家和有识之士，继承了这一优良传统，为了国家、民族的长远利益，反对统治者的暴政，同情人民所遭受的苦难"。④ 这两种"反抗"传统就是"中华民族赖以延续的精神支柱，今天仍应大大发扬。这个优良文化传统，可以用《易传》中的 4 个字'自强不息'来概括"。⑤ 在众多历史事实的基础上，张岱年批评所谓"奴性"说的不合理："从 20、30 年代直至今日，都有学者断言，中国的国民性的特色是'奴性'，显然，这是不符历史的偏颇之见。"⑥在另一篇文章中，张岱年对优秀传统文化做了更广义的概括，阐述为四点："爱国主义思想""人格价值观念""人际和谐思想""社会责任观念"。⑦ 他特别指出，从

---

① 《综合、创新，建立社会主义新文化》。
② 《综合、创新，建立社会主义新文化》。
③ 《综合、创新，建立社会主义新文化》。
④ 《综合、创新，建立社会主义新文化》。
⑤ 《综合、创新，建立社会主义新文化》。
⑥ 《综合、创新，建立社会主义新文化》。
⑦ 《建设新道德：儒学作为一个整体已经过时》。

孔子的"天地之性人为贵",孟子的"良贵""所欲有甚于生者"和"所恶有甚于死者"等观念,可以看出中国传统文化强调"人人都具有天赋的内在价值,于是强调人格的尊严""人格的尊严比生命还重要"。①

反对"文化保守主义、复古主义"是张岱年的另一种文化批评态度。在大力批判"全盘西化"的同时,张岱年没有一味鼓吹传统文化的复古要求,对本国传统文化,他同样有着理性的态度,对于中国传统文化的主要构成部分——儒学,他的评价即能反映这种态度:"儒学思想虽然有一些深湛内容,但是儒学作为一个整体已经过时了。当代新儒家企图复兴儒学,那是不能解决问题的。"②张岱年将中国传统伦理道德中过时的内容称为"陈腐传统",主要包括"等级意识"和"空疏倾向"。就"等级意识"而言,张岱年指出,"所谓君臣、父子、夫妇的关系都是不平等的,这种不平等的关系,要完全加以否定。在今天,君臣关系已经不存在了,父子夫妇都应是平等的。社会主义社会既应废除阶级剥削,更应废除等级差别"。③就"空疏倾向"而言,张岱年指出,"儒家在一些问题上表现了空疏倾向,割裂了道德理想与物质利益的联系",④在这个问题上,儒家大师孔子、孟子都有一定责任,"孔子对于中华民族的精神文明有重大的贡献,强调正德,但对于利用厚生有所忽视。孟子强调'何必曰利',其实固然不应追求私利,但是国家人民的公共利益还是必须讲究的"。⑤对这一缺点,张岱年极为重视,反复申述。他还从中国古代传统所重视的"正德、利用、厚生"三个方面进行分析比较,认为这种"空疏"倾向正表现为对"利用""厚生"的不够重视。他指出:"孔子只是讲正德,没有讲利用、厚生,这有消极影响。这一点别的学派也有缺陷,魏晋讲玄学、宋明讲理学,都是有所偏,都不注重利用、厚生",⑥其他如"墨家利用而不厚生,庄

---

① 《建设新道德:儒学作为一个整体已经过时》。
② 《建设新道德:儒学作为一个整体已经过时》。
③ 《建设新道德:儒学作为一个整体已经过时》。
④ 《建设新道德:儒学作为一个整体已经过时》。
⑤ 《建设新道德:儒学作为一个整体已经过时》。
⑥ 《文化传统和综合创新》。

子的《天下》篇中,就批评墨家太苦,一般人接受不了"。①相比之下,西方
文化就有这个优点,"西方就强调利用、厚生"。②

(三)中国新文化建设的创新性

以马克思主义哲学的唯物史观为基础,在平实分析评判中西传统文
化优缺点的基础上,张岱年指出中国新文化建设的方向应该是"创新"。
他明确指出:"历史在不断发展,时代在不停前进。中国五千年以来的传
统文化已面临严重挑战,因为它已不满足社会主义现代化的需要,必须
创新。"③他的论证非常鲜明,讲清楚了创新的原因是历史的前进,是社会
主义现代化建设的需要。

张岱年论述中国新文化建设的"创新"有三个构成基点:第一是中国
文化优良传统的传承和发展,第二是西方外来文化优点的吸收,第三是
对当前及未来中国国情的把握。他指出:"创新决不是传统文化的'断
裂',而是优良传统的继续和发展。综合中西文化之所长,融会中西优秀
文化为一体,这才是真正的创新",④"我认为:一方面要总结我国的传统
文化,探索近代中国落后的原因,经过深入的反思,对其优点和缺点有一
个明确的认识。另一方面,要深入研究西方文化,对西方文化作具体分
析,对其缺点和优点也要有一个明确的认识"。⑤第三个基点则是"新文
化建设"的实际基础和前进方向。从国情角度看,中国特色社会主义就
是当前及今后我国最大的国情,结合这个国情,我们应该创新建设的就
是"社会主义新文化"。张岱年在这方面是十分乐观的,他指出,"在邓小
平同志建设有中国特色的社会主义理论的指导之下,经过全民的认真讨
论,社会主义新道德建设一定会成功",⑥"它是具有中国特色的社会主义

---

① 《文化传统和综合创新》。
② 《文化传统和综合创新》。
③ 《综合、创新,建立社会主义新文化》。
④ 《综合、创新,建立社会主义新文化》。
⑤ 《综合、创新,建立社会主义新文化》。
⑥ 《建设新道德:儒学作为一个整体已经过时》。

的新文化,是人类文化史上高度民主、高度科学的新文化"。①

张岱年所阐述的"新文化"涵盖面极宽,是一种广义的"文化"。在晚年写的《中华文明的现代复兴和综合创新》一文中,他将中国文化之创新概括为十大方面:"中国文化在未来的新世纪,必将以建设有中国特色社会主义的新型文明为主题,在中华文明史乃至世界文明史上,做出具有历史意义的十大创新",②第一是创造一个富强、民主、文明的社会主义现代化新中国;第二是创造物质文明与精神文明高度统一的有中国特色社会主义新型文明;第三是开创一体两翼式的有中国特色社会主义的新型体制,即新型市场经济—新型民主政治—新型科学文化体制;第四是开创"体制改革—经济起飞—国家统一—文化复兴"四大潮流有机统一的跨世纪中国主潮;第五是开创有中国特色社会主义现代化的新道路和新模式;第六是创造现代革新的中华民族精神;第七是创造有中国特色社会主义的新型价值观体系;第八是努力创造富有时代精神与东方神韵的新型方法论体系——大成智慧学;第九是创造大器晚成、现代复兴的中华文明新形态;第十是创造现代新型主体,以熔铸21世纪新型世界文明。③

总而言之,张岱年对中国社会主义新文化建设的前景十分看好,他指出,"有中国特色社会主义,不仅意味着一种中国现代化的新模式,而且意味着世界文化中的一种新类型:它既不同于西方资本主义的近现代文化,也不同于东亚周边国家的所谓'儒家资本主义'文化。走综合创新之路,意味着中国将以开放的态度和博大的胸襟,广泛借鉴东西方现代化先行国家的正反历史经验,并在借鉴之中有所发展,有所创造,有所升华。这是中国文化的现代复兴之道,生生不息之道,后来居上之道"。④可以看出,张岱年对于中国社会主义新文化建设具有深刻的认识、卓越的远见、坚定的立场、乐观的心态和充分的自信。

---

① 《综合、创新,建立社会主义新文化》。
② 张岱年、王东,《中华文明的现代复兴和综合创新》,载《教学与研究》1997年5月。
③ 《中华文明的现代复兴和综合创新》。
④ 《中华文明的现代复兴和综合创新》。

主要参考文献

（以征引先后为序）

李天纲编校. 弢园文新编. 香港：生活·读书·新知三联书店有限公司,1998.

王韬编. 弢园文录外编. 上海：上海书店出版社,2002.

夏东元编. 郑观应集. 上下册. 上海：上海人民出版社,1982、1988.

姜义华、张荣华编校. 康有为全集. 全12集. 北京：中国人民大学出版社,2007.

谭浏阳全集. 台北：文海出版社,1962.

谭训聪编. 清谭复生先生嗣同年谱. 台北：商务印书馆股份有限公司,1980.

广东省社会科学院历史研究室、中国社会科学院近代史研究所中华民国史研究室、中山大学历史系孙中山研究室合编. 孙中山全集. 全11卷. 北京：中华书局,1981—1986.

中国科学院近代史研究所中华民国史组、广东省哲学社会科学研究所历史研究室合编. 孙中山年谱. 北京：中华书局,1976.

上海人民出版社编. 章太炎全集. 全6册. 上海：上海人民出版社,1982—1986.

朱维铮、姜义华编注. 章太炎选集(注释本). 上海：上海人民出版社,1981.

章玢编选. 革故鼎新的哲理——章太炎文选. 上海：上海远东出版社,1996.

章太炎撰,陈平原导读. 国故论衡. 上海：上海古籍出版社,2003.

章太炎著,虞云国标点整理. 菿汉三言. 沈阳：辽宁教育出版社,2000.

汤志钧编. 章太炎年谱长编. 北京：中华书局,1979.

王栻主编. 严复集. 全5册. 北京：中华书局,1986.

姚淦铭、王燕编. 王国维文集. 全4卷. 北京：中国文史出版社,1997.

任建树、张统模、吴信忠编. 陈独秀著作选. 全3卷. 上海：上海人民出版社,1993.

欧阳哲生编. 胡适文集. 全12册. 北京：北京大学出版社,1998.

罗志田.再造文明之梦——胡适传.成都:四川人民出版社,1995.

中国文化书院学术委员会编.梁漱溟全集.全8卷.济南:山东人民出版社,1989—1993.

[美]艾恺著,郑大华等译.梁漱溟传.长沙:湖南出版社,1992.

张君劢.民族复兴之学术基础.北平:再生杂志社,1935.

张君劢.立国之道.桂林:商务印书馆,1938.

张君劢.陈文熙编.中西印哲学文集.上下册.台北:台湾学生书局,1981.

张君劢、丁文江编.科学与人生观.济南:山东人民出版社,1992.

张君劢.新儒家思想史.北京:中国人民大学出版社,2006.

张君劢.宪政之道.北京:清华大学出版社,2006.

张君劢.义理学十讲纲要.北京:清华大学出版社,2006.

张君劢.政制与法制.北京:清华大学出版社,2008.

张君劢.明日之中国文化.长沙:岳麓书社,2012.

翁贺凯编.张君劢卷.北京:中国人民大学出版社,2014.

李贵忠编.张君劢年谱长编.北京:中国社会科学出版社,2016.

刘义林、罗庆丰.张君劢评传.南昌:百花洲文艺出版社,1996.

翁贺凯.现代中国的自由民族主义——张君劢民族建国思想评传.北京:法律出版社,2010.

郑大华.张君劢传.北京:商务印书馆,2012.

中国李大钊研究会编注.李大钊全集.全5卷.北京:人民出版社,2006.

李达文集编辑组编.李达文集.全4卷.北京:人民出版社,1980—1988.

中共中央文献研究室编.毛泽东哲学批注集.北京:中央文献出版社,1988.

中共中央文献研究室、中共湖南省委《毛泽东早期文稿》编辑组编.毛泽东早期文稿.长沙:湖南出版社,1990.

中共中央文献编辑委员会编.毛泽东选集.全4卷.北京:人民出版社,1991年第2版.

中共中央文献研究室编.毛泽东文集.全8卷.北京:人民出版社,1993—1999.

中共中央文献研究室编.毛泽东书信选集.北京:中央文献出版社,2003.

中共中央文献研究室编.毛泽东年谱1893—1949.全3卷.北京:人民出版社、中央文献出版社,1993.

艾思奇文集编辑组编.艾思奇文集.全2卷.北京:人民出版社,1981—1983.

艾思奇全书编委会编.艾思奇全书.全8卷.北京:人民出版社,2006.

萧萐父主编、郭齐勇副主编.熊十力全集.全10册.武汉:湖北教育出版社,2001.

冯友兰.新理学.商务印书馆,1939.

冯友兰.新事论.商务印书馆,1940.

冯友兰. 新原人. 商务印书馆,1943.

冯友兰. 新原道. 商务印书馆,1946.

冯友兰. 新知言. 商务印书馆,1948.

冯友兰. 三松堂学术文集. 北京:北京大学出版社,1984.

冯友兰. 三松堂自序. 北京:生活·读书·新知三联书店,1984.

冯友兰. 中国哲学简史. 北京大学出版社,1985.

冯友兰. 三松堂全集. 全13卷. 郑州:河南人民出版社,1985—1994.

蔡仲德. 冯友兰先生年谱初编. 郑州:河南人民出版社,1994.

方东美. 原始儒家道家哲学. 北京:中华书局,2012.

方东美. 新儒家哲学十八讲. 北京:中华书局,2012.

方东美著,孙智燊译. 中国哲学精神及其发展. 北京:中华书局,2012.

方东美. 中国人生哲学. 北京:中华书局,2012.

方东美. 华严宗哲学. 全2册. 北京:中华书局,2012.

方东美. 中国大乘佛学. 全2册. 北京:中华书局,2012.

方东美. 坚白精舍诗集. 北京:中华书局,2013.

方东美. 生生之德:哲学论文集. 北京:中华书局,2013.

方东美. 科学哲学与人生. 北京:中华书局,2013.

方东美先生演讲集. 北京:中华书局,2013.

蒋国保、余秉颐. 方东美思想研究. 天津:天津人民出版社,2004.

贺麟. 现代西方哲学讲演集. 上海:上海人民出版社,1984.

贺麟. 五十年来的中国哲学. 沈阳:辽宁教育出版社,1989.

贺麟. 哲学与哲学史论文集. 北京:商务印书馆,1990.

张学智编. 贺麟选集. 长春:吉林人民出版社,2005.

贺麟全集. 第3卷. 上海:上海人民出版社,2009.

贺麟全集. 第4卷. 上海:上海人民出版社,2011.

贺麟全集. 第10卷. 上海:上海人民出版社,2012.

金岳霖学术基金会学术委员会编. 金岳霖文集. 全4卷. 兰州:甘肃人民出版社,1995.

中国近代思想家文库·金岳霖卷. 北京:中国人民大学出版社,2015.

朱谦之. 日本的古学及阳明学. 北京:人民出版社,2000.

黄夏年编. 朱谦之文集. 全10卷. 福州:福建教育出版社,2002.

张国义. 一个虚无主义者的再生:五四奇人朱谦之评传. 北京:中国文联出版社,2008.

韩林合编. 洪谦选集. 长春:吉林人民出版社,2005.

张岱年全集. 全8卷. 石家庄:河北人民出版社,1996.

林大雄整理. 张岱年学术. 杭州:浙江人民出版社,1999.

［美］艾恺著.世界范围内的反现代化思潮——论文化守成主义.贵阳:贵州人民出版社,1991.

景海峰编.儒家思想与现代化——刘述先新儒学论著辑要.北京:中国广播电视出版社,1992.

黄兴涛著.文化怪杰辜鸿铭.北京:中华书局,1995.

黄克剑著.百年新儒林——当代新儒家八大家论略.北京:中国青年出版社,2000.

哈佛燕京学社编.启蒙的反思.南京:江苏教育出版社,2005.

郭齐勇著.现当代新儒学思潮研究.北京:人民出版社,2017.

后 记

　　本卷写作得到武汉大学哲学学院田文军教授、国防大学马克思主义教研部李青教授、天津市工会管理干部学院陈寒鸣副教授、湖北经济学院马克思主义学院谭绍江讲师、长江大学马克思主义学院徐骆副教授、湖北经济学院马克思主义学院介汇岭讲师的帮助。田老师提供了 10 篇他以前撰写的关于冯友兰哲学思想研究的论文，计约 12 万字，由我整理成"冯友兰的'新理学'"一节，其中"生平著述"部分为我新撰，全稿一并交田老师过目底定。田老师和蔼宽厚、扶掖后学的长者风范令我铭感！当时李青老师与我未曾谋面，我在中国现代哲学学会成立 30 周年纪念文集的征稿目录中看到他提交的关于艾思奇哲学思想研究的篇名，于是打听到他的联系方式，并贸然去信向他求稿，李老师旋即回复慨允赐稿，此后他多次打电话与我商谈写作计划，电话那头传来的爽朗声音非常符合我想象中的一位在军队单位任教的马克思主义学者的形象。李老师按时发来"艾思奇与马克思主义哲学的大众化、中国化和时代化"文稿，我基本上未作改动就整合到本卷之中。我认识的北京师友何止数十百位，但我决定下次进京首先要去拜谢李青老师！就在同年 10 月中，我到北京大学参加杜维明先生八秩寿庆会，期间约请李老师在蓝旗营一家牛羊肉馆夜酌，初次见面彼此便了无拘礼，快何如之！陈寒鸣兄是我的知交，其为人也沉毅木讷，但其内秀非寻常可及。由于无关乎学术水平的原因，寒鸣兄止步于副教授职称，然其学术造诣岂是一般教授能望其项背！寒鸣兄对职称一事坦然处之，从不遮遮掩掩，更加令我钦佩！当我向寒鸣兄求取"张君劢"一稿，他当即答复"遵命"，嗣后不断发来半成稿嘱我参与意见，及至稿成，洋洋洒洒竟十余万字！其学殖深厚，才思敏捷，万斛泉源，滔滔汩汩，于斯可见。因篇幅所限，我请他力加删削，他删至八万字而止，我继续删至五万余字，是为"张君劢的自由意志人生观及其和会中西归宗儒家的文化观"一节。需要说明的是，我对寒鸣兄文稿的删削集中在张君劢生平著述部分，原稿这一部分简直就是一部张君劢传记；其正论部分则未作大动，所以寒鸣兄对张君劢思想研究的成果基本保全。谭绍江、徐骆、介江岭皆为青年才俊，也是与我共学的忘年之交。绍江撰写了"李大钊的传统哲学思想和唯物史观"和"张岱年的'新唯物论'和新文化建设思想"两节，徐骆撰写了"方东美的比较哲学"一节，江岭撰写了"贺麟的理想唯心论"和"朱谦之的唯情哲学"两节。对于各位师友的帮助，在此一并致以真诚感谢！除以上所列各节之外，其余文稿皆为我研读构思结撰而成的心血之作。

本卷最终成功，还必须感谢业师亦即本套书主编郭齐勇教授和本套书策划者江苏人民出版社总编辑府建明编审，他们以极大的耐心等待冥顽不化的我按照自己的思路结撰书稿，对于我的迟滞虽有催询，但也再三宽限，从未责让，反而体贴鼓励有加。若无这种难能可贵的耐心、包容和信任，必致本卷半途而废，由此令我特别领悟到良师益友的含义，望尘追随，终生受用！

本卷按照中国现代哲学对于西学的开阖次第安排章节，以理论形态的接近而非政治态度的异同归并人物，所有论述、观点和评价都生发于研读原始文献基础之上，绝未捃撦二手资料，更非空口腾说。凡此都是笔者自信本卷独到和稳当之处。

刘彦和言曰："方其搦翰，气倍辞前；暨乎篇成，半折心始。"（《文心雕龙·神思》）本卷不逮之处想必尚多，敬祈博雅方家不吝指正。

胡治洪

2019 年 5 月 20 日记于江夏玉龙岛湖畔居